Programmsysteme

Informatik • Kybernetik • Rechentechnik

Herausgegeben von der Akademie der Wissenschaften der DDR
Zentralinstitut für Kybernetik und Informationsprozesse

Band 5

Programmsysteme

von

P. Bachmann, M. Frenzel, K. Hantzschmann, F. Heltzig,
D. Herrig, K.-H. Kutschke, W. Mach, H. Sandmann,
K. Schmidt, M. Schwaar, H. Sobotta

Programmsysteme

Anwendung — Entwicklung — Fundierung

Herausgegeben von
Peter Bachmann

Mit 53 Abbildungen und 18 Tabellen

Akademie-Verlag · Berlin · 1983

Herausgeber: Prof. Dr. sc. nat. Peter Bachmann, Dresden

Autoren: Prof. Dr. sc. nat. Peter Bachmann, Dresden
Dr. Ing. Martin Frenzel, Dresden
Doz. Dr. rer. nat. Karl Hantzschmann, Dresden
Dr. rer. nat. Frank Heltzig, Dresden
Doz. Dr. sc. techn. Dieter Herrig, Schwerin
Prof. Dr. sc. nat. Karl-Heinz Kutschke, Rostock
Dr. rer. nat. Walther Mach, Karl-Marx-Stadt
Dr. rer. nat. Horst Sandmann, Berlin
Dr. Ing. Kuno Schmidt, Berlin
Dr. Ing. Michael Schwaar, Karl-Marx-Stadt
Doz. Dr. Ing. Horst Sobotta, Dresden

Erschienen im Akademie-Verlag, DDR-1086 Berlin, Leipziger Str. 3–4
Lektor: Dipl.-Phys. Gisela Lagowitz

Lizenznummer: 202 · 100/409/82
Einband und Schutzumschlag: Dietmar Kunz
Gesamtherstellung: VEB Druckerei „Thomas Müntzer", 5820 Bad Langensalza
Bestellnummer: 763006 9 (6644) · LSV 1085
Printed in GDR

DDR 52,– M

ISSN 0232–1351

Vorwort

Eine Gemeinschaft von Fachkollegen aus dem Bereich der Akademie der Wissenschaften der DDR, dem Hochschulwesen und der Industrie fand sich 1976 zusammen, die sich unter der Bezeichnung „Interessengruppe Programmpakete" (IGPP) das Ziel stellte, den wissenschaftlichen Informationsaustausch zur Anwendung, Entwicklung und Fundierung von Programmsystemen zu aktivieren. Bald erkannte man, daß es für die effektive Arbeit der Interessengruppe erforderlich war, ein einheitliches Begriffssystem und einheitliche Vorstellungen über die Gestaltung von Programmsystemen zu schaffen. Bei der Realisierung dieser Zielstellung näherten sich auch die vertretenen Auffassungen zur Nutzung, Architektur, Steuerung und zur Modellierung. So wurde 1978 die Idee geboren, den gemeinsamen Standpunkt der Interessengruppe schriftlich zu fixieren und in Buchform zu veröffentlichen.

Mit diesem Vorhaben wurde eine intensive Arbeitsphase eingeleitet. In über 20 internen und öffentlichen Arbeitsberatungen, Seminaren und Kolloquien entstanden iterativ die einzelnen Kapitel, an denen generell mehrere Kollegen mitarbeiteten. Prinzip war, daß Erarbeitung und Überarbeitung bzw. Neubearbeitung der Kapitel von jeweils unterschiedlichen Kollegen ausgeführt wurden. Ohne die Gesamtverantwortung jedes Mitgliedes des Autorenkollektivs für das Buch mindern zu wollen, kann etwa folgende Hauptzuordnung der Er- und Überarbeitung vorgenommen werden:

P. Bachmann: Kapitel 0, 3, 4, 5, 6
M. Frenzel: Kapitel 3, 4, 7.6
K. Hantzschmann: Kapitel 2, 5
F. Heltzig: Kapitel 3, 4, 7.6
D. Herrig: Kapitel 1, 7.4
K. H. Kutschke: Kapitel 5, 6, 7.1
W. Mach: Kapitel 5, 7.7
H. Sandmann: Kapitel 0, 7.5
K. Schmidt: Kapitel 2, 3, 7.2
M. Schwaar: Kapitel 4, 5, 6
H. Sobotta: Kapitel 1, 5, 7.3

Dem Herausgeber oblag es dann, die einzelnen Beiträge organisch zu einem Buch zu gestalten. Bei dieser Arbeit wurde er von D. Herrig unterstützt.

An dieser Stelle möchte das Autorenkollektiv den Einrichtungen danken, die die technischen Voraussetzungen für die Erarbeitung des Buches bereitstellten. Es sind dies insbesondere die Technische Universität Dresden, Sektion Mathematik, die Akademie der Wissenschaften der DDR, Zentrum für Rechentechnik und der VEB Leitzentrum für Anwendungsforschung im Kombinat Maschinelles Rechnen, Außenstelle Schwerin.

Unser Dank gilt weiter Frau URSULA OEBERST und Frau SIEGLINDE JAKUBCZYK für das Schreiben und Zeichnen des Manuskriptes. Schließlich ist die Zusammenarbeit mit dem Akademie-Verlag und der Lektorin, Frau LAGOWITZ, die mit Interesse, vielen Hinweisen und Entgegenkommen zur Gestaltung des Buches beitrug, lobend zu erwähnen.

Der Herausgeber

Inhaltsverzeichnis

0. Einleitung

Kaum ein anderes Arbeitsmittel hat sich ein so breites und umfassendes Anwendungsgebiet in der Volkswirtschaft erschlossen wie die elektronische Rechentechnik — unmittelbare Folge der Universalität, die der Konzeption der Computer innewohnt.

Ihr klassisches Anwendungsgebiet haben Computer bei der Berechnung komplizierter wissenschaftlich-technischer Aufgaben und im Bereich der kommerziellen Datenverarbeitung. Darüber hinaus werden Computer heute zur Überwachung und Steuerung von Produktionsprozessen eingesetzt. Sie unterstützen den Ingenieur bei Entwurfs- und Konstruktionsarbeiten, den Wissenschaftler bei der Informationsrecherche, den Mediziner bei der Diagnose, und es zeichnet sich bereits der Einsatz in der angewandten Kunst ab. Dabei ist charakteristisch, daß immer weniger Einzelaufgaben bearbeitet werden, sondern vielmehr die Rechentechnik in zunehmendem Maße in die technologischen Prozesse der Fachdisziplinen integriert wird. Diese breite Palette an Anwendungen konfrontiert Spezialisten unterschiedlichster Fachdisziplinen unmittelbar mit dem Rechner. Natürlich erwarten diese Nutzergruppen, daß der Rechner ein auf ihre Bedürfnisse gezielt abgestimmtes, hinreichend einfach zu handhabendes Spezialwerkzeug ist. Dazu muß die tiefe Kluft zwischen bereitgestelltem Gerätesystem, einem universellen Rechner (Hardware), und dessen breiter, angepaßter Anwendbarkeit durch einen Fundus an Programmen (Software) überbrückt werden. Es zeigte sich sehr bald, daß die Erschließung relevanter Anwendungsgebiete eine umfangreiche Software erfordert, zu deren Erarbeitung große Entwicklerkollektive gebraucht werden. Arbeitsteilung war notwendig, um Planung, Entwurf, Programmierung, Testung, Dokumentation und Wartung von Software effektiv zu beherrschen. Leider stimmten die ersten Erfahrungen der zu eng ausgerichteten Vorgehensweisen nicht allzu optimistisch. Scharen von Programmierern versuchten nicht selten, auch unausgereifte Konzeptionen zu verwirklichen, bei deren Realisierung sie kaum einer Beschränkung unterworfen waren. Die trickreiche Programmierung dominierte; viele Programmierer waren auf Programme mit beispielsweise minimaler Befehlsanzahl besonders stolz und vermochten häufig nur selbst, die Wirkung ihrer Programme zu erkennen.

Dies führte geradewegs in die sogenannte Software-Krise: es entstanden — aus heutiger Sicht — monströse Software-Systeme, deren Komponenten kaum aufeinander abgestimmt waren, ohne durchsichtige Struktur, oft starr und schwer beherrschbar. Änderungen und Erweiterungen in der Konzeption verursachten tiefgreifende Änderungen an den Programmen. Die Zuverlässigkeit der Systeme war gering, Fehler waren nur schwer lokalisierbar. Umfassende Dokumentationsschriften erforderten

Einarbeitungszeiten von mehreren Mann-Jahren, was neben der Starrheit der Systeme deren Nachnutzung sehr erschwerte. Die Programmiereffektivität sank mitunter auf 1/40 gegenüber der Erstellung von Einzelprogrammen [HUPF77]. So wurden Fragen der Entwicklungstechnologie von Software zum Gegenstand eigenständiger wissenschaftlicher Untersuchungen. In einem Vortrag von T. B. Steel auf dem IFIP-Kongreß 1965 in New York wurde der Begriff des „großen Programms" wohl erstmals als Objekt spezieller Betrachtungen erwähnt [STEE65]. Ausschließlich mit technologischen Problemen der Software-Entwicklung beschäftigte sich eine Konferenz 1968 zum „Software-Engineering" [NAUR69]. Eine Flut von Einzelarbeiten zu diesem Themenkreis setzte ein, und Begriffe wie „Strukturierte Programmierung", „Modulare Programmierung", „Normierte Programmierung", „Top-down-Entwurf" oder „HIPO-Technik" wurden allgemein geläufig. Der internationale Trend geht dahin, den Rechenautomaten selbst zur Unterstützung bei der Software-Entwicklung einzusetzen. Das betrifft nicht nur die Bereitstellung von höheren Programmiersprachen und deren Compilern mit komfortabler Dialogarbeitsweise, sondern auch Systeme zur rechnergestützten Dokumentation sowie Entscheidungsfindung in verschiedenen Phasen des Entwicklungsprozesses. Man spricht von Systemunterlagen-Entwicklungsplätzen (SEP). Solche Systeme werden vor allem dort angewendet, wo der Umfang der zu entwickelnden Software eine Größe annimmt, die vom Menschen nicht problemlos überblickt werden kann. Hier ist die Unterstützung des Rechenautomaten angebracht. Dabei ist es erforderlich, Modellvorstellungen zum Aufbau und der Arbeitsweise von Programmsystemen zu erarbeiten. Auf der Grundlage solcher Modelle können dann Algorithmen für Entscheidungshilfen bereitgestellt werden. Insbesondere in den letzten Jahren nahm die Entwicklung und Nutzung von Programmsystemen in zahlreichen Ländern einen bedeutenden Aufschwung. Dabei zeichnet sich allerdings noch keine einheitliche Auffassung ab. Wie breit gefächert die Auffassungen zu diesem Gegenstand sind, zeigen auch die vielfältigen Beiträge sowjetischer Autoren ([GLUSCH74], [JERSCHO78], [SAIZ74], [KARP78], [SERT78], [STOL76], [STUK76], [TAMM77], [FUCHS79], [JANEN77]).

In der DDR wurde 1974 auf Initiative und unter Leitung von N. J. Lehmann ein internationales Seminar zum Aufbau und Organisation von Programmpaketen [TEKM74] durchgeführt.

Bringen Programmsysteme eine Lösung?

Dieses Buch ist ein Beitrag zur Beantwortung dieser Frage. Der Leser wird mit den wesentlichen Ergebnissen zur Nutzung, Entwicklung und Fundierung von Programmsystemen vertraut gemacht.

Dabei wird zunächst grob festgelegt:

> Ein Programmsystem ist eine Menge von Programmen, die die automatisierte, technologisch einheitliche und geschlossene Bearbeitung von Aufgaben aus einer Aufgabenklasse mittels EDVA gewährleistet.

Damit ist noch nichts über Struktur und Wirkungsweise von Programmsystemen ausgesagt. Das ist aber erforderlich, wenn man effektive Technologien sowohl für Lösungsprozesse bei Aufgabenklassen als auch für die Entwicklung von Programmsystemen angeben will. Projektanten und Entwicklern sind zweckentsprechende Arbeitsmittel bereitzustellen, die ihnen erlauben, systematisch und zielgerichtet möglichst optimale Projekte zu entwerfen und zu realisieren. Dazu müssen Entscheidungs- und Implementierungshilfen zur Verfügung stehen.

Ausgangspunkte im 1. Kapitel sind die allgemeine Untersuchung des Prozesses, der zur Lösung einer Aufgabe führt, und die Stellung der rechentechnischen Hilfsmittel in diesem Prozeß. Diese anwendungsbezogene Betrachtungsweise soll die Praxisrelevanz der im 1. Kapitel abgeleiteten Aussagen sichern helfen. Eine grobe Klassifikation der Realisierungsformen von Anwender-Software macht deutlich, daß für unterschiedliche Anwendungsfälle durchaus auch unterschiedliche Modelle und Technologien sinnvoll sind.

Großen Einfluß auf die Struktur und Wirkungsweise von Programmsystemen hat die Technologie ihrer Nutzung, auf die im 2. Kapitel eingegangen wird. Hier werden insbesondere Fragen behandelt, die sich beim Einsatz eines Programmsystems auf einer Rechenanlage ergeben. Das sind zum Beispiel Datenträgerbereitstellung, Ablaufprotokollierung, Methoden des Havariedienstes. Die Berücksichtigung oder Vernachlässigung dieser Aspekte entscheidet oft über die praktische Nutzbarkeit eines Programmsystems, da es unwahrscheinlich ist, daß ein Gerätesystem über einen längeren Zeitraum zuverlässig arbeitet, daß das Programmsystem in allen Verzweigungen sicher ausgetestet oder daß das zu bearbeitende Datenmaterial richtig ist; außerdem muß man mit Konzentrationsschwächen der Arbeitsvorbereitungs- und Bedienerkollektive rechnen. Der statische Aspekt eines Programmsystems, — die Struktur —, d. h. sein modularer Aufbau und die Unterteilung in Hauptkomponenten, werden im 3. Kapitel über die „Architektur" von Programmsystemen untersucht. Es zeigt sich, daß unterschiedliche Architekturen, mit denen die Lösung einer Aufgabe angegangen wird, unterschiedliche Eigenschaften besitzen, die die Wirkungsweise der Programmsysteme wesentlich beeinflussen. Wichtige Elemente der Architektur sind Programm- und Datenmoduln, zwischen denen Relationen wie „ein Programmodul A ruft einen Programmodul B auf", „ein Programmodul A liest aus einem Datenmodul D", „ein Programmodul A schreibt in einen Datenmodul D" oder auch „ein Datenmodul D ist Komponente eines Datenmoduls E" erklärt sind. Diese Elemente und Relationen bestimmen die Architektur.

Die Steuerung, die im 4. Kapitel erörtert wird, gestattet es, den Lösungsprozeß für eine gegebene Aufgabe dynamisch zu realisieren. Man unterscheidet zwischen Vorbereitungsphasen, in denen die Aufgabe analysiert wird, Durchführungsphasen, in denen auf der Grundlage dieser Analyse die einzelnen Lösungsschritte vollzogen werden, und Nachbereitungsphasen zur Bewertung und Auswertung der Lösung. Das Finden geeigneter Steuerungsmodelle, die leicht mit der gegebenen Aufgabenklasse anpaßbar sind, ist ein wesentlicher Aspekt bei der Rationalisierung der Entwicklung von Programmsystemen.

Das 5. Kapitel widmet sich technologischen Fragen des Entwurfs und der Implementierung von Programmsystemen. Hierbei spielt das methodische Vorgehen eine wesentliche Rolle. Allgemeine Richtlinien oder Rezepte reichen nicht aus; es bedarf konkreter Implementierungshilfsmittel. Die gegenwärtigen Betriebssysteme geben hierfür nur geringe Unterstützung. An einem größeren Beispiel wird das Vorgehen im Entwicklungsprozeß demonstriert.

Im Zusammenhang mit den Bemühungen, die Software-Krise zu überwinden, widmet man sich verstärkt der theoretischen Fundierung der Computerwissenschaft (Informatik). Die Vorgehensweise der mathematischen Modellierung von Architektur und Steuerung der Programmsysteme wird im 6. Kapitel an einigen Beispielen demonstriert. Die Automatentheorie, die Theorie formaler Sprachen, die mathematische Logik und die Theorie stochastischer Prozesse bilden die Grundlage zum Aufbau verschiedener Modelle, an denen sowohl allgemeine Eigenschaften von Architektur und Steuerungsprinzipien abgeleitet als auch Methoden zur Analyse und Synthese konkreter Programmsysteme studiert werden können.

Sieben implementierte und in der Praxis erprobte Programmsysteme mit unterschiedlichen Einsatzgebieten werden im 7. Kapitel vorgestellt. Sie sollen die Zweckmäßigkeit und Wirksamkeit der vorangegangenen Betrachtungen und Ergebnisse demonstrieren.

Es zeigt sich, daß auch die Entwicklung großer Programmsysteme mit einer geeigneten Technologie rationell und mit vertretbarem Aufwand möglich ist. Weitere theoretische Untersuchungen in Wechselwirkung mit praxiswirksamen Realisierungen werden auch künftighin die Effektivität des Einsatzes von Programmsystemen wesentlich erhöhen.

1. Programmsysteme und Lösungsprozeß

Aus Untersuchungen zum Lösungsprozeß als informationellen Arbeitsprozeß werden grundlegende Anforderungen an die Gestaltung des Arbeitsmittels Programmsystem abgeleitet. Durch Betrachtungen zu Inhalt, Form und Umfang des Arbeitsprozesses, Arbeitsgegenstandes, Arbeitsmittels und der Einbeziehung der Arbeitskraft gelingt eine systematische Einordnung von Programmsystemarten.

1.1. Arbeitsprozeß

Im Arbeitsprozeß wirken Arbeitskräfte mit Arbeitsmitteln auf Arbeitsgegenstände ein (Abb. 1.1). Die einzige Arbeitskraft ist (bzw. hat) der Mensch. Wegen seiner Bedürfnisse und seiner Stellung im Produktions- oder Reproduktionsprozeß hat er unterschiedliche Beziehungen zu den Arbeitsgegenständen und Arbeitsmitteln. Wir wollen

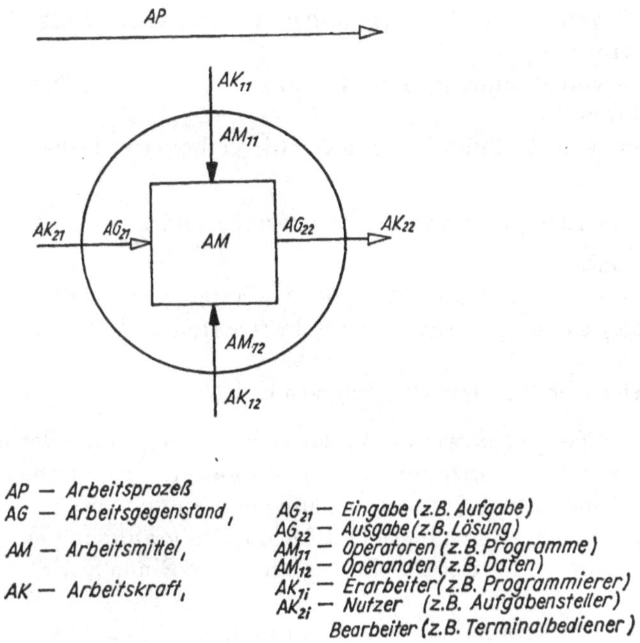

Abb. 1.1: Arbeitsprozeß

für die informationellen Arbeitsprozesse folgende globale Unterscheidungen treffen:

- Nutzer stellen Aufgaben und verwerten die Lösung, sie sind die „Anwender" der Lösungen,
- Betreiber (auch Bearbeiter genannt) realisieren mit Hilfe des Arbeitsmittels den Lösungsprozeß, bedienen also beispielsweise Rechner oder Terminal,
- Entwickler (auch Erarbeiter genannt) stellen das Arbeitsmittel her, spezifizieren also beispielsweise die universelle Hardware (Rechner) mit Software (Programme, Daten).

Natürlich muß zwischen Nutzer, Betreiber und Entwickler keine personelle Trennung existieren. Im Kapitel 2 werden dazu noch einige Aussagen gemacht.

Arbeitsgegenstände und Arbeitsmittel sind von der Art des Arbeitsprozesses abhängig. Im Gegensatz zu den Arbeitsprozessen mit stofflichen und energetischen Arbeitsgegenständen interessieren uns hier besonders informationelle Arbeitsprozesse. Diese haben informationelle Arbeitsgegenstände, nämlich Texte, insbesondere

- Schrifttexte, erzeugt mit Schriftsprachen
  (Deutsch-, Russisch-, FORTRAN-, LISP-, ASSEMBLER-Texte usw.)
- Grafiktexte, erzeugt mit Grafiksprachen
  (Diagramme, Skizzen, Zeichnungen usw.),

die in andere Texte zu wandeln sind:

- Schrifttext in Schrifttext
  (z. B. beim Übersetzen von Programmen im Rechner und beim Eingeben oder Ausgeben von Daten als Tabellen mit Schriftlesern oder Schriftdruckern),
- Schrifttext in Grafiktext
  (z. B. beim Ausgeben von Daten als Zeichnungen mit Digitalzeichengeräten),
- Grafiktext in Schrifttext
  (z. B. beim Eingeben von Zeichnungen als Daten mit Digitalisiergeräten),
- Grafiktext in Grafiktext
  (z. B. beim Erzeugen von Zeichnungen aus Grafiksymbolen mit Bildschirmgeräten).

Die wichtigsten Arbeitsmittel informationeller Prozesse sind

- Hardware, insbesondere
  potentiell universelle Rechner samt Rechnerperipherie (z. B. Digitalrechner mit Peripherie zur Eingabe und Ausgabe von Schrifttexten und Grafiktexten) und
- Software, nämlich
  aktuelle spezialisierende Texte (z. B. Programme), (Abb. 1.2).

Wir verstehen unter Software (im weiten Sinne) also alle Texte, die den potentiell universellen Rechner aktuell spezifizieren. Das sind sowohl Programme als auch Daten. Dagegen versteht man unter Software im üblichen Sinne meist nur diejenigen Texte, die als Aufforderungen (Befehle, Befehlsfolgen, Programme) dem Wandeln von Aussagen (Daten) dienen, und unter Software im engen Sinne nur Standardprogramme.

Sollen nun informationelle Arbeitsgegenstände automatisiert bearbeitet werden, so sind (universelle) Hardware und (spezielle) Software nötig. Die variabel gestaltbare

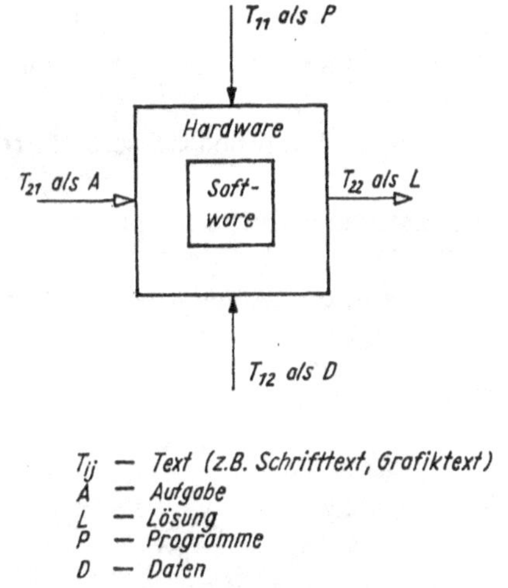

Abb. 1.2: Informationeller Arbeitsprozeß

Software beeinflußt also in starkem Maße Inhalt, Form und Umfang der Aufgabenlösung

- — Inhalt: geschlossene oder offene Aufgabenklasse,
- — Form: erarbeitende oder bearbeitende Aufgabenlösung,
- — Umfang: unvollständige oder vollständige Aufgabenlösung.

In Abb. 1.3 werden diese Zusammenhänge in einem „Softwareraum" demonstriert (nach [HERR78]). Das ideale Gebiet liegt hier in der erarbeitenden sowie bearbeitenden und zwar vollständigen Lösung offener Aufgabenklassen.

Der Weg dahin führt über die realen (derzeit beherrschbaren) Gebiete.

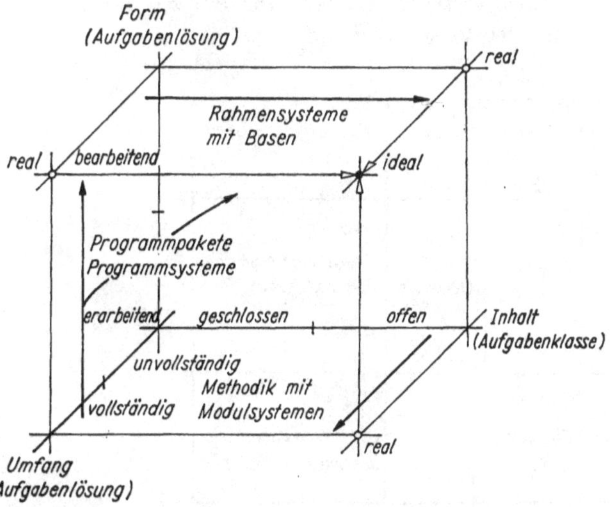

Abb. 1.3: Softwareraum

Der „Softwareraum" zeigt:

- Programmsysteme gehören aus der Sicht des Nutzers zu den Arbeitsmitteln für automatisierte informationelle Arbeitsprozesse,
- Programmsysteme für immer größer werdende Aufgabenklassen führen zum idealen Gebiet,
- Programmsysteme werden künftig nach einheitlicher Methodik und mit vorgefertigten Modulsystemen aufgebaut,
- Programmsysteme werden künftig unter Schutz und Steuerung einheitlicher Rahmen- und Basissysteme abgearbeitet.

1.2. Aufgabenlösungsprozesse

1.2.1. Aufgabe und Problem

Informationelle Arbeitsprozesse sind Lösungsprozesse, und zwar

- entweder Aufgabenlösungsprozesse
- oder Problemlösungsprozesse.

Stehen dem Bearbeiter im Lösungsprozeß geschlossene und überschaubare Mengen für die Lösungszustände (Operanden) und für die Lösungsvorgänge (Operatoren) zur Verfügung, so liegt eine Aufgabe vor, andernfalls ein Problem (Abb. 1.4 nach [KRAU77]).

Aufgaben erfordern also das Anwenden einer Theorie, Probleme erfordern aber das Aufbauen und das Anwenden einer Theorie ([GRJA78]).

Der Weg von der Aufgabe A (oder von einem Problem) führt nun im allgemeinen nicht direkt zur Lösung L, sondern er besteht aus mehreren Lösungsschritten LS. In jedem Lösungsschritt werden Lösungselemente LE be- und/oder erarbeitet. Die möglichen Lösungsschritte mit zugehörigen Lösungselementen bilden die allgemeine Lösungsvorschrift LV. Eine Lösungstrasse LT ist dann der zur Lösung einer Aufgabe in der Lösungsvorschrift benutzte Weg (Abb. 1.5).

Zustandsmenge (Operandenmenge) / Vorgangsmenge (Operatorenmenge) / Problemtyp	abgeschlossen: klein	abgeschlossen: groß	nicht abgeschlossen
abgeschlossen	Typ 0: Aufgaben	Typ 1: Operatoren/Operanden vorhanden, aber unüberschaubar	Typ 2: Operatoren bestimmt Operanden unbestimmt
nicht abgeschlossen	Typ 3: Operatoren unbestimmt Operanden bestimmt		Typ 4: Operatoren unbestimmt Operanden unbestimmt

Abb. 1.4: Aufgaben und Probleme

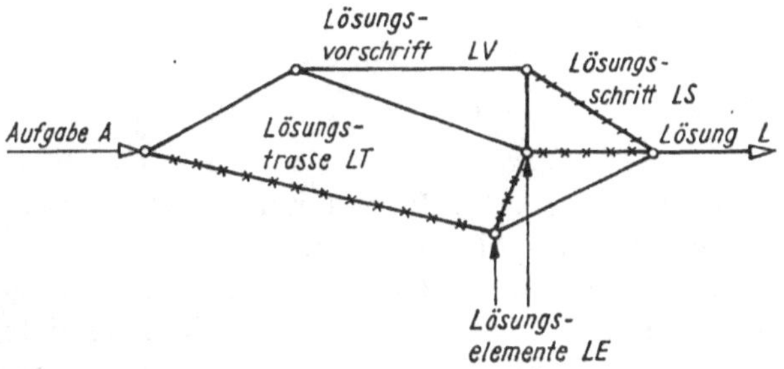

Abb. 1.5: Aufgabenlösungsprozeß

Aus der Erkenntnistheorie und aus der Problemlösungstheorie sind folgende Prinzipien für das Aufbauen der Lösungsvorschrift bekannt:

- Verallgemeinerungsprinzip
  (Abstraktion — Konkretion bzw.
  Einzelnes — Besonderes — Allgemeines — Besonderes — Einzelnes),
- Zerlegungsprinzip
  (Dekomposition ⇀ Komposition bzw.
  Analyse — Synthese),
- Ordnungsprinzip
  (Start — Teilziele (1 ... i ... n) — Ziel).

Im allgemeinen werden diese Prinzipien kombiniert genutzt. Im Kapitel 5 wird auf die Anwendung dieser Prinzipien weiter eingegangen.

1.2.2. Rahmen und Basen

Wie bereits aus Abb. 1.2 hervorgeht, ist das Arbeitsmittel nicht homogen aufgebaut, sondern hat verschiedene Bestandteile, mindestens Hardware und Software. Wir wollen weiter differenzieren und verwenden dazu das Rahmen-Basen-Konzept (s. [HERR78]).

Vier Rahmen organisieren den Aufgabenlösungsprozeß:

- Rechnerperipherie
  zum Akzeptieren (Eingabe) und Generieren (Ausgabe) von Texten,
- Rechner
  zum Manipulieren (Verarbeitung, Bearbeitung) von Texten,
- allgemeines Betriebssystem, hauptsächlich
  zum Steuern der Beziehungen zwischen Hardware und Software,
- besondere Betriebssysteme, hauptsächlich
  zum Steuern der Beziehungen zwischen Software-Basen.

Drei Basen spezifizieren den Aufgabenlösungsprozeß:

- Lösungsvorschriften als Szenarien
  (Szenenbasis SB),

— Lösungsschritte als Programme
(Programmbasis PB),
— Lösungselemente als Daten
(Datenbasis DB).

Vollständige Systeme zum automatisierten Aufgabenlösen bestehen also aus vier Rahmen und drei Basen. Ist nun eine Aufgabe A automatisiert in eine Lösung L zu überführen, so wird sie am äußersten Rahmen (Rechnerperipherie) eingegeben und akzeptiert und vom innersten Rahmen (Rahmenprogramme, Rahmendialogsysteme u. ä.) erkannt und interpretiert, so daß das Szenarium (aus der Szenenbasis) aufstellbar oder auswählbar ist sowie trassiert werden kann und danach die Programme (aus der Programmbasis) und die Daten (aus der Datenbasis) auswählbar sind.

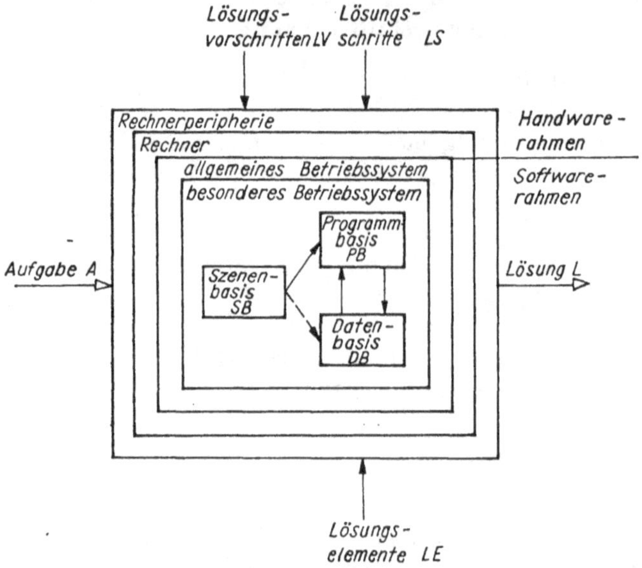

Abb. 1.6: Aufgabenlösungssystem

Im Erarbeitungsprozeß präzisieren also
— Problemanalytiker die Szenenbasis mit Szenen S,
— Problemprogrammierer die Programmbasis mit Programmen P,
— Datenaufbereiter die Datenbasis mit Daten D.

Im Bearbeitungsprozeß aktivieren dann
— Aufgaben A die Szenen S der Szenenbasis,
— Szenen S die Programme P der Programmbasis,
— Programme P die Daten D der Datenbasis.

Aus Aufgaben A und Daten D entstehen so die Lösungen L.

Die Lösungstrasse, also die aktuelle Kopplung der Szenen und somit der Programme und Daten, ist aus der Aufgabe in verschiedener Weise festlegbar:

— vom Nutzer ohne den Rechner im Mensch-Monolog
(Trassensteuerung durch einen Eingabetext, der Aufgaben- und Trassentext gleichzeitig ist),

- vom Nutzer mit dem Rechner im Mensch-Maschine-Dialog (Trassensteuerung durch mehrere Eingabe-Ausgabetextfolgen),
- vom Rechner ohne den Nutzer im Maschine-Monolog (Trassensteuerung durch einen Eingabetext, den automatisch zu interpretierenden Aufgabentext).

Zweifellos ist für den Mensch-Monolog nur ein geringes Leistungsvermögen des inneren Rahmens erforderlich. Jeder Lösungsschritt mit dem entsprechenden Lösungselement wird ja vom Menschen explizit angegeben. Damit ist die Kenntnis der Szenenbasis nur für den Menschen erforderlich. Dagegen erfordert der Maschine-Monolog ein sehr großes Leistungsvermögen des inneren Rahmens, der automatisch eine Trassierung auf der Grundlage der Szenenbasis durchführen muß.

Es ist klar, daß das Rahmen-Basis-Konzept „die automatisierte, technologisch einheitliche und geschlossene Bearbeitung von Aufgaben aus Aufgabenklassen ermöglicht" (s. Kap. 0), so daß umgekehrt ein Programmsystem als

- System dreier gefüllter Basen zur Aufgabenlösung,
- eingebettet in vier Rahmen zur automatisierten Aufgabenlösung

aufgefaßt werden kann.

1.2.3. Schichten und Kerne

Rahmen und insbesondere Basen werden in verschiedenen Ebenen, verschiedenen Abstraktionsstufen entsprechend, entworfen. Wir unterscheiden drei Ebenen (s. a. [SCHU77]):

- Die externe Ebene ist die Ebene des Fach-Praktikers. In ihr treten (zum Teil vage) Formulierungen großer Vielfalt auf. Sie ist menschgerecht, nicht notwendig algorithmisch und Ausdruck des Einzelnen, nämlich des speziellen Fachgebietes.
- Die konzeptuelle Ebene ist die Ebene des Fach- und EDV-Theoretikers. In ihr treten exakte Formulierungen geringer Vielfalt auf. Sie ist mensch- und maschinengerecht, algorithmisch bzw. faktisch und Ausdruck des Allgemeinen.
- Die interne Ebene ist die Ebene des EDV-Praktikers. In ihr treten exakte Formulierungen großer Vielfalt auf. Sie ist maschinengerecht, algorithmisch und Ausdruck des Einzelnen, nämlich des speziellen Rechners.

Jede Ebene wird durch eine entsprechende Schicht realisiert, wobei auf die Mittel der darunter liegenden Schicht bezug genommen werden kann. Eine Schicht ist damit die Transformation der Beschreibung der zugehörigen Ebene in die Beschreibung der darunter liegenden Ebene, also die Transformation von Sprachtexten (s. Abschnitt 1.2.4.). Diese Transformation kann sowohl manuell (vom Menschen) als auch automatisch (vom Rechner) erfolgen.

Kerne sind lösungstechnologisch wichtige, formbezogene Teile von Programmsystemen, etwa

- Darstellungs- oder Repräsentationskerne der Programmbasis und der Datenbasis (z. B. Grafikkern für das Akzeptieren, Manipulieren und Generieren grafischer Objekte),

— Kommunikationskerne der Szenenbasis und der Programmbasis (z. B. Dialogkern für das aufgabenorientierte Kommunizieren zwischen Mensch und Maschine).

Rahmen und Basen können somit in verschiedenen Schichten und mit verschiedenen Kernen aufgebaut werden. Im Schichten-Kern-Konzept sind also die Handlungsprinzipien der Erkenntnis- und Problemlösungstheorien verwirklicht (s. Abschn. 1.2.1.).

1.2.4. Sprachen und Texte

Weil die Software-Rahmen und die Basen Texte sind, erfordern Aufbau und Anwendung von Programmsystemen Sprachen. Sprachen sind Systeme aus Zeichen und Zeichenregeln. Texte sind Systeme aus Zeichen, die als Ergebnisse der Sprachanwendungen nach den Zeichenregeln aufgebaut werden. Die üblichen Sprachtheorien betonen die materiellen, semiotisch-syntaktischen, -sigmatischen und -semantischen Eigenschaften der Zeichen und Zeichenregeln. Das automatisierte Aufgabenlösen erfordert aber eine pragmatische, handlungsfördernde Sprachtheorie, zu deren Inhalt, Form und Umfang die Aufbaukonzepte für Programmsysteme anregen:

— das Basenmodell für den Inhalt,
— das Rahmenmodell für den Umfang und
— das Schichtenmodell für die Form (s. [HERR80]).

Aus dem Basenmodell (Abb. 1.6) geht hervor, daß zunächst fünf Sprachtypen benötigt werden. Das sind

— Aufgabensprachen,
— Szenensprachen,
— Programmsprachen,
— Datensprachen,
— Lösungssprachen.

Die Texte dieser Sprachen werden von den Rahmen akzeptiert und interpretiert (s. Abschn. 1.2.2.). Damit dies möglich ist, müssen den Rahmen die Sprachen bekannt sein, d. h., die Texte der Sprachen müssen selbst wieder beschrieben werden.

Es ist also zu unterscheiden zwischen

— Text*beschreibungs*sprachen (oft als Metasprachen bezeichnet) und
— Text*formulierungs*sprachen (die eigentlichen Objektsprachen).

Im Abschnitt 1.2.3. hatten wir dargelegt, daß die Rahmen und Basen in unterschiedlichen Abstraktionsstufen beschrieben werden. Daraus folgen drei Sprachtypen:

— externe Sprachen (Fachsprachen),
— konzeptuelle Sprachen (problemorientierte Sprachen),
— interne Sprachen (Maschinensprachen).

Aus den Beziehungen der Sprachtypen untereinander lassen sich wertvolle methodische Schlußfolgerungen ziehen: Eine Aufgaben*beschreibung* legt fest, welche Aufgaben *formulierbar* sind. Jede Aufgabe impliziert ein Szenarium, in dem die Lösungstrasse zu suchen ist. Damit ist die Aufgabenbeschreibung die Grundlage für die Arbeit des Problemanalytikers, der daraus die Szenenbasis formuliert. Jede Aufgaben*formulierung beschreibt* also ein Szenarium, so daß die entsprechende Szenarien*formulierung* auswählbar ist.

Gleichzeitig beschreibt eine Aufgabenformulierung natürlich die Lösung, so daß zwischen Szenarienbeschreibung und der Lösungsbeschreibung eine enge Wechselwirkung besteht: die Beschreibung der möglichen Lösungswege (des Szenariums) und die Beschreibung der Lösung bedingen sich gegenseitig.

Eine Szenen*beschreibung* legt fest, welche Szenen *formulierbar* sind. Jede Szene impliziert Programme als Lösungsschritte und Daten als Lösungselemente. Damit ist die Szenenformulierung die Grundlage für die Arbeit des Programmierers, der daraus die Programmbasis und Datenbasis formuliert. Jede Szenen*formulierung beschreibt* also Programme und Daten, die dann aus den entsprechenden Basen auswählbar sind.

Zwischen Programmbeschreibung und Datenbeschreibung existieren ähnliche Beziehungen wie zwischen Szenenbeschreibung und Lösungsbeschreibung. Je nach Art der Aufgabe hat dabei die Programmbeschreibung oder die Datenbeschreibung die Priorität. Im Kapitel 4 werden deshalb ablauforientierte (Programmbeschreibung hat die Priorität) und datenflußorientierte (Datenbeschreibung hat Priorität) Szenarien betrachtet. Dabei setzt sich immer mehr die datenflußorientierte Vorgehensweise durch, da die Daten als Lösungselemente in vielen Fällen einen problemnäheren Bezug haben.

Damit ergibt sich folgendes Vorgehen:

Aus den Aufgaben sind zunächst die Szenen aufzubauen, danach die Daten und dann die Programme. Dieses Vorgehen ist nach dem Schichtenkonzept (extern — konzeptuell — intern) zu realisieren und ist selbst Ausdruck des Schichtenkonzepts (Abb. 1.7).

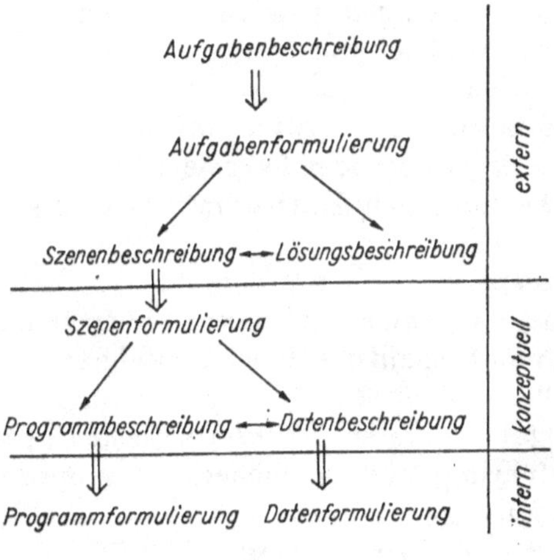

Abb. 1.7: Beziehungen zwischen Sprach- und Texttypen

1.2.5. Monolog und Dialog

Zur Bestimmung der Lösungstrasse, also des aktuellen Weges durch die Lösungsvorschrift (Szenenfolge durch das Szenarium), gibt es drei Möglichkeiten (s. Abschn. 1.2.2.):

— Monolog des Menschen als niedrigste Form
(z. B. wird die Programmfolge über die JOB-CONTROL-Sprache bestimmt,

die in diesem Fall gleichzeitig als Programmbeschreibungssprache — ein Programm wird nur über den Namen beschrieben — und Szenenformulierungssprache fungiert),
- Dialog des Menschen mit der Maschine und
- Monolog der Maschine als höchste Form
(die Programmfolge wird aus den Texten der Aufgabenformulierungssprache automatisch durch den Rechner bestimmt).

Maschinen-Monolog ist verarbeitungstechnologisch ideal. Er wird durch verbesserte Problemanalyse und verbesserte Programmiertechnologien erreicht.

Dialog ist immer dann notwendig, wenn die Lösungstrasse ausschließlich oder jedenfalls besser durch Informationsaustausch zwischen Maschine (System) und Mensch (Umgebung) bestimmt werden kann! Das ist dann der Fall, wenn

- die Lösungsvorschrift komplex und kompliziert ist,
  also die Lösungstrasse erst mit Arbeitsfortschritt festgelegt werden kann
  (z. B. bei technischen Gebildeentwurfsprozessen mit ihren vielfältigen Zuständen und Zustandsänderungen),
- die Aufgabe unübersichtlich und umfangreich ist,
  also die Lösungstrasse erst nach Kontrolle und Korrektur der Aufgabe festgelegt werden sollte
  (z. B. bei technologischen Verfahrensentwurfsprozessen mit ihren umfangreichen Operanden),
- die Lösungsart und -anzahl in weiten Grenzen liegt,
  also die Lösungstrasse erst nach Beurteilung der Zwischenlösungen sowie nach Präzisierung der Aufgabe fortgeführt werden kann
  (z. B. bei Suchprozessen mit Merkmalen von Objekten),
- die Lösungsschritte und damit die Lösungsvorschriften unvollständig sind,
  also die Lösungstrasse noch nicht ausgeführt oder festgelegt werden kann, vom Bearbeitungsstatus also zunächst wieder in den Erarbeitungsstatus gegangen werden muß
  (z. B. bei Programmentwurfsprozessen),
- die Lösungselemente und die Lösungen sinnlich viel besser wahrnehmbar als begrifflich erfaßbar sind, etwa Linien und Liniennetze in der Digitalgrafik sowie Töne und Tonfolgen in der Digitalakustik,
  also die Lösungstrasse besonders gut im steten Wechsel zwischen gedanklicher Vorbereitung, motorischer Durchführung und sinnlicher, etwa optischer oder akustischer, Kontrolle entstehen kann
  (z. B. bei Gebildeentwurfs- und Kompositionsprozessen),
  (s. [HERR78]).

Der Dialog ist also durch eine interaktive Zusammenarbeit zwischen Mensch und Maschine charakterisiert. Bei jedem Übergang vom Mensch zur Maschine werden Informationen in Form von Mitteilungen und/oder Aufforderungen übertragen (Abb. 1.8).

Jede Reaktion des Menschen im Dialog läßt sich als Präzisierung der Aufgabenstellung auffassen. Diese Präzisierung ist natürlich vom Arbeitsfortschritt, d. h. vom Zustand des Arbeitsgegenstandes und des Arbeitsmittels, abhängig. Deshalb zerfällt

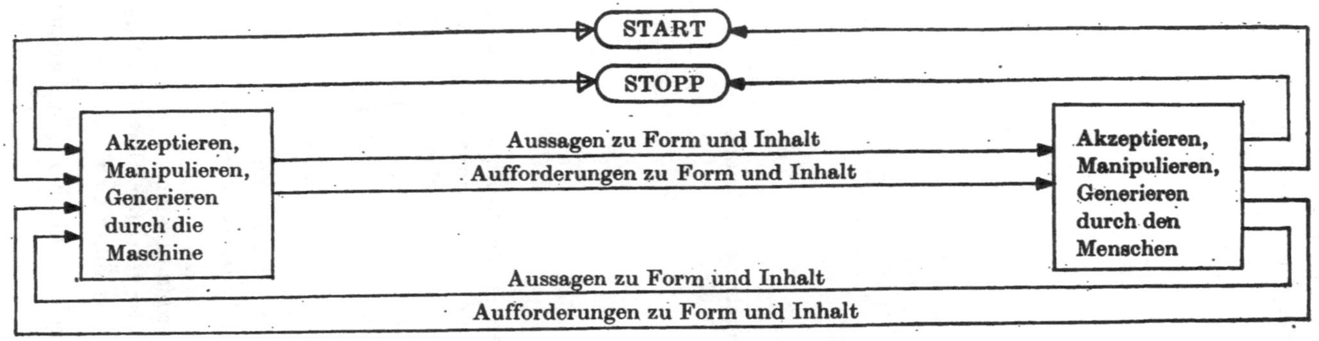

Komponente des Arbeitsprozesses	Szenen enthalten	allgemeine Beispiele	besondere Beispiele
Arbeitsmittel: Maschine	Aussagen zur Form und zum Inhalt	Mitteilungen über Zustände des Arbeitsmittels und des Arbeitsprozesses	Angebot: MENUE M BEREIT Meldung: PROGRAMM P LAEUFT ETWA 15 MIN. Warnung: DATEN D UNVOLLSTAENDIG, ANNAHME (Standard)
	Aufforderungen zur Form und zum Inhalt	Aufforderung zur Zustandsänderung im Arbeitsprozeß	Statusänderung: GEH IN VORBEREITUNGSSTATUS! Entscheidungsanforderung: GIB ENTSCHEIDUNG 1, 2 ODER 3! Datenanforderung: GIB DATEN A UND B DER ART Y UND Z!
Arbeitskraft: Mensch	Aussagen zur Form und zum Inhalt	Mitteilungen über Zustände der Arbeitskraft und des Arbeitsprozesses	Aufgabe: OBJEKT 0, DATEN C UND D Meldung: ENTSCHEIDUNG FAELLT IN 120 MIN. Antwort: ENTSCHEIDUNG 1, DATUM A = ...
	Aufforderungen zur Form und zum Inhalt	Aufforderung zur Zustandsänderung im Arbeitsprozeß	Statusänderung: GEH IN DURCHFUEHRUNGSSTATUS! TRASSIERE! Hilfeanforderung: GIB MENUE! Lösungsanforderung: GIB LOESUNG, DRUCK!

Abb. 1.8: Mensch-Maschine-Dialog

im Dialogbetrieb die Aufgabenformulierungssprache in Teilsprachen, die den Dialogzuständen zugeordnet werden können. Jede Eingabe in einem gewissen Dialogzustand ist ein Text der diesem Zustand zugeordneten Aufgabenformulierungsteilsprache. Dieser Text wird in vielen Fällen nur ein Zeichen sein oder einer Zeigehandlung entsprechen (bei Bildschirm-Menütechnik mit Lichtstift). In Abb. 1.9 ist dieser Ablauf schematisiert dargestellt.

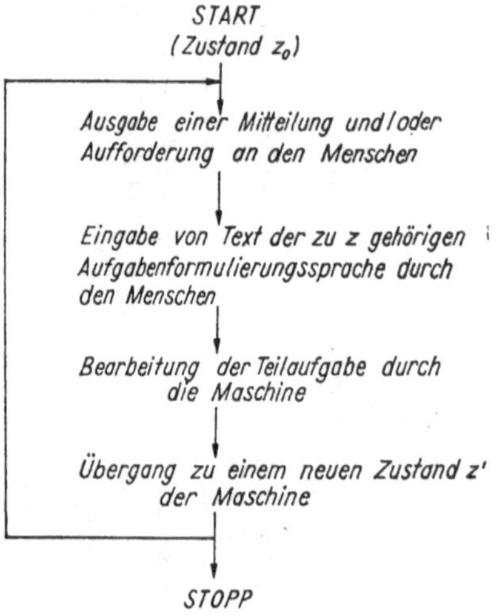

Abb. 1.9: Aufgabenpräzisierung im Mensch-Maschine-Dialog

1.3. Aufgabenlösungssystem

1.3.1. Programmkonfigurationen

Wir haben in 1.2. festgestellt, daß Aufgabenlösungssysteme für informationelle Arbeitsprozesse aus Rahmen und Basen bestehen. Soll nun ein informationeller Arbeitsprozeß automatisiert werden und liegen die Rahmen vor, so ist zunächst die Szenenbasis zu präzisieren. Der Arbeitsprozeß ist so zu portionieren, daß Szenen entstehen, die entweder von der Maschine allein (vom Arbeitsmittel) oder nur vom Menschen allein (von der Arbeitskraft) abgearbeitet werden können.

Als Extremfälle entstehen

- Szenarien, die vollständig von der Maschine realisiert werden können (das ist ein nicht immer mögliches Automatisierungsziel: der Rechner übernimmt die Aufgabenlösung vollständig),
- Szenarien, die vollständig vom Menschen realisiert werden müssen (das ist ein stets möglicher Automatisierungsbeginn: der Rechner übernimmt die Wegleitung zur Aufgabenlösung, er „schlägt nur vor", er führt nicht aus).

Die Komplexität des Szenariums bestimmt nun maßgeblich die Komplexität der Programmkonfiguration zu seiner Realisierung:

- Programm,
  wenn nur eine Szene vorliegt
  (Realisierung also durch Einzelprogramm),

– Programmenge,
  wenn mehrere Szenen vorliegen, die außerhalb der Rahmen zusammengestellt werden
  (Realisierung meist durch Programmbibliothek),
– Programmsystem,
  wenn mehrere Szenen vorliegen, die vorwiegend innerhalb der Rahmen zusammengestellt werden
  (technologisch einheitliche Realisierung der Aufgabenlösung).

Im „Programmraum" (Abb. 1.10) sind die Komplexitätsstufen nach Inhalt, Form und Umfang der Aufgabenklasse eingeordnet. Wir wollen die geschlossenen und offenen Programmsysteme auch unter der Bezeichnung Programmpakete zusammenfassen.

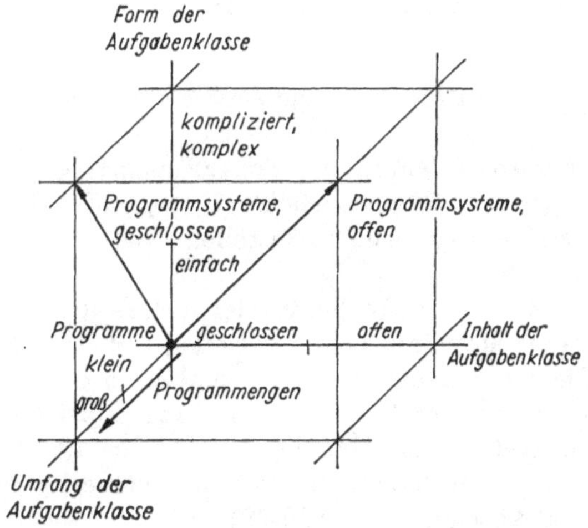

Abb. 1.10: Programmraum

Man erkennt:
Programmpakete realisieren

– nicht nur einfache Aufgabenlösungstechnologien
  (Monologbetrieb ohne Trassenfindung: Einzelstartbetrieb, Stapelbetrieb),
– nicht nur kleine Aufgabenklassen,
  („Insellösungen": Matrizen-Multiplikation, Einzelteil-Darstellung, Lohn-Berechnung usw.),
– vielmehr:
  geschlossene, große Aufgabenlösungsprozesse nach komplizierten Aufgabenlösungstechnologien
  (geschlossene, spezialisierte, differenzierte Programmsysteme),
– sogar:
  offene, große Aufgabenlösungsprozesse nach komplizierten Aufgabenlösungstechnologien
  (offene, universellere, integrierte Programmsysteme),

und sie führen deshalb auf vollständige Aufgabenlösungssysteme aus Rahmen und Basen.

1.3.2. Programmsystemarten

Programmsysteme haben viele Merkmale, so daß es vielfältige Möglichkeiten für die Klassifizierung gibt. Weil sich noch keine international anerkannte Klassifikation herausgebildet hat, wird nun versucht, wesentliche Klassifikationsmerkmale aus denjenigen Arbeitsprozessen zu gewinnen, die mit den Programmsystemen automatisiert werden sollen.

Inhalt, Form und Umfang von Programmsystemen werden von Inhalt, Form und Umfang des Arbeitsprozesses, des Arbeitsgegenstandes, des Arbeitsmittels und der Tätigkeit der nutzenden Arbeitskraft bestimmt (Abb. 1.11):

— 1.1: Inhalt des Arbeitsprozesses
  Die Programmsysteme haben Texte zu wandeln, und zwar herzustellen oder darzustellen.
  Liegt eine Menge von Texten vor, so ist der aktuelle Text zu suchen (typisch für die Informationsbeschaffung). Liegt nur ein einzelner Text vor, so ist der aktuelle Text daraus zu errechnen oder lösungsgerecht darzustellen.
— 1.2: Form des Arbeitsprozesses
  Die Programmsysteme dienen der Textherstellung oder der Textdarstellung im Monolog des Rechners (Maschine-Monolog) oder im Dialog mit dem Bearbeiter (Mensch-Maschine-Dialog). Sie werden entweder durch die Aufgabendaten gesteuert, finden also die Lösungstrasse und somit die Lösung selbst (typisch für selbstorganisierende Programmsysteme im Monolog, s. Abschn. 7.6. RENDIS), oder sie werden vom Menschen durch Trassendirektiven gesteuert (typisch für Programmsysteme im Dialog, s. Abschn. 7.4. RADIOS).
— 1.3: Umfang des Arbeitsprozesses
  Mit Programmsystemen können die Textwandlungen erarbeitet werden (typisch für den Programm- und Programmbasisaufbau) oder bearbeitet werden (typisch für die Programmanwendung).
— 2.1: Inhalt des Arbeitsgegenstandes
  Die Programmsysteme wandeln Texte aus verschiedenen Bereichen menschlicher Tätigkeit, insbesondere aus Wissenschaft und Technik.
— 2.2: Form des Arbeitsgegenstandes
  Die Programmsysteme akzeptieren, manipulieren und generieren eindimensionale, insbesondere schriftliche und lautliche Texte, und auch mehrdimensionale, insbesondere grafische Texte.
  Liegen die Texte formal vor (typisch für logische und mathematische Texte), so ist die Textwandlung wesentlich einfacher und tiefgründiger ausführbar als bei informationeller Form (typisch für journalistische und künstlerische Texte).
— 2.3: Umfang des Arbeitsgegenstandes
  Die Programmsysteme wandeln Texte über Objekte und über Tätigkeiten. Der Umfang der Objekte und der Tätigkeiten muß beschränkt werden, weil sonst schwer aufbaubare und schwer anwendbare Programmsysteme entstehen würden

Übliche Programmsysteme sind

- produkt- oder objektorientiert
  (POPS: ein Objekt, möglichst viele Tätigkeiten, typisch für CAD/CAM-Systeme der Technik),
- sachgebietsorientiert
  (SOPS: einige Objekte, einige Tätigkeiten, typisch für Programmsysteme der Ökonomie),
- verfahrens- oder tätigkeitsorientiert
  VOPS: möglichst viele Objekte, eine Tätigkeit, typisch für Programmsysteme der Mathematik).

— 3.1: Inhalt des Arbeitsmittels
Die Programmsysteme sind von Hardwarerahmen und äußerem Softwarerahmen umgeben und bestehen aus innerem Rahmen und aus Basen, mindestens aber aus einer Programmbasis.

— 3.2: Form des Arbeitsmittels
Die Programmsysteme realisieren Szenarien, also Ketten, Ringe, Bäume oder allgemeine Netze von Programmen nach den Programmbeschreibungen für maschinell ausführbare Szenen. Einfachster Sonderfall ist die Kante: eine Szene — ein Programm oder eine Programmkette.

— 3.3: Umfang des Arbeitsmittels
Die Programmsysteme realisieren geschlossene oder offene, also problemlos erweiterbare Szenarien.

— 4.1: Inhalt der Tätigkeit des Nutzers, also der Arbeitskraft

Der Nutzer von Programmsystemen ist

- aktiv bei der Findung der Lösung beteiligt, d. h., er wirkt auf die Auswahl der Lösungstrasse ein (typisch für Dialog-Technologien) oder muß sogar im Verlauf des Lösungsprozesses neue Lösungsschritte (das sind Programme) schaffen (typisch für Technologien mit wechselndem Erarbeitungs- und Bearbeitungsstatus),
- passiv bei der Findung der Lösung, d. h., er stellt nur die Aufgaben.

— 4.2: Form der Tätigkeit des Nutzers, also der Arbeitskraft
Der Nutzer von Programmsystemen steht

- direkt mit dem Programmsystem in Verbindung, d. h., er formuliert die Aufgaben für das Programmsystem in maschinengerechter Form selbst (s. Kap. 2),
- indirekt mit dem Programmsystem in Verbindung, d. h., er stellt seine Aufgaben in einer ihm genehmen (menschgerechten) Form, übergibt diese einem Betreiber, der die Bearbeitung der Aufgabe durch das Programmsystem ermöglicht.

— 4.3: Umfang der Tätigkeit des Nutzers, also der Arbeitskraft

Der Nutzer von Programmsystemen tritt auf als

- Erarbeiter, wenn er Entwicklungsleistungen zur Realisierung der Funktionsfähigkeit des Programmsystems erbringen muß, dazu gehören auch Ergänzungen zu den Basen,
- Bearbeiter, wenn er ein für die Lösung seiner Aufgabe bereites Programmsystem vorfindet, dem also lediglich Aufgabenstellung und eventuell Lösungshinweise mitzuteilen sind.

Komponenten im Arbeitsprozeß	1 Inhalt	2 Form	3 Umfang
1 Arbeitsprozeß AP	1.1 Textwandlung, also — Herstellen, • Wiederverwenden (Suchen), • Originalerzeugen (Errechnen), — Darstellen (z. B. Zeichnen)	1.2 Textherstellung oder -darstellung — monologisch, — dialogisch und zwar — aufgaben-(daten-)gesteuert, — trassen-(direktiven-) gesteuert	1.3 Textherstellung oder -darstellung zum — Erarbeiten des Programmsystems, — Bearbeiten der Aufgabenstellung
2 Arbeitsgegenstand AG	2.1 Texte aus — Logik, Mathematik, — Kybernetik, — Physik, Chemie, — Biologie, Physiologie, Medizin, — Psychologie, Soziologie, Pädagogik, — Ökonomie, Technik, • Produktionsplanung, • Produktionsvorbereitung, • Produktionsdurchführung, — . . .	2.2 Text ist — lautlich, — schriftlich, — grafisch und zwar — formal, — informal, — deskriptiv, — operativ	2.3 Texte über — ein Objekt, viele Tätigkeiten (produkt-, objektorientiert), — einige Objekte, einige Tätigkeiten (sachgebietsorientiert), — viele Objekte, eine Tätigkeit (verfahrens-, tätigkeitsorientiert)

3 Arbeitsmittel AM	3.1 Rahmen — Hardwarerahmen, — Softwarerahmen, Basen — Szenenbasis, — Programmbasis, — Datenbasis	3.2 Szenarium als — Kante, — Kette, — Ring, — Baum, — Netz Programmbasis als . . . Datenbasis als . . .	3.3 Szenarium, Programmbasis, Datenbasis — geschlossen, — offen
4 Arbeitskraft AK	4.1 Nutzer ist — aktiv, — passiv	4.2 Nutzer hat — direkte, — indirekte Beziehung zum Arbeitsmittel	4.3 Nutzer als — Erarbeiter, — Bearbeiter

Abb. 1.11: Programmsystemmerkmale

Beispiel:
Vorbildliche rechnergestützte Entwurfs- und Fertigungssysteme (CAD/CAM-Systeme) sollten folgende Merkmale haben:

- Arbeitsprozeß:
  monologisches und dialogisches Vorbereiten und Durchführen der Textherstellung und Textdarstellung,
- Arbeitsgegenstand:
  schriftlich und grafisch dargestellte Objekte und Tätigkeiten der technischen Produktionsvorbereitung,
- Arbeitsmittel:
  Rahmen mit offenem, netzartigem, vollständigem Programmsystem,
- Arbeitskraft:
  im Normalfall nur Bearbeiter,
  in Sonderfällen auch Erarbeiter,

kurz: CAD/CAM-Systeme sollten komfortable integrierte Programmsysteme enthalten.

2. Nutzungstechnologie bei Programmsystemen

In einem einleitenden Abschnitt wird zunächst das Grundanliegen einer Technologie zur Nutzung von Programmsystemen untersucht. Die Erörterung der Nutzungstechnologie von Programmsystemen muß davon ausgehen, daß sich beim praktischen Einsatz von Programmsystemen verschiedenartige Nutzungsformen herausgebildet haben. Fragen einer effektiven Nutzungstechnologie treten sowohl in der Vorbereitungsphase, während der Durchführung als auch bei der Nachbereitung einer Aufgabenlösung mittels Programmsystemen auf. Schließlich wird auch die Art und Weise der Lösung durch die Möglichkeiten der Erweiterung, der Reorganisation und Anpassung eines Programmsystems, der Systemmessung und der Wartung von Programm-, Daten- und Szenenbasis beeinflußt.

2.1. Grundanliegen einer Nutzungstechnologie

Wenn dem Nutzer moderner DVA in ständig wachsendem Maße nutzerfreundliche Software in Form von Programmsystemen zur weitestgehend automatischen Bearbeitung seiner Probleme bzw. Aufgaben zur Verfügung steht, folgt daraus nicht, daß ihr Gebrauch ohne besondere Vorkommnisse und problemlos vonstatten geht. Bei allem Komfort, den Hardware und Software beim heutigen Entwicklungsstand bieten, bleibt ein Computersystem doch ein hochentwickeltes Werkzeug für geistige Routinearbeit, dessen Nutzung bestimmte Kenntnisse und Fähigkeiten unabdingbar voraussetzt und spezifische Vorgehensweisen verlangt. Ein effektiver Einsatz von Programmsystemen kann nur auf der Grundlage einer speziellen Nutzungstechnologie erfolgen.

Von einer Technologie [FRIE77] ist allgemein zu erwarten, daß sie Antwort auf die Frage gibt: Was wird wie und womit produziert? Wenn wir unter einer Nutzungstechnologie beim Einsatz von Programmsystemen speziell die Art und Weise der „routinemäßigen" Lösung von Aufgaben einer bestimmten Klasse mit Hilfe eines Programmsystems auf einer EDVA verstehen wollen, präzisieren wir die Frage wie folgt. Die Frage des „Was" bezieht sich auf die Lösung von Aufgabenklassen, die Frage des „Womit" wird durch die zur Verfügung stehende Software in Form von Programmsystemen auf der Grundlage der gegebenen Gerätetechnik beantwortet, während die Frage des „Wie" gerade auf die Probleme der Nutzungstechnologie stößt.

Im Abschnitt 1.3.1. wurden Programmkonfigurationen im Rahmen des Aufgabenlösungssystems charakterisiert, die gewisse „Ausbaustufen" der für die Aufgabenlösung genutzten Software repräsentieren. Die Ausbaustufen (Einzelprogramme — Programmengen — Programmsysteme) beeinflussen mit ihren spezifischen Besonderheiten die Technologie ihrer Nutzung. Neben allgemein gültigen Festlegungen für eine optimale Nutzung dieser Softwareformen kommen jeweils spezifische Besonderheiten hinzu. Insbesondere ist der unterschiedliche Grad an Nutzerfreundlichkeit, das unterschiedlich große Angebot an Komfort für den Nutzer zur Unterstützung des Aufgabenlösungsprozesses ein wichtiger Aspekt der Nutzungstechnologie.

In diesem Rahmen sollen nur die Aspekte diskutiert werden, die speziell die Nutzung von Programmsystemen betreffen. Es ist selbstverständlich, daß alle allgemein für den Umgang mit Software bei der Nutzung von Rechenanlagen gültigen Festlegungen und Hinweise auch bei Verwendung von Programmsystemen weitestgehend gültig bleiben, gemessen am Umfang des Softwaresystems zum Teil noch größere Bedeutung bekommen [SCHN76], [SCHU75].

Die in den Abschnitten dieses Kapitels dargelegten Aspekte einer Nutzungstechnologie für Programmsysteme machen deutlich, welche Anforderungen sich daraus für den Prozeß des Entwurfs und der Implementierung eines Programmsystems ergeben. Die angestrebte Nutzungstechnologie und der damit festgelegte Grad der Nutzerfreundlichkeit des zu erstellenden Programmsystems müssen bereits fester Bestandteil der funktionellen Spezifikation sein, die den Ausgangspunkt für den Entwurfs- und Implementierungsprozeß bildet (s. Abschn. 5.2.).

2.2. Nutzungsformen

Die Bearbeitung einer Aufgabe geschieht in den drei Phasen

- Vorbereitung,
- Durchführung und
- Nachbereitung.

Jede dieser Phasen hat Spezifika, auf die in den nachfolgenden Abschnitten näher eingegangen wird. Diese Spezifika sind von verschiedenen Nutzungsformen abhängig, die sich beim Einsatz von Programmsystemen herausgebildet haben. Wir unterscheiden die Nutzungsformen nach

- der Stellung des Nutzers zum Arbeitsmittel,
- die Art der Bearbeitung und
- dem Modus der Trassenfindung.

Nicht immer wird es möglich und sinnvoll sein, daß der Nutzer eines Programmsystems direkten Kontakt zum Rechner und dem auf ihm arbeitenden Programmsystem hat. Das liegt primär auch nicht in seinem Interesse, da er eigentlich nur die Lösung seiner Aufgabe (mit welchen Mitteln auch immer) bekommen möchte. Das liegt weiterhin auch nicht im Interesse der Rechenzentren, die unsachgemäßen Umgang mit Hard- und Software vermeiden wollen.

Ein indirekter Kontakt erfordert das Zwischenschalten eines „Betreibers“ von Programmsystemen. Der Nutzer ist dann von jeglicher EDV-Kenntnis entlastet und kann seine Aufgabenstellung dem Betreiber in menschgerechter Form übermitteln. Der Betreiber als EDV-Spezialist kann nun die Aufgabenstellung in eine maschinengerechte Form übertragen und die gesamte Bearbeitung überwachen.

Allerdings ist dafür bei Aufgabenklassen mit komplexen und komplizierten Lösungsvorschriften (Szenarien) eine beträchtliche Sachkenntnis erforderlich. Das (und der Mangel an Arbeitskräften) führt dazu, daß immer mehr zum direkten Kontakt zwischen Nutzer und Programmsystem übergegangen wird. Voraussetzung hierfür ist, daß die Aufgabenstellung in einer mensch- und maschinengerechten Form formuliert werden kann. Zur Kommunikation zwischen Nutzer und Programmsystem wird im allgemeinen eine leicht erlernbare Fachsprache verfügbar sein, die natürlich vom Nutzer sicher beherrscht werden muß [LEHM74]. Bereits im Abschn. 1.2.5. wurde über Monolog und Dialog berichtet. Ergänzt werden soll hier, daß im Dialog jeder Dialogschritt in eine Vorbereitungsphase (Aufgabenpräzisierung), Durchführungsphase (Bearbeitung der Teilaufgabe durch die Maschine) und Nachbereitungsphase (Bewertung von Zwischenergebnissen durch den Menschen) zerlegt werden kann. Die rasche Aufeinanderfolge von Nachbereitungs- und Vorbereitungsphasen in den Dialogschritten zwingt zum schnellen Handeln. Alle Möglichkieten der rechnergestützten Vorbereitung des nächsten Dialogschrittes müssen genutzt werden. Bezüglich spezieller Aspekte einer Arbeit mit Dialogsystemen sei auf einschlägige Spezialliteratur verwiesen (z. B. [SCHM75]).

Mit den Modi aktiv und passiv wird die Art der Einflußnahme des Nutzers eines Programmsystems auf das Finden der richtigen Lösungsstrategie zum Ausdruck gebracht. Der Nutzer bleibt passiv, wenn er außer der Aufgabenstellung keine weiteren dem Auffinden der Lösungstrasse dienenden Informationen zur Verfügung stellt. Der aktive Modus hingegen zeichnet sich durch das aktive Eingreifen des Nutzers in den Prozeß der internen Ablaufsteuerung des Programmsystems aus. Dabei ist es ohne Belang, ob das durch Angabe zusätzlicher Steuerinformationen in der Vorbereitungsphase eines Rechnerlaufs oder während der Ausführungsphase durch interaktives Arbeiten erfolgt. Selbstverständlich erfordert der aktive Modus eine höhere Qualifikation des Nutzers, muß er doch dabei die Wirksamkeit der Lösungsschritte über den jeweiligen Lösungselementen beurteilen. Wenn auch das automatische Finden der effektivsten Lösungstrasse als ideales Ziel anzusehen ist, kann man beim gegenwärtigen Stand der wissenschaftlichen Erkenntnis beim Bearbeiten umfangreicher Problem- bzw. Aufgabenklassen auf den Erfahrungsträger Mensch oft nicht verzichten.

Diese hier genannten Gesichtspunkte spiegeln in ihrer Kombination die verschiedenartigen in der gegenwärtigen Praxis anzutreffenden Nutzungsformen wider (s. Abb. 2.1). Dabei ist zu berücksichtigen, daß nicht alle theoretisch denkbaren Kombinationen praktisch sinnvoll sind. Zwei praktisch häufig anzutreffende Nutzungsformen sind:

- Nutzungsform passiv, monologisch, indirekt
  Der Nutzer übergibt eine Aufgabenstellung ohne zusätzliche Informationen über den internen Steuerablauf.
  Der Betreiber setzt ein abgeschlossenes Programmsystem ein. Ein typisches Beispiel für diese Nutzungsform findet man bei Lohnberechnungsprogrammen, mit denen Datenverarbeitungszentren Dienstleistungen für Betriebe und Einrichtungen der Volkswirtschaft erbringen.
- Nutzungsform aktiv, dialogisch, direkt
  Der Nutzer wendet die im Programmsystem vorgesehenen Möglichkeiten zur aktiven Einflußnahme auf das Finden der geeigneten Lösungstrasse an. Er steht

Stellung des Nutzers zum Arbeitsmittel	Art der Aufgabenlösung	Modus der Trassenfindung
direkt indirekt	dialogisch monologisch	aktiv passiv

Abb. 2.1: Nutzungsformen

bei der Abarbeitung des Programmsystems im Dialog mit dem Rechner, im direkten Kontakt mit dem Arbeitsmittel. Diese Form der Nutzung ist beispielsweise bei Programmsystemen zum rechnergestützten Konstruieren günstig.

Zusammenfassend werden nun einige globale Kriterien für die angeführten Nutzungsformen angegeben:

- direkt: Die Formulierung der Aufgabenstellung ist in einer mensch- und maschinegerechten Form möglich, das Programmsystem kann auch vom „Nicht-EDV-Spezialisten" beherrscht werden.
- indirekt: Die EDV-technologischen Prozesse beim Betreiben eines Programmsystems werden von einem EDV-Spezialisten beherrscht, es sind keine menschgerechten Formulierungsmöglichkeiten zur Beschreibung der Aufgabenstellung möglich oder notwendig.
- dialogisch: Die Lösungsvorschriften sind komplex, unübersichtlich, und die Lösungselemente sind sinnlich besser wahrnehmbar als begrifflich erfaßbar (s. Abschn. 1.2.5.).
- monologisch: Der Lösungsprozeß kann ohne Einfluß des Menschen realisiert werden, das setzt im allgemeinen die Formalisierbarkeit der Aufgaben und Lösungen voraus.
- aktiv: Zur Realisierung des Lösungsprozesses müssen außer der Aufgabenstellung noch zusätzliche Hinweise gegeben werden, es liegt im allgemeinen ein Problem vor (s. Abschn. 1.2.1.).
- passiv: Aus der Aufgabenstellung kann die Lösungstrasse vollständig bestimmt werden, das setzt im allgemeinen die Existenz einer abgeschlossenen Theorie voraus.

2.3. Vorbereitung

Die Vorbereitungsphase umfaßt

- die Formulierung der Aufgabe,
- die Bereitstellung der Daten und
- die Bereitstellung der erforderlichen Ressourcen.

Die Formulierung der aktuell zu lösenden Aufgabe sollte die Vorbereitungsphase immer einleiten, da sich aus ihr die weiteren Aktivitäten ableiten. Je nach Variabilität des Programmsystems schrumpft die Aufgabenstellung zu einem einzigen Wort zusammen oder besteht aus einem längeren Text der Aufgabenformulierungssprache. Bereits hier können sich die ersten Fehler einschleichen. Deshalb ist es günstig, durch das Programmsystem bereits in der Vorbereitung Unterstützung zu gewähren, indem die Aufgabenstellung auf Zulässigkeit geprüft und Fehlerhinweise gegeben werden. Man vermeidet oder vermindert die Gefahr einer fehlerhaften Durchführung des Lösungsprozesses, wenn die Aufgabenstellung vorher sorgfältig geprüft wurde. Der Einsatz eines Programmsystems erfolgt meistens auf der Grundlage gesammelter Daten. Für den Nutzer eines Programmsystems ist es von ausschlaggebender Bedeutung, ob dieser Prozeß projektbezogen oder projektunabhängig konzipiert wurde. Vor allem bei Aufgabenstellungen aus der Massendatenverarbeitung bringt die projektunabhängige Form Vorteile mit sich:

- der einzelne Nutzer eines Programmsystems wird von den Aufgaben des Gewinnens, Speicherns und Aktualisierens der Massendaten entlastet — der Vorbereitungsprozeß fällt z. T. mit dem Erarbeitungsprozeß zusammen; die Zentralisierung dieser Aufgaben führt gleichzeitig zu einem rationellen Verwenden von Ressourcen (Speicherkapazität, Rechenzeit),
- auf dieser Grundlage ist es prinzipiell möglich, den Entwickler der Anwendungssoftware von der Aufgabe des Anpassens des Programmsystems an die Struktur gegebener Datenbestände zu entlasten (siehe auch Kapitel 5),
- schließlich ist nur auf diese Weise bei wachsender Zahl von Nutzern die Befriedigung aller Informationsforderungen mit gleichermaßen aktuellen und gültigen Informationen möglich.

Diese auch programmtechnisch verselbständigte Datenorganisation führt unmittelbar zur Problematik der Datenbanken. Bezüglich der Arbeit mit Datenbanksystemen sei an dieser Stelle nur auf [SCHL77], [WEDE74], [SCHU77] verwiesen. Eine projektbezogene Datenorganisation ist dann von Vorteil, wenn die Daten der Datenbasis nur von einem Programmsystem genutzt werden, das heißt keine Verflechtungen zu anderen Projekten auftreten. Natürlich müssen dann vom Programmsystem Dienste zur Datenverwaltung bereitgestellt werden, die natürlich aus äußeren Rahmen (Betriebssystem) oder anderen Systemen (Datenbanksystemen) übernommen werden können. Ebenso wie bei der Aufgabenformulierung ist eine Kontrolle der Daten (Integrität) sehr wichtig, um den Durchführungsprozeß nicht falsch zu beeinflussen.

Leider bieten die gegenwärtig verfügbaren Programmsysteme noch nicht immer einen hinreichend guten Service zur Unterstützung dieser Vorbereitungsarbeiten, legen dem Nutzer oft zu starke Restriktionen auf, woraus insgesamt eine starke Fehleranfälligkeit dieses Prozesses resultiert. Programmsysteme mit umfangreichen Aufgabenspektren benötigen während ihres Einsatzes verschiedene Gruppen von Speicherressourcen. Im allgemeinen muß sich der Nutzer eines Programmsystems in der Vorbereitungsphase im Rahmen der vom Programmsystem zugelassenen Möglichkeiten überlegen, welche Ressourcen in welchem Umfang anzufordern sind. Zur Verwaltung der Speicherressourcen sollten weitestgehend die vom Betriebssystem der Rechenanlage gebotenen Möglichkeiten genutzt werden (Anlegen und Verwalten von Bibliotheken), wenn im Programmsystem keine eigene spezifische Datenträgerverwaltung vorhanden ist. Zur übersichtlichen Verwaltung von Speicherressourcen haben sich speziell bei Aufgaben der Massendatenverarbeitung Archivbereiche bewährt, beispielsweise für Programmbibliotheken mit zusätzlicher Untergliederung, Arbeitsspeicher für die Ein- und Ausgabe von Job-Folgen, Kataloge für Datenbasen, evtl. sachgebietsbezogen unterteilte Datenbasen, Entwickler- und Nutzerdokumentationen.

Da die Ressourcen durch das Betriebssystem bereitgestellt werden, wird ihr Bedarf meist in der JOB-CONTROL-Sprache spezifiziert. Das erfordert vom Nutzer zusätzliche Kenntnisse und ist eine weitere Fehlerquelle. Strenggenommen, gehört die Beschreibung des Ressourcenbedarfs mit zur Aufgabenstellung oder sollte zumindestens aus dieser ableitbar sein. Deshalb ist es günstig, in die Aufgabenformulierungssprache solche Elemente mit aufzunehmen, die den Ressourcenbedarf explizit oder implizit spezifizieren. Auf dieser Grundlage kann dann das Programmsystem im Vorbereitungsprozeß, d. h. bei der Analyse der Aufgabenstellung, den Ressourcenbedarf vom Betriebssystem anfordern oder diese Anforderung planen. Das hat zugleich den Vorteil, daß nur die zur Lösung der aktuellen Aufgabe erforderlichen Minimalressourcen bereitgestellt werden müssen.

Erfahrungsgemäß treten zusätzliche Fehler in der Vorbereitung eines Programmsystem-Einsatzes dann auf, wenn der Nutzer nicht im direkten Kontakt zum Programmsystem steht. Die Ursachen für diese Schwierigkeiten liegen einerseits oft in einer bereits unvollständigen Beschreibung der zu lösenden Aufgabe bzw. in unausgereiften Vorstellungen über den beabsichtigten Lösungsprozeß, andererseits in kurzfristigen zusätzlichen Anforderungen, die besonders typisch bei wissenschaftlich-technischen Berechnungen zu beobachten sind. Daneben entstehen Schwierigkeiten, deren Ursachen in arbeitsorganisatorischen Mängeln der Job-Vorbereitung, im Nichtbereitstellen von Speicherressourcen, in fehlerhafter Vorgabe von Steuerinformationen u. a. zu sehen sind. Weitere Schwierigkeiten resultieren aus dem in den Rechenzentren üblichen geschlossenen Betrieb für im Stapel abzuarbeitende Programmsysteme. Zur Vermeidung von Fehlern bewährt sich als prophylaktische Maßnahme das Anlegen eines Bearbeitungsprotokolls. Dieses Formblatt sollte die Aufgabenstellung, aufgabenabhängige Angaben zur Erstellung der Steuerinformationen, Nummern der Speicherressourcen, erforderliche Programmbibliotheken, Informationen zum Bearbeitungsstand u. a. enthalten.

2.4. Durchführung

Allgemeine Zielstellung wird immer sein, die Durchführung der Aufgabenlösung dem Programmsystem (bzw. dem Rechner) voll zu überlassen. Nicht immer kann das durchgesetzt werden, z. B. wenn der Mensch im Lösungsprozeß zusätzliche Entscheidungshilfen auf der Grundlage der Bewertung von Zwischenresultaten liefern muß, also ein Dialogbetrieb erforderlich wird. Ein weiterer Aspekt ist die Zuverlässigkeit oder Robustheit von Programmsystemen. Man muß sich der Tatsache bewußt sein, daß weder Hardware noch Software absolut zuverlässig sind. Da Programmsysteme im Normalfall beträchtlichen Umfang annehmen und die genutzte Gerätetechnik einer relativ großen Beanspruchung unterziehen, steigt die Wahrscheinlichkeit, daß das Programmsystem während seiner Laufzeit in einen undefinierten Zustand gelangt. Solche Zustände können also sowohl durch andauernden (permanenten) oder zeitweiligen (transienten) Ausfall technischer Komponenten des Gerätesystems als auch durch Fehler und Unzulänglichkeiten in der Software verursacht werden aber auch durch fehlerhafte Vorbereitung des Programmsystem-Laufs (Datenerfassungsfehler, fehlerhafter Job-Aufbau, unzulängliche Aufgabenbeschreibung u. a.) und Fehler in der Bedienung des Rechners und des Programmsystems entstehen. Eine ausführliche

Analyse dieser Fehlerursachen und eine Beschreibung von Möglichkeiten zu ihrer Erkennung und Behebung (manuell oder automatisch) enthält [KOPE77].

Auf solche Fehler muß natürlich reagiert werden, vom Menschen oder besser vom Programmsystem. Dazu sind beim Aufbau eines Programmsystems Maßnahmen vorzusehen, die dem Programmsystem eine gewisse Robustheit verleihen. Ein robustes Programmsystem ist in der Lage, Hardwarefehler und Eingabefehler allgemeinster Art abzuschwächen. Als geeignete Hilfsmittel lassen sich nennen:

— Modul zur Fehlererkennung und Fehlerreaktionsprogramme,
— Ablaufprotokollierung,
— Schaffung von Restartpunkten und Möglichkeiten zur Restartorganisation,
— Dienstprogramme zur Ausführung von Havariebeseitigungsaufgaben.

Im Rahmen der Nutzungstechnologie eines Programmsystems besteht also für den Nutzer eine wesentliche Aufgabe darin, mit den im Programmsystem gegebenen Möglichkeiten auf Havarien zu reagieren.

Nach Erkennen eines fehlerhaften Verhaltens des Programmsystems wird von den Fehlerreaktionsprogrammen unter Ausnutzung von Möglichkeiten des Betriebssystems der Rechenanlage in geeigneter Weise reagiert. Zum Teil sind diese Reaktionen als Standardmaßnahmen konzipiert, über die sich der Nutzer unbedingt informieren sollte. In vielen Fällen erhält der Nutzer aber die Möglichkeit, eigene problemspezifische Fehlerreaktionen zu konzipieren und dem Programmsystem zu übertragen. Wenn die Ursache für das Fehlverhalten des Systems nicht automatisch beseitigt werden kann, sind zumindest Sicherungsmaßnahmen mit Hilfe von Dienstprogrammen zu veranlassen (Abschluß aller Dateien, Druck von Speicherbelegungen und Auszüge aus dem Ablaufprotokoll).

Die Ablaufprotokollierung bietet dem Nutzer eine nachträgliche Übersicht und Kontrolle sowie die Möglichkeit, geeignete Havariebeseitigungsmaßnahmen zu veranlassen. Das Ablaufprotokoll kann zur Datensammlung für eine umfassende Fehleranalyse und zur Organisation eines Restarts herangezogen werden. Die Ablaufüberwachung dient auch der prophylaktischen Verhinderung von Fehlerzuständen; zum Beispiel können aus Ressourcenbegrenzungen resultierende Fehler (externe Speicher reichen nicht aus, Laufzeitlimit wird überschritten u. a.) rechtzeitig erkannt und geeignete Maßnahmen veranlaßt werden. Die Ablaufprotokollierung setzt in das Protokollarchiv während der Abarbeitung des Programmsystems an fixierten inneren Programmpunkten Protokollinformationen ab. Neben Informationen zum Verlauf der Lösungstrasse (Rückkehrcodes von Moduln u. a.) besteht die Möglichkeit, vom Nutzer vorgebbare Forderungen hinsichtlich des Protokollinhaltes zu berücksichtigen. Für das manuelle Suchen der Ursachen eines Fehlverhaltens des Programmsystems sollte vom Nutzer immer das Ausdrucken entsprechender Teile des internen Ablaufprotokolls veranlaßt werden. Restartpunkte werden beim Aufbau eines Programmsystems so angelegt, daß an geeigneten Stellen während der Abarbeitung des Programmsystems ein eindeutig definierter Zustand konserviert wird, mit dem eine Wiederholung des weiteren Programmablaufs möglich wird. Die Lage und Entfernung der Restartpunkte voneinander wird so bemessen sein, daß alle Lösungstrassen über diese Restartpunkte führen und im Falle einer Havarie die zu wiederholenden Arbeitsleistungen in einem angemessenen Verhältnis zum Gesamtaufwand stehen. Der Nutzer hat damit die Möglichkeit, unter Verwendung von Dienstprogrammen alle erforderlichen Maßnahmen einzuleiten, um von einem Restartpunkt aus die Wiederholung des Programmlaufs zu veranlassen. Insbesondere sind entsprechend der zum Restartpunkt abgesetzten Informationen alle Speicherressourcen rückzusetzen.

Die effektive Nutzung eines Programmsystems wird in starkem Maße von einem gut ausgebauten System von Dienstprogrammen beeinflußt. Im Zusammenhang mit den hier diskutierten Problemen ermöglichen sie dem Nutzer beispielsweise Maßnahmen zur Sicherung der Datenbestände in Havariesituationen (Abschluß von Dateien, Kopieren von Speicherinhalten), die Auswertung der Ablaufprotokollierung, die Ausgabe von Dokumentationen über einzelne Bestandteile des Programmsystems, Vorbereitungsarbeiten für einen Wiederanlauf des Programmsystems.

Beim Realisieren aller genannten Maßnahmen zur Havarieauswertung erweist sich natürlich die dialogische Arbeitsweise als sehr vorteilhaft. Der Nutzer hat sofort die Möglichkeit, sich mit den vorhandenen Hilfsmitteln geeignete Informationen zu schaffen, Sicherungsmaßnahmen zu veranlassen, Maßnahmen zur Überwindung der Havarieursachen zu organisieren und Restarts ab einem geeigneten Restartpunkt zu aktivieren.

2.5. Nachbereitung

Die Nachbereitungsphase umfaßt

- die Bewertung der Ergebnisse,
- die Sicherstellung der Daten und
- die Freigabe der Ressourcen.

Die Bewertung der Ergebnisse muß unter zwei Aspekten erfolgen: auf formale und inhaltliche Richtigkeit. Die Ergebnisse können als formal richtig anerkannt werden, wenn das Programmsystem überhaupt zu einer Lösung gelangt ist. Das bedeutet, daß keine Havarie auftrat oder eine solche ordentlich beseitigt werden konnte. Die Einschätzung der formalen Richtigkeit wird vom Betreiber vorgenommen, eventuell veranlaßt er die Wiederholung der Durchführung, vollständig oder nur zu einem gewissen Teil. Dazu leistet ihm ein gutes Ablaufprotokoll beträchtliche Hilfestellung. Die Bewertung auf inhaltliche Richtigkeit kann nur vom Nutzer selber vorgenommen werden. Nur er weiß im allgemeinen, ob die gelieferten Ergebnisdaten auch als Lösung seiner Aufgabe interpretierbar sind oder ob etwa durch das Verlassen von Stabilitätsbereichen in den Verfahren die Ergebnisse zu unexakt sind oder ob sie bei praktischen Nebenbedingungen nicht verwertbar sind. Auch hier kann eine Wiederholung der Durchführung notwendig werden, wobei wiederum zugängliche Protokollinformationen zur Bewertung des Lösungsprozesses wichtig sein können.

Die Sicherstellung der Daten erfolgt durch eine Archivierung oder Weiterverwertung. Auch dazu kann — je nach Bedarf — das Programmsystem Unterstützung geben, zum Beispiel durch eine menschgerechte und/oder maschinengerechte Ausgabe. Die menschgerechte Ausgabe ist natürlich insbesondere zur inhaltlichen Bewertung der Ergebnisse interessant. Grafische Darstellungen können zur schnellen Bewertung beitragen.

Die Freigabe der Ressourcen erfolgt meist analog zur Bereitstellung durch das Betriebssystem. Eine Planung und Überwachung dieses Prozesses durch das Programmsystem ist von Vorteil, da dadurch die Ressourcen zum frühestmöglichen Zeitpunkt freigesetzt werden können.

2.6. Wartung und Modifizierung von Programmsystemen

Programmsysteme sind keine starren Gebilde über einen längeren Zeitraum hinweg, sondern müssen ständig auf einem für den Nutzer relevanten Stand gehalten werden. In [SCHM79, SCHN76, SCHU75] werden folgende Gründe für die Notwendigkeit der Programmsystem-Wartung angegeben:

- Behebung von Fehlern, die in der Testphase nicht entdeckt wurden,
- Änderungen in der Aufgabenklasse, die oft erst beim Einsatz eines Programmsystems auftauchen und zeitlichen Veränderungen unterliegen können,
- Änderungen in der benutzten Gerätetechnik,
- Verbesserung der Leistungsparameter (Einsatz effektiverer Algorithmen, Korrekturen des internen Steuerablaufes).

Es ist klar, daß die Wartungsfreundlichkeit eines Programmsystems ganz entscheidend von der Architektur des Programmsystems abhängt und demzufolge einschneidende Forderungen an die Konzeption des Programmsystems und die verwendeten Entwurfs- und Implementierungstechnologien zu stellen sind (s. Kap. 3, 4 und 5).

Grundsätzlich gilt, daß jede Modifikation einer Programmsystem-Komponente und jede Ergänzung eines (offenen) Programmsystems sich den Architektur- und Steuerungsprinzipien zu unterwerfen hat. Insbesondere sind die im Programmsystem vorgesehenen Schnittstellen zwischen den verschiedenen Komponenten eines Programmsystems und zur Umgebung des Programmsystems in standardisierter Form zu benutzen. Jede Eigenwilligkeit, mögen mitunter auch gute Gründe dafür sprechen, führt oft zu unüberschaubaren Schwierigkeiten. Stehen Redigierungshilfen als Bestandteil des Betriebssystems der Anlage oder als selbständige Dienstprogramme zur Verfügung, können sie zur Änderung von Programm- und Datentexten vorteilhaft genutzt werden.

Eine andere Möglichkeit zur Durchführung einfacher Modifizierungen bietet das Makrokonzept: Steht im Programmsystem ein Makrogenerator zur Verfügung, kann der Nutzer des Programmsystems leicht Modifizierungsarbeiten durch entsprechende Parameterbelegungen für die Makros ausführen. Jede Makrogenerierung mit einer konkreten Belegung der Parameter liefert dann eine entsprechend modifizierte Programmvariante (siehe z. B. [BROW69]). Die neuentwickelten bzw. modifizierten Komponenten eines Programmsystems sind als Quelltexte zunächst in gesonderten Editorbereichen und für die Testphase in einer Entwicklungsbibliothek zu speichern. Die Freigabe der neuen Programmteile für die praktische Routinenutzung kann erst erfolgen, wenn sie hinreichend getestet und in den entsprechenden Archivbereichen registriert sind sowie die Bibliotheken entsprechend aktualisiert wurden. Mit großer Sorgfalt sollten alle Änderungen am Programmsystem nach einem exakten Plan registriert und modifizierte bzw. erweiterte Varianten des Programmsystems durch Versionsnummern gekennzeichnet werden.

Eine entscheidende Voraussetzung für jeden Eingriff in ein Programmsystem ist die sorgfältige, umfassende Dokumentation des Programmsystems. Durch die Gestaltung der Dokumentation in verschiedenen Stufen ist es möglich, dem Nutzer gezielt nur diejenigen Dokumentationsteile anzubieten, die er zur Nutzung des Programmsystems benötigt. Wenn auch zum gegenwärtigen Zeitpunkt die Dokumentation eines Programmsystems im allgemeinen nur als Druckschrift vorliegt, setzt sich doch mehr und mehr die rechnergestützteDokumentation von Software durch. Erleichtert wird die Nutzung dieser Dokumentation durch die Bereitstellung von Hilfsmitteln zur Erstellung, Archivierung, Klassifizierung und Katalogisierung von Programmsystem-Dokumentationen einschließlich der Quelltexte. Für jede modifizierte bzw. neuerstellte Programmsystem-Komponente ist unbedingt eine den vorgegebenen Normen entsprechende Dokumentation zu erarbeiten, wobei im Programmsystem vorhandene Dienstprogramme eingesetzt werden sollten, womit das nahtlose Einfügen der geänderten bzw. ergänzten Dokumentationsteile gesichert wird. Sehr vorteilhaft für den Gebrauch einer Dokumentation erweisen sich Dienstprogramme, die in der Lage sind, auf Anforderungen des Nutzers gezielte Informationen aus dem Dokumentationsarchiv zu selektieren und in geeigneter Weise gelistet oder auf einem Bildschirm bereitzustellen.

Obwohl die bisher gegebenen Erläuterungen vorrangig die Komponenten der Programmbasis betrafen, sind die Aussagen prinzipiell auch für die Wartung und Pflege der Datenbasis und Szenenbasis wichtig. Der technologische Ablauf ist im Prinzip der gleiche, Unterschiede entstehen nur durch die Funktion der Elemente und den unterschiedlichen Grad an Unterstützung durch das Programmsystem und das Betriebssystem der Anlage. Zur Wartung der Datenbasis stehen bei projektbezogener Datenorganisation im Programmsystem entsprechende Dienstprogramme zur Verfügung, bei projektunabhängiger Datenorganisation kann man sich bewährter Datenbanktechniken bedienen. In der Szenenbasis ist die Entscheidungslogik zur Steuerung des Programmsystems konzentriert. Ihre Wartung und Modifizierung hängt von der Form ihrer physischen Darstellung ab. Sind Szenarien als Datenstrukturen dargestellt, können sie den zur Pflege der Datenbasis gültigen Wartungs- und Modifizierungstechniken unterzogen werden. Liegen Szenarien in Programmform vor, so kann analog zur Programmbasis verfahren werden.

3. Architektur von Programmsystemen

Ausgehend vom Begriff der Computer-Architektur wird der Begriff der Architektur eines Programmsystems eingeführt. Die Architektur umfaßt die Programmsystemstruktur; Daten, Programme und ihre Relationen untereinander sind deren Komponenten. Es wird gezeigt, daß Modularität Voraussetzung für eine gute Architektur ist. Die Funktionsteilung der Komponenten führt zu einer Unterteilung in Problem- und Organisationsmodule. Zwei wichtige Strukturtypen, die allgemein hierarchische und die minimal hierarchische Struktur, werden besonders herausgestellt und diskutiert.

3.1. Begriffsbestimmung

Der Terminus „Architektur" ist in der Informationsverarbeitung zuerst im Zusammenhang mit der Hardware-Entwicklung benutzt worden; er geht auf den Computer STRETCH zurück. Die dort geführten Untersuchungen wurden in ihrer Verallgemeinerung zur Grundlage des IBM-Systems /360, der ersten „architektonisch" entworfenen Computer-Familie. [BLAA72] gibt eine Erläuterung des Begriffs der Computer-Architektur:

> „Die Computer-Architektur ist wie jede andere Architektur die Kunst, die Erfordernisse der Nutzer festzulegen und diese Erfordernisse innerhalb der technischen und ökonomischen Bedingungen so effizient wie möglich zu erfüllen. Die Computer-Architektur muß technische Überlegungen einschließen, so daß die Ausführung realisierbar und wirtschaftlich wird, aber das Schwergewicht liegt auf den Erfordernissen des Nutzers, während es bei der technischen Herstellung beim Produzenten liegt."

In diesem Sinne liegt die Computer-Architektur dem dreifachen Entwurf eines informationsverarbeitenden Systems zugrunde, der die

- funktionelle (externe),
- programmtechnische (konzeptuelle) und
- gerätetechnische (interne)

Ebene umfaßt.

Im funktionellen Entwurf werden zunächst die von außen (extern, vom Nutzer) sichtbaren Funktionen festgelegt. Dann kann (konzeptuell) im programmtechnischen Entwurf bestimmt werden, mit welchem Vorrat an Grundfunktionen die externen Anforderungen optimal befriedigt werden können. Schließlich wird im gerätetechnischen Entwurf festgelegt, mit welchen (internen) Bausteinen in welcher räumlicher und zeitlicher Anordnung die gegebenen Funktionen realisiert werden. Das macht den Eindruck erhöhter Entwurfsarbeit. Der wohlüberlegte und disziplinierte Entwurf erfordert tatsächlich mehr Arbeit als das klassische „Layout". Aber diese Mehrarbeit ergibt nicht nur ein weit besseres Produkt, sondern erspart sowohl Arbeit als auch Kosten in der späteren Nutzung, so daß insgesamt das bessere Produkt billiger wird.

Im weiteren soll der Begriff der Architektur ausgehend von den obigen Überlegungen auf Programmsysteme angewandt werden. Dann gilt:

> Die Architektur eines Programmsystems umfaßt die funktionelle und programmtechnische Struktur sowohl des Gesamtsystems als auch seiner Elemente und Teilsysteme. Sie beschreibt die Strukturkomponenten, die Relationen, in denen sie untereinander in Beziehung stehen, sowie die Voraussetzungen, unter denen sie effektiv erzeugt und genutzt werden können.

Im Kapitel 1 wurden bereits grobe Vorstellungen zur Architektur eines Programmsystems aus dem Aufgabenlösungsprozeß abgeleitet: eingebettet in ein spezielles (nutzerorientiertes) Betriebssystem sind eine Szenenbasis, eine Programmbasis und eine Datenbasis. Analog zu den Aussagen von Abschnitt 1.2.3. ist dabei zu berücksichtigen, daß der Entwurf von Rahmen und Basen wiederum in den Ebenen extern — konzeptuell — intern vonstatten gehen sollte. Allerdings ist jetzt durch die veränderte Sicht (das Gerätesystem muß als gegeben angenommen werden) eine Verschiebung zu beachten: der programmtechnische Entwurf gehört nun zur internen Ebene! Die externe Ebene bleibt als Beschreibung der Nutzerforderungen erhalten.

Unter welchen Aspekten müssen die Aussagen zur Architektur detailliert werden?

— Ein Szenarium beschreibt auf der funktionellen Ebene, in welcher Weise Lösungsschritte (Programme) aktiviert und mit Lösungselementen (Daten) versorgt werden. Es ist zu klären, wie auf dieser Ebene die Komponenten und ihre strukturellen Beziehungen untereinander sowie zur Umwelt zu gestalten sind.

— Die Programme der Programmbasis müssen die im Szenarium vorgegebene Funktion erfüllen und sollen in einem einheitlichen Rahmen genutzt und verwaltet werden. Deshalb ist zu untersuchen, wie auf der programmtechnischen Ebene das Design der Programme auszusehen hat.

— Schließlich spiegelt sich sowohl auf der funktionellen als auch auf der programmtechnischen Ebene die Strukturierung der Programme in einer Strukturierung der Datenbasis wider, die einen wesentlichen Einfluß auf die Gestaltung der Datenverwaltung hat. In diesem Zusammenhang ist zu erarbeiten, wie die Datenbasis strukturiert werden muß, um eine „optimale" Programmstruktur im Sinne der Aufgabenlösung zu erreichen.

Zur Ableitung geeigneter Strukturvorstellungen müssen Eignungskriterien bereitstehen, die eine zumindest qualitative Bewertung von Architekturtypen gestatten. Allgemein aufgestellte Forderungen sind

> — Sicherheit,
> — Flexibilität und
> — Effektivität

der Programmsysteme.

Eine absolute Sicherheit kann nur durch vollständige Verifikationen des Gesamtsystems erlangt werden. Bei der Verifikation versucht man, aus der Sicherheit der Teilsysteme auf die Sicherheit des Gesamtsystems zu schließen. Aus den Betrachtungen zur Nutzungstechnologie ging bereits hervor, daß auf Grund der Unzuverlässigkeit der Hardware- und Softwarerahmen absolute Sicherheit nicht erreichbar ist. Neben der Verifikation ist deshalb eine Ablaufüberwachung zur Sicherheitserhöhung notwendig.

Flexibilität bedeutet, daß Teilkomponenten einfach austauschbar oder veränderlich sind, ohne die Sicherheit des Gesamtsystems zu beeinträchtigen. Das setzt voraus, daß eine natürliche Zerlegung in Teilsysteme möglich ist und zwischen den Teilsystemen nur eindeutig spezifizierte Wechselbeziehungen auftreten. Bei einer sinnvollen Funktionsteilung können dann auch problemunabhängige Teilsysteme der Organisation in verschiedenen Programmsystemen genutzt werden.

Die Effektivität soll hier einschränkend nur unter dem Aspekt des Zeit- und Speicherbedarfs während der Ausführungsphase betrachtet werden. Das bedeutet, daß die Systemleistung zu einem großen Prozentsatz für den eigentlichen Lösungsprozeß benutzt wird, also ein geringer Overhead auftritt, und Möglichkeiten zur Optimierung des Leistungsbedarfs gegeben sind. Die Optimierung ist dann am aussichtsreichsten, wenn das System transparent aufgebaut ist.

3.2. Strukturierungsformen

Im Lösungsprozeß werden schrittweise die Programme, die zur Lösung beitragen, aktiviert.

Die zu untersuchende Beziehung zwischen Programmen lautet deshalb: Ein Programm A aktiviert ein Programm B.

„A aktiviert B“ bedeutet, daß die Programmsteuerung vom Programm A auf B übergeht. Diese Beziehung soll schematisch durch A → B dargestellt werden. Nachdem B seine Arbeit beendet hat, muß es einem nächsten Programm die Steuerung übertragen.

Im folgenden werden nun die möglichen Strukturierungsformen zunächst ungeachtet der im vorangegangenen Abschnitt aufgezeigten Ebenen untersucht und bezüglich der aufgestellten Kriterien bewertet.

3.2.1. Allgemeiner Fall

Es sollen keinerlei Restriktionen an die gegenseitige Aktivierung von Programmen formuliert werden. Betrachtet man die Programme als Knoten und die Beziehung „aktiviert“ als Kante, so entstehen beliebig gerichtete Graphen (Abb. 3.1). Der Vorteil solcher Strukturen besteht darin, daß die Steuerung direkt übergeben wird und deshalb ein geringer Overhead auftritt.

Allerdings überwiegen die Nachteile beträchtlich. Bereits am Beispiel ist zu erkennen, daß eine natürliche Zergliederung in Teilsysteme nicht möglich wird — kein Programm zeichnet sich gegenüber anderen Programmen aus. Damit hat auch kein Programm die Übersicht über den Gesamtablauf, und es kann deshalb auch keine zentrale Ablaufüberwachung vorgenommen werden.

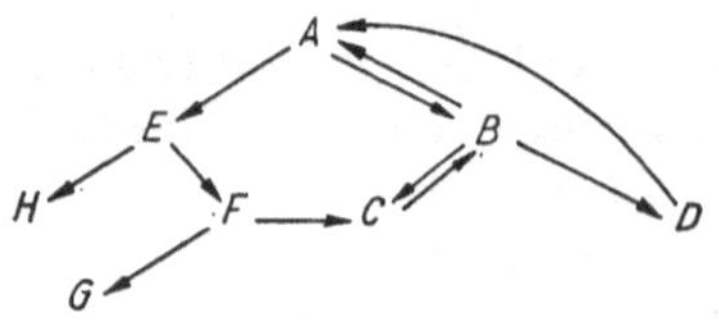

Abb. 3.1: Struktur ohne Restriktionen

3.2.2. Besonderer Fall: Symmetrie

Wenn ein Programm B von einem Programm A aktiviert wird, so fordert die Symmetriebedingung, daß nach Beendigung der Arbeit von B die Steuerung wieder an A übergeben wird; schematisch dargestellt durch A $\Rrightarrow$ B (Abb. 3.2).

Der Vorteil gegenüber dem allgemeinen Fall besteht hier darin, daß ein Programm seine Arbeit erst dann beendet, wenn alle von ihm aufgerufenen Programme ihre Arbeit beendet haben. Es ist also zumindest eine „lokale Ablaufüberwachung" durchführbar.

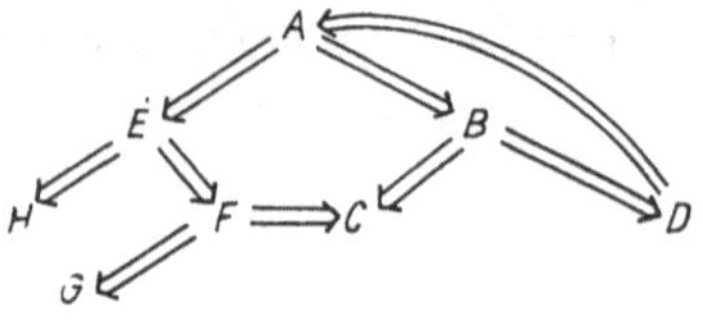

Abb. 3.2: Struktur von Abb. 3.1 unter Beachtung der Symmetrieforderung

Allerdings ergeben sich auch hier noch Nachteile wegen des möglichen Auftretens von Rekursivitäten (A $\Rrightarrow$ B $\Rrightarrow$ D $\Rrightarrow$ A). Erstens wird dadurch eine formale Unterteilung in „Haupt"- und „Unter"-programme unmöglich. In Abb. 3.2 ist unklar, ob A ein Hauptprogramm zu B oder umgekehrt ist, da B (indirekt über D) auch A ruft. Zweitens wird die stufenweise automatische Verifikation[1]) erschwert und gegebenenfalls unmöglich gemacht.

Stark abstrahiert bedeutet stufenweise Verifikation, daß man durch „Verknüpfung" ($\otimes$) der inneren Eigenschaften I(A) mit den externen Eigenschaften E(B) aller von A gerufenen Programme B die externen Eigenschaften E(A) von A bestimmen kann:

$$E(\mathrm{A}) := I(\mathrm{A}) \underset{\mathrm{A} \Rrightarrow \mathrm{B}}{\otimes} E(\mathrm{B}) \,.$$

Falls nun B (über beliebige Zwischenstufen) A ruft, so hängen die Eigenschaften von B selbst von E(A) ab. Es wird ein iterativer Prozeß erforderlich.

3.2.3. Besonderer Fall: Rekursionsfreiheit

Rekursionsfreiheit bedeutet, daß ein Programm A sich (auch indirekt) nicht selbst rufen kann. Die Forderung nach Rekursionsfreiheit erzwingt keine Einschränkung der

[1] Verifikation wird hier als Nachweis bestimmter Eigenschaften von Programmen verstanden, ist also nicht mit dem eingeschränkten Sinn des Beweises der partiellen Korrektheit von Algorithmen oder Programmen gleichzusetzen.

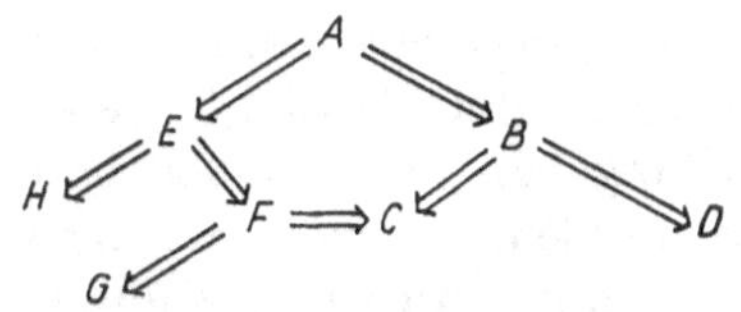

Abb. 3.3: Struktur von Abb. 3.2 unter Beachtung der Forderung nach Rekursionsfreiheit

funktionellen Möglichkeiten, da jede Rekursion durch eine Iteration ersetzt werden kann (Abb. 3.3).

Nunmehr ist als entscheidender Vorteil eine strenge (wenn auch relative) Einteilung in „Haupt"- und „Unter"-programme zwischen je zwei Programmen möglich. Desweiteren kann die stufenweise Verifikation beginnend bei den Endknoten erfolgen. Jedes Programm kann die Ablaufüberwachung der von ihm gerufenen „Unter"-programme konsequent durchführen. Der Ressourcenbedarf eines Programmes setzt sich aus dem Bedarf der gerufenen „Unter"-programme und dem Eigenbedarf zusammen. Schließlich ist auch eine natürliche Aufteilung in Teilsysteme möglich: jedes Programm bildet mit seinen „Unter"-programmen ein Teilsystem. Aus der Struktur in Abb. 3.3 ergeben sich (echte) Teilsysteme (Abb. 3.4), wenn man die „einfachen" Teilsysteme H, G, C und D unberücksichtigt läßt.

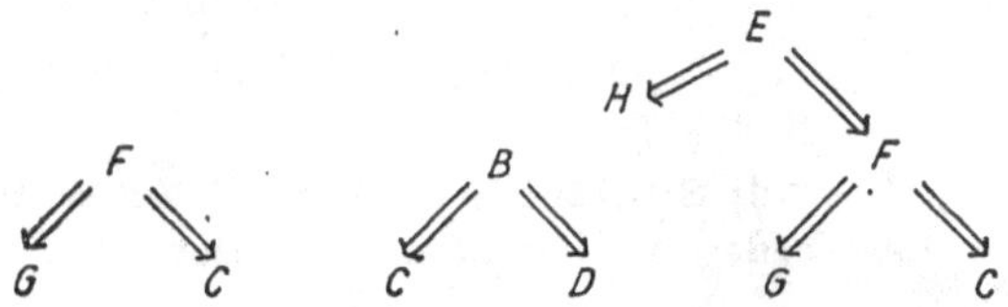

Abb. 3.4: Teilsysteme der Struktur von Abb. 3.3

Von Nachteil ist allerdings noch, daß die Teilsysteme nicht immer unabhängig voneinander sind. Zum Beispiel gehört C sowohl zum Teilsystem F als auch zu B. Das kann stören, wenn etwa F und B parallel aktiviert werden sollen, jedoch eine parallele Aktivierung von C nicht erlaubt ist.

3.2.4. Besonderer Fall: Hierarchie

Die Hierarchieforderung besagt, daß es zu einer Reihenfolge A ⇒ ... ⇒ B kein Programm A' ≠ A mit A' ⇒ ... ⇒ B geben darf. Jedes Programm wird also von höchstens einem „Haupt"-programm direkt gerufen.

Eine solche Struktur erhält man, indem aus rekursionsfreien Strukturen Teilsysteme kopiert werden. Jedes Programm hat in einem Teilsystem eine eindeutig festgelegte Hierarchiestufe, nämlich den Abstand zum Programm, das das Teilsystem festlegt (Abb. 3.5).

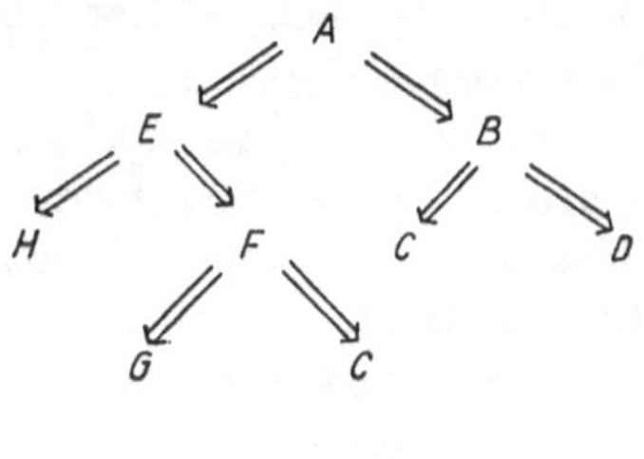

Abb. 3.5: Struktur nach Abb. 3.3 unter Beachtung der Hierarchieforderung

Der Vorteil einer solchen Struktur (Baumstruktur) besteht in der Unabhängigkeit der Teilsysteme. Damit wird eine hohe Sicherheit und Flexibilität erreicht. Der Nachteil besteht in der mehrfachen Bereitstellung von Programmen in Form von Kopien. Dieser Nachteil kann abgeschwächt werden, indem die Programme als reentrant-Programme (mehrfach aktivierbar) gestaltet werden, wodurch lediglich „logische Kopien" bereitzustellen sind.

3.2.5. Besonderer Fall: Minimale Hierarchie

Die Hierarchieforderung schlechthin läßt die Hierarchietiefe offen. Das programmorientierte Strukturieren läßt die Tiefe der Hierarchie schnell anwachsen. Eine minimale Hierarchie wird erreicht, wenn die Strukturierung datenflußorientiert vorgenommen wird (s. Abschn. 4.1.2.). Hierbei wird versucht, unter Einhaltung der bisher aufgestellten Forderungen, die Programme so zu bilden, daß sie möglichst alle nur von einem ausgezeichneten „Haupt"-programm aktiviert werden können (Abb. 3.6). Die Aktivierungsreihenfolge wird dem Hauptprogramm mittels Steuerdaten mitgeteilt.

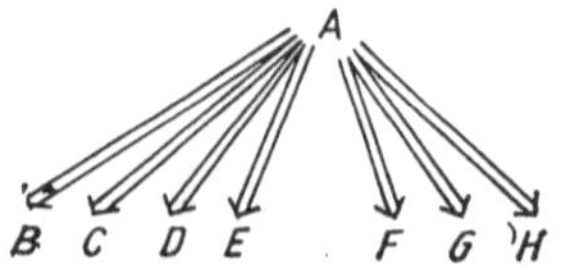

Abb. 3.6: Struktur nach Abb. 3.5 unter Beachtung der Forderung nach minimaler Hierarchie

Eine solche Struktur erlaubt in A die bequeme und konzentrierte Ablaufüberwachung, Fehlerbehandlung, Ressourcenverwaltung und Steuerung des (Teil-)systems. Allerdings erfordert diese Strukturform den geschlossenen, datenflußorientierten Systementwurf über die Programme B ... H, der dem „Haupt"-programm A zur Verfügung zu stellen ist. Er dient zugleich als Dokumentation des Systems.

3.3. Modularität

Die im vorangegangenen Abschnitt untersuchten Grundstrukturen bedingen ein geeignetes Modulkonzept für die Bildung der Strukturkomponenten der Architektur, sowohl für die funktionelle als auch für die programmtechnische Ebene. Aus den umfangreichen Arbeiten zur modularen, strukturierten sowie standardisierten Programmierung [DIJK72], [HERR76], [KOPE77], [PARN72], [SCHM73], [STEV69], [WIRT72] u. a. ist zu erkennen, daß sich die modulare Programmierung mehr im Sinne der Entwurfsmethodik auf die funktionelle Ebene bezieht, während die Untersuchungen zur strukturierten, standardisierten Programmierung die Programmtechnik zum Gegenstand haben. Trotz der engen Wechselbeziehungen zwischen modularer und strukturierter Programmierung nimmt der Unterschied zwischen beiden mit dem Umfang eines Programmsystems zu [KOPE77]. Dies ist darin begründet, daß bei der Entwicklung eines Programmsystems zuerst die funktionelle Struktur gemäß der „top down"-Vorgehensweise entworfen wird, um dann möglichst „bottom up" die programmtechnische Struktur zu schaffen, die die funktionelle erfüllt. Die Schwierigkeit hierbei ist jedoch, eine solche funktionelle Struktur zu finden, die bei gleicher Zielfunktion mit einer minimalen Programmstruktur realisierbar ist. Im allgemeinen kann ein befriedigendes Ergebnis nur nach einer gewissen Anzahl von Iterationsschritten erreicht werden.

Die Begriffe des Moduls auf der funktionellen (d. h. konzeptuellen) Ebene und auf der programmtechnischen (d. h. internen) Ebene unterscheiden sich entsprechend den unterschiedlichen Sichten. Wir wollen zunächst die Gemeinsamkeiten beleuchten und bestimmen:

Ein Modul ist eine Zusammenfassung von Ressourcen. In seiner Schnittstelle zur Umwelt (dem Interface) wird exakt festgelegt, welche Ressourcen in welcher Form er (nach außen) zur Verfügung stellt, und welche er (von außen) benötigt.

Das Ziel einer solchen Begriffsbestimmung ist es, in sich abgeschlossene Komponenten zu erhalten, deren Wechselwirkung mit der Umwelt exakt in einer sogenannten Schnittstelle beschrieben ist. Dann ist es möglich, allein aus der Kenntnis der Schnittstelle heraus zu entscheiden, ob ein Modul in einer gewissen Umgebung genutzt werden kann oder nicht. Änderungen im Inneren des Moduls können sich nur über die Schnittstelle nach außen auf die Umgebung auswirken.

Es soll nun erläutert werden, was unter Ressourcen zu verstehen ist. Hierbei gewinnt der Unterschied zwischen funktioneller und programmtechnischer Ebene an Bedeutung. Aus funktioneller Sicht sind (entspr. Abschn. 3.1.) die Ressourcen Lösungsschritte und Lösungselemente, d. h. im allgemeinen Tätigkeiten (Funktionen) und Objekte (Werte), auf die die Tätigkeiten bezogen sind. Im Interface wird also beschrieben, welche Funktionen und/oder Werte bereitgestellt und welche Funktionen und/oder Werte zu deren Realisierung benötigt werden. Dabei spielen Formfragen keine oder nur eine untergeordnete Rolle.

Welche Gestaltungsprinzipien lassen sich für die funktionelle Modularisierung ableiten?

Wie bereits oben angedeutet, geht es darum, die auf der externen Ebene fixierte Gesamtfunktion des Programmsystems in überschaubare und leicht beherrschbare Teilfunktionen zu zerlegen. Dabei spielen inhaltliche Gesichtspunkte der zu bearbeitenden Aufgabenklasse die Hauptrolle. Man spricht vom funktionellen Entwurf (s. hierzu insb. Abschn. 5.3.).

Auf der programmtechnischen Ebene müssen die Lösungsschritte und Lösungselemente durch Programme und Daten realisiert werden. Das sind demnach die von Moduln bereitgestellten und benötigten Ressourcen. Prinzipien für die Gestaltung der programmtechnischen Modularisierung leiten sich neben dem vorliegenden funktionellen Entwurf vor allem aus EDV-technologischen Gesichtspunkten ab. Das sind

- Effektivität (hinsichtlich Speicher- und Rechenzeitbedarf),
- Sicherheit und Robustheit,
- Flexibilität des Systems,
- parallele Verwendbarkeit der Moduln,
- freie Verkoppelbarkeit.

Damit lassen sich nachfolgende Gestaltungsprinzipien für Programmoduln motivieren:

Es ist zwischen Beschreibung, Generierung und Nutzung zu unterscheiden. Die Beschreibung legt die Schnittstelle und den inneren Aufbau von Moduln fest, sie bestimmt eine Art oder „Typ" von Moduln. Erst bei der Generierung wird ein Modul eines entsprechenden Typs erzeugt und in eine feste Umgebung eingebunden. Den in der Schnittstelle angegebenen formalen Ressourcen werden aktuelle Ressourcen zugeordnet. Dabei ist es möglich, aus einer Beschreibung mehrere Moduln zu generieren, die dann zwar alle den gleichen Aufbau haben, denen aber unterschiedliche Ressourcen zugeordnet sein können. Dadurch können unterschiedliche Generierungen unterschiedliche Verhaltensweisen erzeugen. Wichtig ist, daß die Zuordnung von Ressourcen bei der Generierung entsprechend den Spezifikationen der Schnittstelle erfolgt und diese Übereinstimmung auch geprüft wird. Dann ist automatisch gesichert, daß die von einem Modul bereitgestellten Ressourcen auch in der richtigen Weise genutzt werden. Trotzdem können bei der Nutzung Ausnahmeerscheinungen (etwa durch Havarien oder durch aktuelles Datenmaterial bedingt) auftreten. Deshalb sollte jeder Modul eine Erfolgsmeldung bei der Nutzung der bereitgestellten Ressourcen abgeben, und der nutzende Modul sollte diese Erfolgsmeldung prüfen, also die Nutzung überwachen. Das ist natürlich nur möglich, wenn entsprechend Abschnitt 3.2.2. die Steuerung immer zum nutzenden Modul zurückkehrt.

Die Gestaltung der Schnittstelle leitet sich primär aus der Modularisierung gemäß funktionellem Entwurf ab. Aus obigen EDV-technologischen Anforderungen ergeben sich jedoch einige zusätzliche Aspekte. Das sind:

— Die Schnittstelle sollte möglichst „einfach" sein, d. h. nur ein Minimum an Ressourcen bereitstellen und/oder anfordern. Damit wird die Überschaubarkeit und Verifizierbarkeit der Systeme gefördert.
— Es sollten alle die Ressourcen in einem Modul zentral bereitgestellt werden, zu deren Realisierung Ressourcen aus einem anderen Rahmen angefordert werden müssen. Bei einer Einbindung des Programmsystems in einen anderen Rahmen sind nur diese Moduln (sogenannte Adaptermoduln) zu verändern.
— Da ein Modul Daten speichern kann, ist seine Nutzung nicht immer zeitinvariant, d. h. die Nutzung einer Ressource des Moduls kann von vorangegangenen Nutzungen abhängig sein. Jeder Modul besitzt somit einen inneren Zustand, der sich auf die Nutzung von Ressourcen auswirkt und durch die Nutzung gewisser Ressourcen verändert werden kann. In der Schnittstelle ist für alle Ressourcen mindestens anzugeben, ob deren Nutzung eine Veränderung des inneren Zustandes bewirkt. Davon hängt dann ab, ob der Modul parallel genutzt werden kann. Ist das nicht der Fall, muß für jeden nutzenden Modul eine gesonderte Generierung des genutzten Moduls vorgenommen werden. Bei der Generierung wird der Modul auf einen ausgezeichneten Anfangszustand gesetzt.

Wir hatten festgestellt, daß auf der programmtechnischen Ebene die Ressourcen Programme und Daten sind, die gemäß Kapitel 1 in einer Programm- bzw. in einer Datenbasis zusammengefaßt sind. Eine Strukturierung der Programmbasis spiegelt sich in einer Strukturierung der Datenbasis wider (s. Abschn. 3.1.). Dieser Zusammenhang impliziert die Modularität der Daten! Oft wird beim Systementwurf sogar von der Strukturierung der Datenbasis ausgegangen, man spricht vom „datenflußorientierten Systementwurf" [KOPE77] (s. Kap. 5).

In welcher Weise kann man den Modulbegriff auch auf Daten übertragen?

Auf Daten können — im intuitiven Sinne — zwei Arten von Grundfunktionen angewendet werden: Lesen und Schreiben. Diese Arten von Funktionen stellt ein Datenmodul (auch Datenkapsel genannt) als Ressourcen zur Verfügung. Man bezeichnet Funktionen zum Lesen von Daten auch als Selektoren und Funktionen zum Schreiben als Konstruktoren. Als innerer Zustand eines Datenmoduls kann die Belegung der im Modul vereinbarten Variablen angesehen werden. Die Anwendung von Selektoren verändert somit den inneren Zustand nicht, dagegen bringt die Anwendung von Konstruktoren die Veränderung des Zustandes mit sich. Somit sind Selektoren und Konstruktoren an der Schnittstellenbeschreibung erkennbar. Eigenschaften der Daten können über die Wechselwirkungen zwischen den Zugriffsfunktionen axiomatisch festgelegt werden. Dem an Einzelheiten dieses Ansatzes interessierten Leser sei die Spezialliteratur empfohlen [GUTT75, GUTT77, MAJS77, BOTH78].

Wir betrachten hier zunächst ein einfaches Beispiel: Ein Datenmodultyp D besitze zwei Zugriffsfunktionen, den Selektor „out“ und den Konstruktor „in“. Mit D wollen wir gleichzeitig die Menge der inneren Zustände bezeichnen, und W sei eine gegebene Menge von Werten. Die Schnittstellenbeschreibung könnte etwa folgenden Inhalt haben:

Modultyp D liefert in: $D \times W \rightarrow D$,
out: $D \rightarrow W$;
wobei out(in(d,w)) = w,
in(d′,out(d)) = d.

Dies besagt, daß
- „in“ den inneren Zustand in Abhängigkeit eines Wertes verändert,
- „out“ einen Wert in Abhängigkeit vom inneren Zustand liefert,
- „out“ auf einen Zustand angewendet, der zuvor mit „in(d,w)“ gesetzt wurde, den Wert w ergibt,
- „in“ auf den Wert, der mittels „out(d)“ erhalten wurde, angewendet den Zustand d ergibt.

Durch die Axiome „out(in(d,w))=w“ und „in(d′,out(d))=d“ wird charakterisiert, daß der innere Zustand durch den zuletzt eingespeicherten Wert eindeutig bestimmt ist.

Nun wollen wir zu einem Datenmodultyp übergehen, dessen innerer Zustand aus zwei Komponenten besteht — es liegt also eine Struktur vor.

Modultyp S liefert ina: $S \times W \rightarrow S$,
inb: $S \times W \rightarrow S$,
outa: $S \rightarrow W$,
outb: $S \rightarrow W$;
wobei ina(s,outa(s))=s,
inb(s,outb(s))=s,
outa(ina(s,w))=w,
outa(inb(s,w))=outa(s),
outb(inb(s,w))=w,
outb(ina(s,w))=outb(s).

Die beiden Komponenten des inneren Zustandes werden durch ina, inb beschrieben und durch outa, outb gelesen. Aus der Schnittstellenbeschreibung geht hervor, daß zur Realisierung des Modultyps S keine anderen Moduln genutzt werden. Ansonsten ist in der Schnittstelle über die Realisierung nichts ausgesagt. Sie entspricht dem bei abstrakten Datentypen üblichen Vorgehen, nämlich nur die nach außen interessierenden Eigenschaften zu charakterisieren. Für die Programmtechnik ist natürlich von Interesse, ob zur Realisierung eines Moduls Ressourcen anderer Moduln erforderlich sind. Wir wollen deshalb die Schnittstelle des Modultyps S ergänzen:

Modultyp S **liefert** ...
nutzt in, out **von Moduln** D1, D2 **des Typs** D;
wobei ...

Jetzt wird deutlich, daß bei der Generierung eines Moduls vom Typ S zwei Moduln vom Typ D gekoppelt werden müssen, da die Realisierung von S darauf zurückgreift. Eine solche Realisierung könnte etwa dadurch erfolgen, daß innerhalb von S Funktionen

$$\begin{aligned} &\text{con}: D \times D \to S, \\ &\text{sela}: S \to D, \\ &\text{selb}: S \to D \end{aligned}$$

mit den Eigenschaften

$$\begin{aligned} &\text{sela}(\text{con}(d1,d2)) = d1, \\ &\text{selb}(\text{con}(d1,d2)) = d2, \\ &\text{con}(\text{sela}(s),\text{selb}(s)) = s \end{aligned}$$

bereitstehen. Nun ergeben sich die Funktionen von S durch:

$$\begin{aligned} &\text{ina}(s,w) = \text{con}(\text{in}(\text{sela}(s),w),\text{selb}(s)), \\ &\text{inb}(s,w) = \text{con}(\text{sela}(s),\text{in}(\text{selb}(s),w)), \\ &\text{outa}(s) = \text{out}(\text{sela}(s)), \\ &\text{outb}(s) = \text{out}(\text{selb}(s)). \end{aligned}$$

Die Eigenschaft con(sela(s),selb(s)) = s ist nur zur Verdeutlichung angeführt worden, sie geht bereits aus den vorangestellten Eigenschaften hervor, indem man s = = con(d1,d2) setzt. Dann erhält man

$$\text{con}(\text{sela}(\text{con}(d1,d2)),\text{selb}(\text{con}(d1,d2))) = \text{con}(d1,d2) = s.$$

Natürlich sind das einfache Beispiele, die in vielen Programmiersprachen als Standardstrukturen vorhanden sind. Es wird aber zweierlei demonstriert:

Erstens werden mit dem Konzept der Datenmoduln auch elementare Datenstrukturen erfaßt. In den Programmiersprachen sind die Zugriffsfunktionen nur nicht so explizit aufgeführt. Die Funktion out(v) für eine Variable v (einen Datenmodul v vom Typ D) wird einfach dadurch angenommen, daß die Variablenbezeichnung v in einem Ausdruck aufgeführt wird:

in(v,w) entspricht der Ergibtanweisung $v := w$.

Zweitens soll gezeigt werden, wie Verkopplungen von Datenmoduln möglich werden. In der Schnittstellenbeschreibung des Modultyps S wird ja deutlich, daß zwei Moduln des Typs D für S erforderlich sind, also als Komponenten in S eingehen.

Für die Praxis bereits relevanter ist ein Datenmodul, der eine Tabelle von Zeichenketten realisiert. Gleiche Zeichenketten können mehrfach eingetragen werden, die Vielfachheit des Eintrages ist abfragbar. Eine Löschung bewirkt das Streichen aller Einträge einer Zeichenkette.

Es sei

- „string“ die Menge aller zugelassenen Zeichenketten,
- „nat“ die Menge aller natürlichen Zahlen,

dann soll die Schnittstellenbeschreibung skizziert werden durch:

Modultyp T liefert clear : $T \to T$,
store : $T \times \text{string} \to T$,
check: $T \times \text{string} \to \text{nat}$,
del : $T \times \text{string} \to T$;
wobei check(clear(t),s) = 0,
check(del(t,s),s) = 0,
$s \neq s' \Rightarrow$ check(del(t,s),s') = check(t,s'),
check(store(t,s),s) = check(t,s) + 1,
$s \neq s' \Rightarrow$ check(store(t,s),s') = check(t,s').

Die Bedeutung der Funktionen ist demnach

- clear: Löschung der gesamten Tabelle,
- store: Speichern einer Zeichenkette,
- check: Ermitteln der Vielfachheit eines Eintrages,
- del: Löschung aller Einträge einer Zeichenkette.

Die Realisierung des angedeuteten Modulkonzeptes verlangt ausgereifte sprachliche Mittel, die in den gegenwärtigen höheren Programmiersprachen noch nicht ausreichend zur Verfügung stehen. Am besten geeignet ist hierfür wohl das Klassenkonzept von SIMULA67. Auch wird dem kritischen Leser sicher nicht entgangen sein, daß Inhalt, Form und Umfang der Schnittstellenbeschreibung noch genauer durchdacht werden müssen. Einige nicht zufriedenstellend geklärte Fragen sind zum Beispiel:

- Ist es erforderlich, die Eigenschaften der zur Verfügung gestellten und benötigten Ressourcen in der Schnittstelle vollständig axiomatisch zu charakterisieren, oder ist es günstiger, nur gewisse Eigenschaften anzugeben?
- Kann die Schnittstellenbeschreibung auf der programmtechnischen Ebene durch eine konsequente Verfeinerung der Schnittstellenbeschreibung auf der funktionellen Ebene erfolgen?

— Welche Unterscheidung ist zwischen Programmoduln und Datenmoduln zu treffen?

Bezüglich der ersten Frage hatten wir als Mindestforderung gestellt, daß in der Schnittstelle beschrieben wird:

— die Bezeichnung der von außen benötigten und nach außen zur Verfügung gestellten Ressourcen,
— die Abhängigkeit der zur Verfügung gestellten Ressourcen vom inneren Zustand des Moduls.

Aus diesen Angaben lassen sich dann folgende Aussagen für Programmoduln P und P′ und Datenmoduln D und D′ ableiten:

— P ruft P′, wenn P von P′ zur Verfügung gestellte Ressourcen nutzt.
— D ist Eingabe von P, wenn P Selektorfunktionen von D (Funktionen, die den inneren Zustand von D nicht verändern) nutzt.
— D ist Ausgabe von P, wenn P Konstruktorfunktionen von D (Funktionen, die den inneren Zustand von D beeinflussen) nutzt.
— D ist Komponente von D′, wenn D′ von D zur Verfügung gestellte Ressourcen nutzt.

Die Unterscheidung zwischen Programmoduln und Datenmoduln wird wohl hauptsächlich durch den Aufgabenlösungsprozeß (was sind Lösungsschritte und was sind Lösungselemente?) bestimmt. Das vorgestellte Modulkonzept läßt eine formale Unterscheidung auf der programmtechnischen Ebene kaum zu. Das ist sogar deswegen von Vorteil, da somit für die Programmbasis und die Datenbasis ein einheitlicher Verwaltungsmechanismus geschaffen werden kann.

In welcher Weise ist nun eine Realisierung des Modulkonzeptes mit den gegenwärtig vorhandenen Sprachen und Betriebssystemen möglich?

Bei den klassischen Programmiersprachen wird eine strenge Trennung zwischen Programm und Daten durchgeführt. Der Grund ist, daß die Programmteile stets als unveränderlich, statisch angesehen werden können, während die Datenteile vom Umfang und der Belegung her veränderlich, dynamisch sind. Diese Trennung sollte in den Moduln konsequent angewendet werden, so daß zwei physisch getrennte Modulteile, der Datenteil und der Programmteil existieren. Dabei ist zu berücksichtigen:

— Der Programmteil sollte einen festen Zustand besitzen, d. h., Befehle dürfen während der Ausführung in keiner Weise verändert werden. Innerhalb des Programmteils sind keinerlei Daten, möglichst auch keine Konstanten (zur Begründung s. Abschn. 4.4.) einzubetten.
— Die Belegung des Datenteils kann variabel sein, hier wird auch der innere Zustand eines Moduls repräsentiert. Bei der Generierung wird dem Programmteil ein entsprechender Datenteil physisch zugeordnet. Werden zu einem Modul mehrere Generierungen vorgenommen, so können dem gleichen Programmteil mehrere unterschiedliche Datenteile zugeordnet werden.
— Im Programmteil sind Vorbereitungs-, Durchführungs- und Nachbereitungsarbeiten zu leisten. Demzufolge ist der Programmteil in einen Eröffnungsteil, einen Tätigkeitsteil und einen Abschlußteil untergliedert. Im Eröffnungsteil werden ausgeführt:

- Herstellen einer Anfangsbelegung des Datenteils, d. h. Setzen des Anfangszustandes;
- Prüfung einer ordnungsgemäßen Zuordnung der benötigten Ressourcen, falls dies nicht bei der Generierung abgesichert werden kann;
- Ansteuerung unterschiedlicher Eintrittspunkte im Durchführungsteil.

Im Tätigkeitsteil werden ausgeführt:

- Durchführung der von außen genutzten Aktionen;
- Abruf von Ressourcen (Programme und Daten) anderer Moduln und Überwachung der ordnungsgemäßen Abarbeitung.

Im Abschlußteil werden ausgeführt:

- Behandlung von Ausnahmebedingungen (z. B. bei Havariesituationen);
- Freigabe von angeforderten Ressourcen;
- Bereitstellung einer Erfolgsmeldung über die Abarbeitung im Datenteil.

— Der Datenteil kann weiter unterteilt werden in Sachdaten und Steuerdaten.

Sachdaten sind:

- Daten, die im Tätigkeitsteil einer Transformation unterworfen werden bzw. Ergebnis der Arbeit des Tätigkeitsteils sind. Auf die Sachdaten bezieht sich die eigentliche Aufgabe des Moduls.

Steuerdaten sind:

- Daten, die zur Spezifizierung des Tätigkeitsteils beitragen, z. B. Adressen von Eintrittspunkten, Adressen und Charakteristika von zugeordneten Ressourcen;
- Daten, die über die erfolgreiche Arbeit des Tätigkeitsteils Auskunft geben, die Diagnosedaten.

In Abb. 3.7 ist der Aufbau eines Moduls in der programmtechnischen Ebene skizziert.

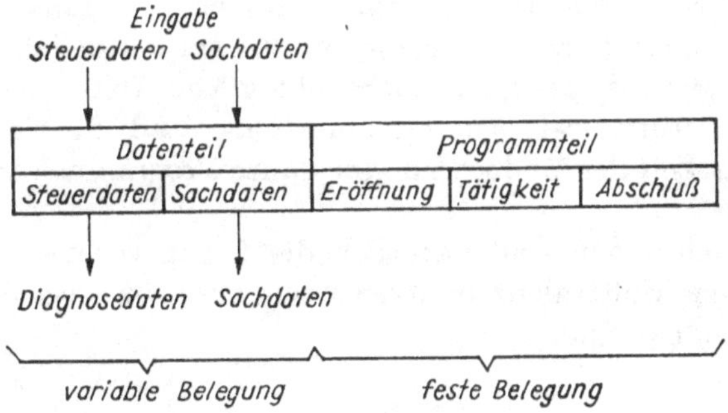

Abb. 3.7: Aufbau eines Moduls der programmtechnischen Ebene

3.4. Funktionsteilung der Moduln

3.4.1. Modularten

In den Kapiteln 1 und 2 hatten wir unterschieden zwischen

— Erarbeitung eines Programmsystems und
— Bearbeitung einer Aufgabenstellung

und

— Vorbereitung,
— Durchführung und
— Nachbereitung

in der Erarbeitungs- bzw. Bearbeitungsphase.

Je nachdem, zu welchen dieser Phasen ein Modul Beiträge leistet, kann seine inhaltliche Zuordnung getroffen werden. Eine Klassifizierung ist aber nur dann sinnvoll, wenn daraus Schlußfolgerungen zur Gestaltung und Funktion möglich sind. Eine wesentliche Unterscheidung ist beispielsweise, ob ein Modul für eine ganze Klasse von Programmsystemen nutzbar ist oder ob er an eine spezielle Aufgabenstellung gebunden ist. Das impliziert eine Unterteilung in

— Organisationsmoduln und
— Problemmoduln.

Organisationsmoduln dienen der Organisation der Arbeit eines Programmsystems. Sie sind deshalb meist multivalent für eine ganze Klasse von Programmsystemen (mit gleicher oder ähnlicher Organisation) nutzbar. Organisationsmoduln werden in der Erarbeitungs- und Bearbeitungsphase, während der Vorbereitung, Durchführung und Nachbereitung benötigt. Die Organisationsmoduln spezifizieren in ihrer Gesamtheit den als „besonderes Betriebssystem“ im Abschnitt 1.2.2. bezeichneten Softwarerahmen.

Problemmoduln dienen als Lösungsschritte und Lösungselemente dem Lösungsprozeß in der Durchführungsphase. Sie sind deshalb auf die Lösung einer Aufgabenklasse, und daher ein Programmsystem, spezialisiert und meist nur bedingt nachnutzbar. Die Problemmoduln spezifizieren in ihrer Gesamtheit die Programm- und Datenbasis.

Die Unterscheidung zwischen „Organisation“ und „Problem“ ist mitunter nicht scharf möglich, da oft ein Problem (bzw. eine Aufgabe) aus hauptsächlich organisatorischen Aspekten — zum Beispiel geeignete Darstellung von Daten — besteht. Primäres Unterscheidungskriterium zwischen Organisations- und Problemmoduln sollte deshalb die Nachnutzbarkeit der Moduln für eine ganze Programmsystemklasse sein.

Für unsere weiteren Betrachtungen sind natürlich die Organisationsmoduln besonders wichtig, die eine große Multivalenz besitzen und daher für viele Aufgaben- bzw. Problemlösungen verwendbar sind.

3.4.2. Programmoduln

Die Problemprogramme(moduln) sind dadurch charakterisiert, daß sie Problemdaten (s. Abschn. 3.4.3.) bearbeiten. Durch ein Problemprogramm kann nur eine eingeschränkte Klasse von Aufgaben bearbeitet werden. Bezüglich der im Kapitel 1 beschriebenen Klassifizierung ist ein Problemprogramm ein Einzelprogramm. Aus diesem Grunde haben die dem Problemprogramm übermittelten Steuerdaten einen kleinen Umfang. Problemprogramme müssen nicht immer Problemdaten als Eingabedaten bearbeiten und als Ausgabedaten erzeugen. Folgende Fälle lassen sich unterscheiden:

- Transformator: besitzt Eingabe- und Ausgabe-Problemdaten,
- Generator: besitzt nur Ausgabe-Problemdaten,
- Akzeptor: besitzt nur Eingabe-Problemdaten.

Im Falle des Akzeptors besteht das Ergebnis der Abarbeitung ausschließlich aus Diagnosedaten. Akzeptoren fördern also im Aufgabenlösungsprozeß die Entscheidungsfindung.

Die Organisationsprogramme(moduln) werden in Steuer- und Dienstprogramme unterteilt, die folgendes leisten:

- Steuerprogramme dienen der Auswahl, Verkopplung und Überwachung der Arbeit anderer Programme.
- Dienstprogramme realisieren die eigentliche Organisationsarbeit, sie sind bezüglich der Organisationsarbeit Problemprogramme.

Die Steuerprogramme haben vier Steueraufgaben zu lösen:

- Die Rahmensteuerung koordiniert die Gesamtarbeit des Programmsystems in Wechselwirkung zwischen Erarbeitung und Bearbeitung, zwischen Vorbereitung, Durchführung und Nachbereitung sowie im Dialog Nutzer-Programmsystem.
- Die Steuerung des Vorbereitungsprozesses veranlaßt die Analyse der Aufgabenstellung und aktiviert Dienstprogramme, um anhand eines Szenariums die aufgabenlösenden Problemmoduln auszuwählen, zu verketten und für die Durchführung rechentechnisch aufzubereiten. Das Ergebnis des Vorbereitungsprozesses ist ein ausführbares Subszenarium. Ein Sonderfall des Vorbereitungsprozesses ist die Steuerung des Wiederanlaufes einer im Durchführungsprozeß unterbrochenen Aufgabenlösung.
- Die Steuerung des Durchführungsprozesses aktiviert die Ausführung der Problemprogramme entsprechend dem in der Vorbereitung erarbeiteten Subszenarium.
- Die Steuerung des Nachbereitungsprozesses veranlaßt über entsprechende Dienstprogramme die Ausgabe bzw. Sicherstellung der Ergebnisdaten, eines Ablaufprotokolls und die Freigabe belegter Ressourcen.

Eine weitere Untergliederung der Dienstprogramme ist möglich in:

- Generierungsprogramme, die die Anpassung eines implementierten Programmsystems an seine aktuelle Umgebung unterstützen,
- Übersetzungsprogramme, die die im Rahmen eines Programmsystems genutzten Sprachen (Texte) übersetzen,
- Havarieprogramme, die im Havariefall eine Fehlerbehandlung durchführen,
- Protokollprogramme, die Informationen über den Bearbeitungsprozeß aufnehmen und in geeigneter Form ausgeben können,
- Serviceprogramme, die sonstige Dienstfunktionen realisieren (Unter dieser Bezeichnung sollen insbesondere alle die Programmoduln zusammengefaßt sein, über die Ressourcen des Betriebssystems bereitgestellt werden, die also Adapteraufgaben wahrnehmen. Dazu gehören speziell Programme zur Ein- und Ausgabe von externen Datenträgern.)

Die hier vorgenommene Unterteilung der Dienstprogramme ist nicht vollständig und in dieser Form auch nicht immer zwingend. Das hängt stark vom vorhandenen

Betriebssystem und auch von der Art des Programmsystems ab. Die Auflistung ist mehr als Anregung für die Strukturierung der Dienstprogramme gedacht.

3.4.3. Datenmoduln

Analog zu den Programmen unterscheidet man

- Problemdaten und
- Organisationsdaten.

Problemdaten sind Ein- und/oder Ausgabedaten von Problemprogrammen. Sie sind Lösungselemente gemäß Kapitel 1. Aus der Sicht der möglichen Lösungsprozesse bezüglich einer Problemklasse sind drei Gruppen von Problemdaten zu unterscheiden:

- Lösungsprozeß-Eingabe- bzw. Lösungsprozeß-Ausgabe-Problemdaten
  (Diese Daten repräsentieren Eingabewerte möglicher Aufgaben sowie deren Ergebniswerte (Ausgabewerte)).
- Fest-Problemdaten
  (Diese Daten werden für jeden möglichen Lösungsprozeß innerhalb der definierten Aufgabenklasse als existent vorausgesetzt. Fest-Problemdaten werden bei der Generierung des Programmsystems angelegt (Lösungselemente in der Datenbasis)),
- Arbeits-Problemdaten
  (Diese Daten stellen Zwischenergebnisse innerhalb der Transformation Lösungsprozeß-Eingabe- in Lösungsprozeß-Ausgabe-Problemdaten dar. Der Zugriff zu diesen Daten besteht nur für die Zeitdauer des jeweiligen Lösungsprozesses.)

Organisationsdaten dienen der Aufgabenlösung mittelbar. Sie sind Steuerdaten für Problemprogramme und Sach- und Steuerdaten für Organisationsprogramme. Analog zu den Programmklassen kann man in Steuerdaten und Dienstdaten weiter untergliedern. Dabei kann man die Steuerdaten als die Sachdaten von Steuerprogrammen auffassen. Da aber eine solche Betrachtung keine relevanten Schlußfolgerungen erlaubt, soll nur eine pragmatische, unvollständige Auflistung einiger Organisationsdatenarten gegeben werden:

- Daten der Aufgabenstellung legen fest, welche Aufgabe mit welchen Problemdaten zu lösen ist. Sie treten meist in der Form von Texten von deskriptiv oder algorithmisch orientierten Aufgabenformulierungssprachen auf (s. Abschn. 1.2.4.). Meist werden einfache Sprachen vom Kommandotyp verwendet.
- Daten des Szenariums beschreiben die funktionelle Aufbereitung der zu bearbeitenden Aufgaben- bzw. Problemklasse. Sie legen das Szenarium fest, das heißt die logisch-funktionelle Beschreibung der erforderlichen Lösungsschritte (Programmmoduln) und Lösungselemente (Datenmoduln). Sie sind Texte von Szenenformulierungssprachen.
- Mitteilungsdaten beinhalten Texte, die als Mitteilungen in den Protokollen und bei der sonstigen Kommunikation an den Nutzer ausgegeben werden sollen.
- Zustandsdaten sind Festdaten, die den allgemeinen Zustand des Programmsystems charakterisieren. Sie beinhalten Angaben zu
  - dem Inhalt und der Form der Programmbasis und Datenbasis,
  - den verfügbaren Ressourcen,

- Syntax und Semantik der im Programmsystem genutzten Sprachen,
- möglichen Nutzungsformen (Regimeeinstellungen) usw.

Auch die Organisationsdaten können entweder fest oder veränderlich sein. Bei einer Einbettung eines Programmsystems in eine andere Umgebung ändern sich im allgemeinen auch Festdaten. Deshalb ist es günstig, sämtliche Daten in gesonderten Datenmoduln unterzubringen. Bei einer Änderung der Umgebung sind dann die notwendigen Änderungen im Programmsystem in einem Modul zentralisiert. Solche Änderungen werden meist über den Generierungsmodul realisiert, der die Zustandsdaten variieren kann.

3.5. Modulhierarchie

Wie in den vorangegangenen Abschnitten festgestellt, stehen die Moduln durch die gegenseitige Nutzung der von ihnen bereitgestellten Ressourcen in Relationen untereinander. Wir wollen nun angeben, in welcher Weise die einzelnen Modularten untereinander verkoppelt sind. Das ist schematisch in Abb. 3.8 angegeben. Dabei wurden nur die im vorangegangenen Abschnitt aufgelisteten Modulklassen berücksichtigt. Der Ruf eines Datenmoduls D durch einen Programmodul P bedeutet, daß D Eingabedaten von P sind. Zum Beispiel sind Aufgabedaten Eingabedaten für die Rahmensteuerung. Umgekehrt bedeutet der Ruf eines Programmoduls P durch einen Datenmodul D, daß D Ausgabedaten von P sind. Zum Beispiel sind Zustandsdaten Ausgabedaten des Generierungsprogramms.

| Was kann aus den Aufrufbeziehungen gefolgert werden?

Die Moduln RS, GE, VS, DS, NS, ÜS, PP und PD bilden eine Hierarchie im Sinne des Abschnitts 3.2.4., die Struktur ist in Abb. 3.9 zu erkennen.

Die anderen Moduln aus Abb. 3.8 verletzten die Hierarchiebedingungen, da zum Beispiel HA sowohl von RS als auch von VS gerufen wird. Zur Herstellung der Hierarchie kann man

- eine Aufgliederung eines Moduls in mehrere verschiedene Moduln, deren jeder nur die vom rufenden Modul benötigten Ressourcen bereitgestellt, vornehmen, so daß jeder rufende Modul einen gesonderten Modul zugeordnet erhält;
- jedem rufenden Modul eine gesonderte Kopie des aufgerufenen Moduls zur Verfügung stellen;
- verschiedene rufende Moduln zu einem Modul zusammenfassen und damit die Struktur vereinfachen.

Die erste Variante bietet sich an, wenn eine inhaltliche Aufgliederung in „disjunkte" Teilmoduln zu den rufenden Moduln möglich ist. Zum Beispiel sind sicherlich die Aufgabendaten in Daten der Rahmensteuerung, der Vorbereitung, der Durchführung und der Nachbereitung aufteilbar. Das würde der Aufteilung der Aufgabenformulierungssprache in die jeweiligen Teilsprachen entsprechen. Ähnliches bietet sich für die Servicemoduln und andere Daten an. Ein solches Vorgehen entspricht einer Verfeinerung der Struktur. Diese Verfeinerung kann man auch auf der Ebene der Problemprogramme durchführen, indem man für gewisse komplexere Teilaufgaben spezifische Steuermoduln einführt, die nur Steuerungsaufgaben bezüglich dieser Teil-

		rufende Moduln		gerufene Moduln														
				RS	VS	DS	NS	GE	ÜS	HA	PR	SP	PP	AD	SD	MD	ZD	PD
Programm-moduln	Steuer-Programme	Rahmen-	RS		×	×	×	×		×	×	×		×			×	
		Vorbereitungs-	VS						×	×	×	×		×			×	
		Durchführungs-	DS							×	×	×	×		×		×	
		Nachbereitungs-	NS							×	×	×		×			×	
	Dienst-Programme	Generierungs-	GE								×	×					×	
		Übersetzungs-	ÜS								×	×		×	×		×	
		Havarie-	HA								×	×					×	
		Protokoll-	PR									×				×	×	
		Service-	SP									×				×	×	
		Problem-	PP									×	⊗					×
Daten-moduln	Organisa-tionsdaten	Aufgaben-	AD															
		Szenarien-	SD						×									
		Mitteilungs-	MD					×										
		Zustands-	ZD					×										
		Problem-	PD										×					⊗

Abb. 3.8: Aufrufbeziehungen zwischen den Modulklassen

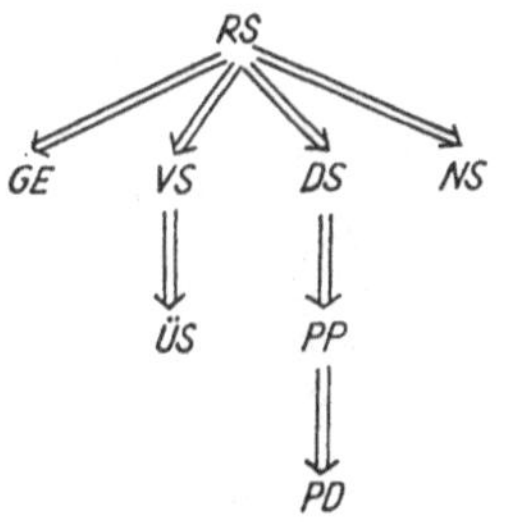

Abb. 3.9: Hierarchie eines Teilsystems von Abb. 3.8

aufgabe haben. Damit ergeben sich für die Steuerung des Durchführungsprozesses mehrere hierarchisch angeordnete Steuermoduln. An den Blättern dieser Baumstruktur stehen Problemprogramme. Ein Beispiel für eine solche „allgemein hierarchische“ Struktur zeigt Abb. 3.10. Hier sind DS0 bis DS5 die Steuerprogramme, PP1 bis PP8 die Problemprogramme.

Die zweite Variante zur Herstellung der Hierarchie bietet sich an, wenn der gerufene Modul entweder einen festen Zustand hat (dann brauchen nämlich keine physischen Kopien hergestellt werden) oder die Nutzung des Moduls von seinem Zustand nur wenig abhängig ist. Das ist zum Beispiel für Havarie- und Protokollprogramme zutreffend.

Schließlich ist die dritte Variante zu empfehlen, wenn die rufenden Moduln von ihrem inneren Aufbau her sehr ähnlich sind. Das trifft insbesondere auf Steuermoduln zu. Man könnte also die Programme der Rahmensteuerung, der Vorbereitung, Durchführung und Nachbereitung durchaus als einen einzigen Programmodul bereitstellen. Das bedeutet, daß die entsprechenden Aufgabendaten in einer einheitlichen Aufgabenformulierungssprache zusammengefaßt sein müßten, die vom Übersetzerprogramm in ein Subszenarium überführt würde, das dann auch die Lösung von Organisationsaufgaben des Programmsystems beschreibt. Natürlich müßte man auch auf besondere Steuermoduln für Teilaufgaben des Durchführungsprozesses verzichten. Solche Teilaufgaben können ja durch besonders ausgezeichnete „Unterszenarien“ (entsprechend dem Unterprogrammkonzept) repräsentiert werden. Man erhält auf diese Weise eine Vergröberung der Struktur mit nur einem Steuerprogramm. Dies soll als „minimale hierarchische“ Struktur bezeichnet werden.

Wir wollen einige wesentliche Charakteristika der zwei Strukturformen auflisten:
Allgemeine Hierarchie:

— Die Steuerung und die Moduln können speziell auf die jeweilige Teilaufgabe zugeschnitten werden. Das erlaubt spezielle Organisationsformen, die dieser Teil-

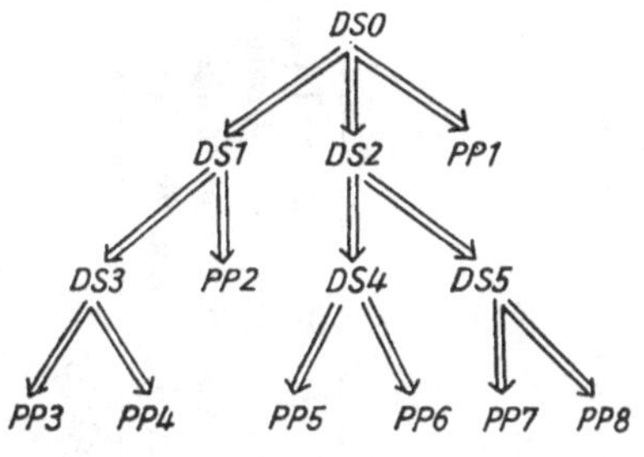

Abb. 3.10: Allgemeine hierarchische Struktur

Aspekt	allgemeine hierarchische Struktur	minimale hierarchische Struktur
Voraussetzungen	keine	homogene Anforderungen der Problemklasse an die Steuerung; Leistungsfähigkeit der Problemmoduln bezüglich der Datentransformation in der Problemklasse vollständig angebbar
Problemabhängigkeit der Steuermoduln	stark	schwach bis keine
Orientierung: Steuersprache, Lösungsprozeß	operativ, teilprozeßbezogen	deskriptiv, gesamtprozeßbezogen
Umfang des Vorbereitungs-prozesses durch die Steuerung	Teilprozeßplanung, -optimierung	Gesamtprozeßplanung, -optimierung; damit bessere Ressourcenauslastung
Aufwand der Steuerung	insgesamt „groß", aber Anwendung des Programmsystems stückweise möglich, sobald Teilprozeß fertig implementiert	insgesamt „klein", aber Anwendung des Programmsystems erst dann möglich, wenn Steuerung insgesamt fertig implementiert
Unterstützung der Implementierung einer Problemklasse, d. h. der Menge der Problemmoduln	herkömmlich	– rechnerunterstütztes Austesten und Dokumentieren des datenorientierten Systementwurfs (Trockentest) – rechnerunterstütztes Überprüfen des realisierten Arbeitsmoduls im Systementwurf
Beispiele	INTKOS [SCHM76]	RENDIS [FREN77]

Abb. 3.11: Gegenüberstellung der Strukturen von Programmsystemen bezüglich ihrer Anwendung

aufgabe besonders gerecht werden. Der Vorteil besteht in einer besseren Effektivität, der Nachteil in der Inhomogenität des Systems.

- Die arbeitsteilige Implementierung der verschiedenen Teilaufgaben ist wegen der möglichen unterschiedlichen Realisierung erleichtert. Da zu jeder Teilaufgabe auch ein gesonderter Steuermodul gehört, kann insbesondere die Testung unabhängig von anderen Teilaufgaben vorgenommen werden.
- Die Teilaufgaben sind mit ihrer Steuerung leicht aus dem System herauslösbar und in andere Systeme einbaubar.
- Die Steuerung hat nur „Überblick“ über die jeweilige Teilaufgabe. Das erschwert globale Steuerstrategien und Optimierungsverfahren.

Minimale Hierarchie:

- Die Steuerung und alle Moduln müssen eine für das gesamte System einheitliche Organisationsform aufweisen. Das erhöht die Übersichtlichkeit, kann aber auf Kosten der Effektivität gehen.
- Eine arbeitsteilige Implementierung ist nur bei arbeitsbereiter Steuerung möglich. Dafür ist die Implementierung auf die Bereitstellung der Problemmoduln beschränkt. Im System sollten Testhilfen für die Testung von Unterszenarien bereitstehen.
- Eine Teilaufgabe ist nur dann in ein anderes Programmsystem überführbar, wenn dort die gleiche Steuerung vorhanden ist.
- Die Steuerung hat stets „Überblick“ über den Gesamtablauf mit seiner Untergliederung. Das erleichtert die Optimierung und die Realisierung von Organisationsaufgaben, zum Beispiel die Havariebehandlung.

In Abb. 3.11 wird eine zusammenfassende Gegenüberstellung der beiden Strukturen bezüglich ihrer Anwendung gegeben.

4. Steuerung von Programmsystemen

Nachdem im Kapitel 3 untersucht wurde, wie die Komponenten der Architektur, die Moduln, aufzubauen sind und in welcher Weise sie sich gegenseitig aufrufen dürfen, soll nun die Frage behandelt werden, wann ein Modul aufzurufen ist. Es werden Prinzipien für das Festlegen von Aufrufreihenfolgen erläutert und die Arbeitsweise der für die Steuerung zutreffenden Programmteile, der Steuerprogramme und der Programme zur Übersetzung des Aufgabentextes, vorgestellt.

4.1. Gesamtablauf

4.1.1. Übersicht

Wir wollen wieder von den allgemeinen Betrachtungen der Kapitel 1 und 2 ausgehen und die Phasen

— E: Erarbeitung eines Programmsystems und
— B: Bearbeitung einer Aufgabe mit Hilfe eines Programmsystems

sowie innerhalb von E und B die Phasen

— V: Vorbereitung,
— D: Durchführung und
— N: Nachbereitung der Lösung einer Aufgabe
betrachten. Man erhält insgesamt 6 Phasen:
— VE: Vorbereitung der Erarbeitung,
— DE: Durchführung der Erarbeitung,
— NE: Nachbereitung der Erarbeitung,
— VB: Vorbereitung der Bearbeitung,
— DB: Durchführung der Bearbeitung,
— NB: Nachbereitung der Bearbeitung.

Der Inhalt der Phasen V, D, N wurde in den Abschnitten 2.3., 2.4. und 2.5. ausführlich aus der Nutzersicht dargestellt. Aus der Sicht des Programmsystems ergibt sich:

Vorbereitung V: Analyse der Aufgabenstellung, Prüfung auf Relevanz und Ableitung eines Szenariums, das die Lösungsvorschrift enthält;

Durchführung D:	Aktivierung von Programmoduln in der vom Szenarium festgelegten Reihenfolge;
Nachbereitung N:	Sicherstellung der Ergebnisse, Ausgabe von Mitteilungen über den Lösungsprozeß an den Nutzer.

Vorbereitung, Durchführung und Nachbereitung müssen in der entsprechenden Reihenfolge aktiviert werden, wobei natürlich die Nachbereitungsphase eine neue Vorbereitungsphase implizieren kann. Ebenso ist eine Bearbeitung einer Aufgabe mit einem Programmsystem nur möglich, wenn die Erarbeitung vorangegangen ist. Jedoch kann die Bearbeitung einer Aufgabe eine neue Aufgabenstellung implizieren, die eventuell noch nicht in der Aufgabenklasse des Programmsystems enthalten ist. Dann wird ein neuer Erarbeitungsschritt erforderlich. Wir erhalten den in Abb. 4.1 skizzierten globalen Ablauf.

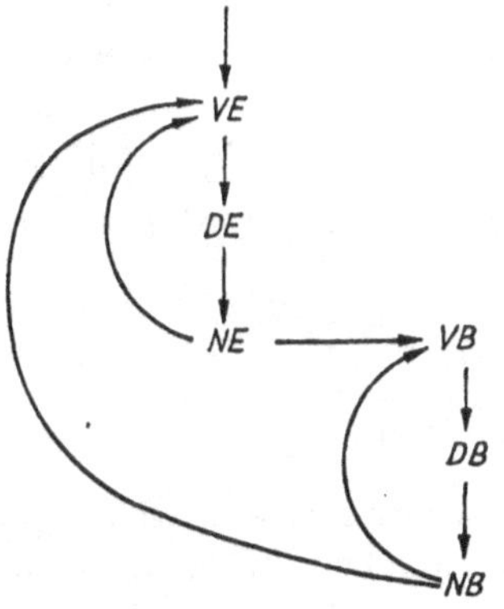

Abb. 4.1: Globaler Steuerablauf

Ein Programmsystem wird nicht immer alle Phasen gleichmäßig gut unterstützen. So fehlt bei geschlossenen Programmsystemen die Erarbeitung E, oder sie schrumpft zur sogenannten Generierung zusammen. Die Generierung erlaubt die Anpassung eines Programmsystems an eine aktuelle Umgebung. Das betrifft zum Beispiel

- die verfügbare Konfiguration, wobei die Arbeit in Abhängigkeit der verfügbaren Ressourcen unterschiedlich gesteuert werden muß;
- Formwünsche des Nutzers, wie unterschiedliche Erfassungsbelege und unterschiedliche Drucklistengestaltung, die natürlich auch von den verfügbaren E/A-Geräten abhängig sind;
- Umfang der zu bearbeitenden Aufgabenklassen, so daß bei spezielleren Anwendungen mit abgerüsteten Systemen gearbeitet werden kann.

Die Möglichkeit zur Modifikation des Programmsystems durch den Nutzer wirft gewisse Probleme auf. Die Folge einer uneingeschränkten Freigabe der Generierungsmöglichkeiten wäre, daß das Programmsystem unkontrolliert verändert werden könnte und somit keine Garantie mehr für die korrekte Arbeitsweise gegeben wäre. Andererseits ist es für verschiedene Aufgabenstellungen notwendig, ein veränderbares Programmsystem zur Verfügung zu haben. Dieser Widerspruch kann dadurch gelöst werden, daß zwar ein allgemeiner Generierungszustand eingeführt wird, der nur vom Systemprogrammierer geändert werden darf, aber jeder Nutzer sich einen privaten

Generierungszustand anlegen kann, der den allgemeinen Zustand während der tatsächlichen Benutzung des Programmsystems temporär verändert. Der private Generierungszustand könnte dann in privaten Bibliotheken gespeichert werden.

Um den Generierungszustand nur in einer ganz bestimmten Weise zu ändern, sollte mit einer Generierungssprache gearbeitet werden. In der Generierungssprache sind nur solche Texte zugelassen, die erlaubte Änderungen beschreiben. In der Vorbereitungsphase der Generierung VE werden von einem Compiler diese Texte analysiert, und damit wird die Zulässigkeit der Generierung überprüft. Diese Prüfung kann sehr komplizierte Zusammenhänge umfassen und ist deshalb der oft verwendeten Makromethode zur Generierung von Systemen überlegen. Außerdem kann man die Generierungssprache in ihren Ausdrucksmitteln an die Aufgabenformulierungssprache anpassen.

Den Generierungszustand repräsentieren Zustandsdaten, wie sie im Abschnitt 3.4. beschrieben sind. Hier wird wieder der Vorteil einer zentralen Verwaltung dieser Daten deutlich, die dann auch eine Zentralisierung von Generierungsprogrammen erlaubt.

In Abhängigkeit von der Verkettung der drei Phasen V, D und N des Aufgabenlösungsprozesses kann zwischen kompilierender, interpretierender und gemischter Arbeitsweise unterschieden werden.

4.1.2. Kompilierende Arbeitsweise

Die kompilierende Arbeitsweise ist dadurch charakterisiert, daß es für jeden Aufgabenlösungsprozeß nur jeweils eine Vorbereitungs-, Durchführungs- und Nachbereitungsphase gibt. Am Ende der Vorbereitungsphase liegt dabei ein Szenarium für den gesamten Lösungsprozeß vor, das nur noch durch Diagnosedaten und Organisationsdaten modifiziert werden muß. Auf diese Weise ist es möglich, bereits in der Vorbereitungsphase weitgehende Kontrollen zur Ausführbarkeit des Lösungsprozesses und Vollständigkeit der Aufgabenstellung durchzuführen. Die Art und Weise dieser Prüfung hängt dabei von der jeweils zugrundeliegenden Darstellungsform des Szenariums (Graph, Entscheidungstabelle, Automatentabelle, Petrinetz) ab. Durch eine solche Prüfung kann z. B. verhindert werden, daß erst im i-ten Lösungsschritt das Fehlen von Daten aus den vorhergehenden Lösungsschritten festgestellt werden muß. In gleicher Weise kann ausgeschlossen werden, daß die benötigten Moduln nicht miteinander verkettbar sind.

Ein weiterer Vorteil der kompilierenden Arbeitsweise ergibt sich bei der Optimierung des Lösungsprozesses. Da der einzige Einfluß auf das Szenarium die Diagnosedaten und Organisationsdaten sind, deren Wahrscheinlichkeitsverteilungen oft zumindest in grober Näherung ermittelt werden können, läßt sich für den Lösungsprozeß ein stochastisches Modell formulieren, mit dessen Hilfe sich Speicherplatz, Rechenzeit, Zuverlässigkeit und Parallelisierung der Abarbeitung optimieren lassen.

Für die Lösungsprozeßsteuerung im Dialog ist die kompilierende Arbeitsweise nicht geeignet. Das liegt daran, daß mit jeder Dialogeingabe ein Vorbereitungsprozeß und mit jeder Dialogausgabe ein Nachbereitungsprozeß verbunden ist.

Wenn die Systemarchitektur nicht von minimaler Hierarchie ist, treten bei konsequenter Anwendung der kompilierenden Arbeitsweise einige Probleme auf. In diesem

Fall ist es erforderlich, daß im Vorbereitungsprozeß die Szenarien aller Ebenen erzeugt werden. Das bedeutet nun aber, daß schon in dieser Phase die konkreten Aufgabenstellungen für alle Teilprozesse erzeugt werden müssen. Sind diese Aufgabenstellungen noch von Diagnosedaten abhängig, so müssen Szenarien für alle möglichen Fälle bereitgestellt werden. Beim Übergang zu einer solchen Ebene während der Durchführungsphase wird dann nur noch eines dieser Szenarien unter Berücksichtigung der vorher ermittelten Diagnosedaten ausgewählt. Somit kann es vorkommen, daß von der Steuerung überflüssige Tätigkeiten vollbracht werden, weil viele der erzeugten Teilszenarien nie benötigt werden.

4.1.3. Interpretierende Arbeitsweise

Die oben beschriebenen Sachverhalte sind bei der interpretierenden Arbeitsweise umgekehrt. Diese ist dadurch charakterisiert, daß der Aufgabenlösungsprozeß in kleinste Abschnitte zerlegt wird, zu denen jeweils eine Vorbereitungs-, eine Durchführungs- und gegebenenfalls eine Nachbereitungsphase gehören. Letztere schrumpft, wenn die ermittelten Zwischenergebnisse nicht ausgegeben werden sollen. Die einzelnen Abschnitte des Lösungsprozesses können bei interpretierender Arbeitsweise aneinandergereiht oder ineinander verschachtelt sein. Der zweite Fall tritt bei Programmsystemen mit nichtminimaler Hierarchie auf, wenn jede Ebene der Hierarchie als Teilaufgabe angesehen wird.

Bei der rein interpretierenden Arbeitsweise sind die in einem Schritt zu analysierenden Teile der Aufgabenstellung so gewählt, daß daraus gerade der nächste Lösungsschritt abgeleitet werden kann. Das bedeutet, daß für das aufzubauende Szenarium in einem Schritt jeweils nur eine Szene bestimmt wird, die einen Problemmodul zu aktivieren gestattet. Dadurch werden keine unnötigen Teile von Szenarien erzeugt. Bei mehrfach zu durchlaufenden Schleifen tritt allerdings der Fall ein, daß ein und derselbe Teil der Aufgabenstellung mehrfach analysiert werden muß und entsprechend die gleiche Szene mehrfach erzeugt wird.

Die bei der kompilierenden Arbeitsweise möglichen Optimierungen und Überprüfungen der Korrektheit der Aufgabenstellung lassen sich bei interpretierender Arbeitsweise nur in sehr begrenztem Umfang (lokal) durchführen. Bei der Realisierung eines Lösungsprozesses im Monolog kann somit z. B. der Fall eintreten, daß der beabsichtigte Prozeß nicht ausführbar ist und dieses erst nach vielen Rechenschritten bemerkt wird, während es bei kompilierender Arbeitsweise schon zu Beginn der Abarbeitung entdeckt worden wäre.

Die interpretierende Arbeitsweise stellt geringe Ansprüche an die Steuerung des Durchführungsprozesses, die jeweils nur eine Szene zu verarbeiten hat. Auf Grund des schrittweisen Vorgehens bietet sie sich für den Dialogbetrieb an. Allerdings will der Nutzer im Dialogbetrieb auch nur dann in den Lösungsprozeß aktiv einbezogen werden, wenn das erforderlich ist (s. Abschn. 1.2.5.). Deshalb wählt man oft die gemischte Arbeitsweise.

4.1.4. Gemischte Arbeitsweise

Mit den verschiedenen Formen der gemischten Arbeitsweise wird versucht, die Vorzüge der beiden extremen Arbeitsweisen zu vereinen. So ist es z. B. möglich, den

Prozeß in größere Abschnitte zu zerlegen, von denen jeder für sich kompilierend verarbeitet wird, deren Aneinanderreihung jedoch interpretierenden Charakter hat. Die Grenzen der Abschnitte werden dann durch die Hierarchieebenen oder durch Stellen für Dialogeingriffe bestimmt.

Nach einem solchen Eingriff wird dann in einer Vorbereitungsphase die eingegebene Teilaufgabe analysiert, und es wird ein entsprechendes Szenarium erzeugt, das bis zur nächsten Eingabemöglichkeit gültig ist. Dieses Szenarium wird in der Durchführungsphase abgearbeitet. Um den am Bildschirm sitzenden Nutzer bestmöglich über den Vorlauf zu informieren und ihm somit für seine weiteren Entscheidungen die Grundlage zu geben, sind in einer Nachbereitungsphase ausgewählte Zwischenergebnisse aufzubereiten und auszugeben. Der Dialogbetrieb zeichnet sich gerade dadurch aus, daß an die Vor- und Nachbereitungsphase spezifische und hohe Ansprüche gestellt werden.

Dabei ist es jedoch nicht unbedingt erforderlich, daß sich alle Dialogeingriffe an Abschnittsgrenzen befinden. Besteht ein solcher Dialogeingriff ausschließlich aus einem Menüangebot und der zugehörigen Auswahl, so kann die Antwort in gleicher Weise auf das kompilierend erzeugte Szenarium Einfluß nehmen (wie ein Diagnosedatum eines Problemmoduls). Die Nutzung dieser Möglichkeit ist jedoch nur dann empfehlenswert, wenn das Menüangebot aus nicht zu vielen Elementen besteht, da für alle Antwortmöglichkeiten die entsprechende Reaktion im Szenarium schon vorprogrammiert sein muß.

Eine weitere Möglichkeit zur gemischten Arbeitsweise besteht darin, daß im Szenarium nur die wahrscheinlichsten Abarbeitungswege vorbereitet sind. Wird einer dieser Wege tatsächlich eingeschlagen, dann entspricht die Abarbeitung der kompilierenden Arbeitsweise. Stellt sich jedoch heraus, daß keiner der vorbereiteten Wege zum Ziel führt, muß eine neue Vorbereitungsphase angeschlossen werden, in der Alternativwege bestimmt werden. Dieser Prozeß wird gegebenenfalls wiederholt. Ein Alternativweg kann dabei möglicherweise auf Daten zurückgreifen, die irgendwann im bisherigen Verlauf erzeugt wurden, jedoch auf den ursprünglich vorbereiteten Wegen nicht mehr benötigt worden wären. Da der zur Verfügung stehende Speicherplatz häufig sehr begrenzt ist, muß in solchen Fällen entschieden werden, welche Zwischendaten aufzuheben sind und welche bei Verlassen der vermuteten Wege noch einmal berechnet werden sollten.

Die gemischte Arbeitsweise ist durch den darin enthaltenen Freiheitsgrad der Annäherung an die extremen Arbeitsweisen gut geeignet, den Aufgabenlösungsprozeß an die gegebenen Randbedingungen anzupassen. Aus diesem Grund ist ihre Anwendung in den meisten Fällen zu empfehlen.

4.2. Funktionen von Steuerprogrammen

4.2.1. Beschreibung der Lösungsvorschrift mittels Szenarien

Die Lösungsvorschrift legt fest, in welcher Folge von Lösungsschritten man mit welchen Lösungselementen zur Lösung einer Aufgabe gelangt. Die im Lösungsprozeß durchlaufene Folge von Lösungsschritten und Lösungselementen heißt Lösungstrasse. Im allgemeinen führen bei einer Aufgabe mehrere, mitunter unendlich viele Lösungstrassen zur Lösung. Die Lösungsvorschrift läßt somit mehrere Lösungstrassen zu, von denen die Steuerung im Lösungsprozeß eine auswählt. Die Festlegung erfolgt schrittweise, indem die Lösungstrasse jeweils um einen Lösungsschritt fortgesetzt wird. Dieser Lösungsschritt wird in jedem Zustand des Lösungsprozesses aus einer Menge alternativ verfügbarer Lösungsschritte ausgewählt. Folgende Auswahlprinzipien werden unterschieden:

- Determinierte Alternativen: Die Auswahl eines Lösungsschrittes hängt eindeutig von den erreichten Zwischenergebnissen im Lösungsprozeß ab.
- Parallele Alternativen: Es kann ein beliebiger Lösungsschritt ausgewählt werden, ohne den Lösungsprozeß in verschiedener Weise zu beeinflussen. Um das zu erreichen, dürfen sich die Lösungsschritte in einer parallelen Alternative in keinerlei Weise gegenseitig beeinflussen. Sie können parallel angewendet werden. Nach Auswahl eines Lösungsschrittes müssen die restlichen Lösungsschritte der Alternative weiterhin verfügbar sein.
- Stochastische Alternative: Die Auswahl der einzelnen Lösungsschritte genügt gewissen, an die Alternative gebundenen Verteilungsgesetzen. Eine unterschiedliche Wahl kann zu unterschiedlichen Lösungen führen. Durch die Verteilungsgesetze kann gewissen Lösungen der Vorzug gegeben werden.

Lösungsvorschriften mit stochastischen Alternativen erlauben die Anwendung von Verfahren der künstlichen Intelligenz, indem durch eine dynamische Veränderung der Verteilungsgesetze unterschiedlichen Lösungsmethoden Vorzug gegeben wird. Dadurch erhält man einen Lerneffekt. Auf stochastische Alternativen soll aber nicht weiter eingegangen werden. Wie unten gezeigt wird, kann man sie auch über die determinierten Alternativen simulieren. Wir betrachten zunächst nur Lösungsvorschriften, die ausschließlich determinierte Alternativen enthalten. Es sei z ein Zustand des Lösungsprozesses, in dem genau ein Lösungsschritt LS bzw. M (Modul) zur Verfügung steht. Dann bestehen natürlich keine Auswahlmöglichkeiten. Nach Abarbeitung des Lösungsschrittes M gelangt man in einen neuen Zustand z'. In diesem Zustand stehe die Menge $\boldsymbol{M}$ von Lösungsschritten zur Verfügung. Durch Analyse von Zwischenergebnissen muß ein Element aus $\boldsymbol{M}$ eindeutig bestimmbar sein. Zur Analyse kann ein Modul des Typs Akzeptor benutzt werden. Zur Entscheidungsfindung über die Auswahl werden die Diagnosedaten des Akzeptors herangezogen. Jedem Diagnosedatum ist ein Element aus $\boldsymbol{M}$ eindeutig zugeordnet. Das Schema eines solchen Auswahlprinzips ist in Abb. 4.2 angegeben. Neben den Zuständen ist die Menge der

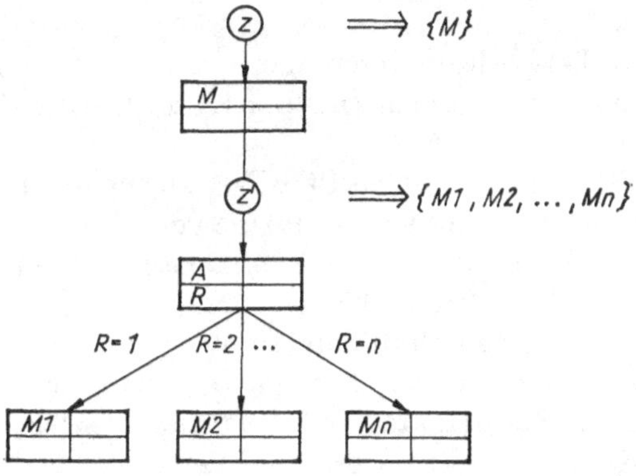

Abb. 4.2: Auswahl bei determinierten Alternativen über Akzeptoren

möglichen Lösungsschritte eingezeichnet. Der Akzeptor A liefert n verschiedene Diagnosewerte, die auch als Rückkehrcode R bezeichnet werden.

Bei der Anwendung eines Akzeptors werden keinerlei Lösungselemente verändert, und demzufolge ändert sich auch der Zustand des Lösungsprozesses nicht. Es ist aber eine Unterteilung des Zustands z' in n verschiedene Zustände $z_1', z_2', \ldots, z_n'$ möglich, da ja der Akzeptor eine Klassifizierung der Zwischenergebnisse in n Klassen, je nach Rückkehrcode R, vornimmt. In Abb. 4.3 sind die unterteilten Zustände eingezeichnet.

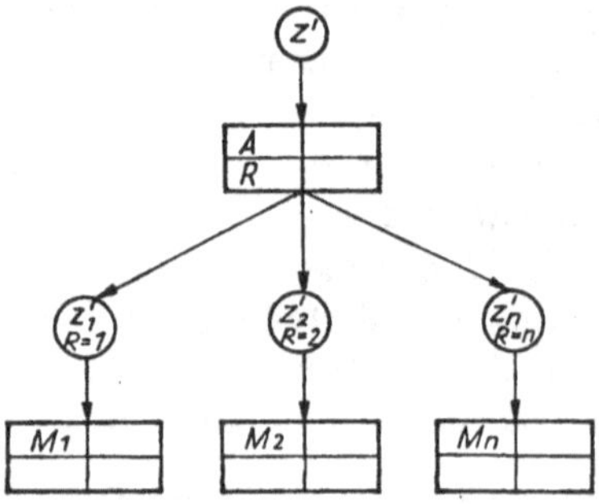

Abb. 4.3: Unterteilung eines Zustands durch Akzeptoren

Jedem Zustand ist jetzt genau ein Lösungsschritt zugeordnet. Da jeder Modul einen Rückkehrcode zur Verfügung stellt, kann man die Wirkung des Akzeptors A in den Modul M einbeziehen. Dann ergibt sich für Lösungsvorschriften ohne parallele Alternativen folgendes Prinzip:

- Dem Lösungsprozeß wird eine Menge von (endlich vielen) Zuständen zugeordnet. Ein Anfangszustand und einige Endzustände sind besonders gekennzeichnet.
- Jedem Zustand z, der kein Endzustand ist, ist genau ein Lösungsschritt mit Lösungselementen zugeordnet. Für jeden Diagnosewert i (Rückkehrcode) des Lösungsschrittes ist ein Nachfolgezustand z_i' bestimmt, in den nach Abarbeitung des Lösungsschrittes und nach Auftreten des Diagnosewertes i übergegangen wird.
- Wird in einen der Endzustände übergegangen, so ist der Lösungsprozeß beendet.

Eine Lösungsvorschrift ohne parallele Alternativen kann mit einem sogenannten ablauforientierten Szenárium beschrieben werden. In Abb. 4.4 ist hierfür ein Beispiel angegeben, das folgende Aufgabenstellung löst:
In bereits sortierte Stammdaten (SD) sind — mittels SORT — zu sortierende Zugänge (ZG) — mittels MERGE — einzumischen. Auf der Grundlage von — mittels SORT — zu sortierenden Berichtskriterien (BK) ist dann für die ergänzten Stammdaten und für die Zugänge seperat eine Selektion — mittels SEL — vorzunehmen. In Abhängigkeit vom Selektionsergebnis der ergänzten Stammdaten ist — mittels AG1 bzw. AG2 — eine Aggregation in zwei verschiedenen Formen durchzuführen. Als Endergebnis interessieren die ergänzten Stammdaten, die aus diesen selektierten und aggregierten Berichtsdaten und die aus den Zugängen selektierten Berichtsdaten.

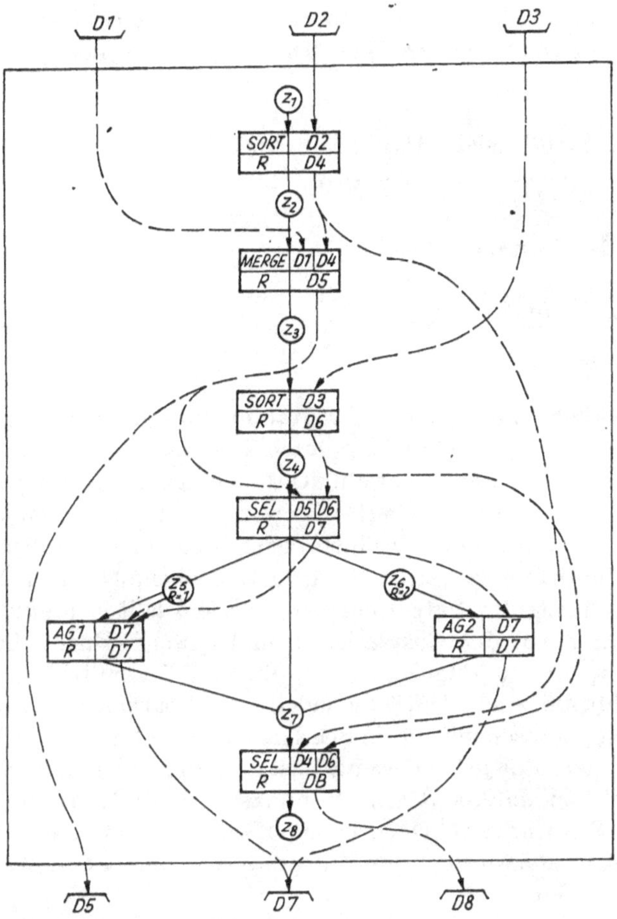

Abb. 4.4: Ablauforientiertes Szenarium

Die Struktur des Szenariums ist ein gerichteter Graph, wobei gilt:

- Die Knoten des Graphen sind Moduln als Lösungsschritte, hier als Kästchen dargestellt. Links oben sind die Modulnamen angegeben, rechts oben die Eingangsdaten, rechts unten die Ausgangsdaten, links unten die Bezeichnungen des Rückkehrcodes (hier einheitlich R).
- Die Kanten des Graphen sind die Zustände, hier durch Kreise explizit angegeben. Jede Kante geht zu höchstens einem Knoten, dem im entsprechenden Zustand zu aktivierenden Lösungsschritt. Die von einem Knoten wegführenden Kanten sind Zustände, in die nach Ausführung des entsprechenden Lösungsschrittes übergegangen wird.

Im ablauforientierten Szenarium sind die Eingabe- und Ausgabe-Problemdaten als Datenmoduln angegeben. Dabei beschränkt man sich bei der Beschreibung auf den Umfang und die Form. Der Datenfluß zwischen den Programmoduln ist durch deren Reihenfolge und die Benutzung der Datenmoduln fixiert. In Abb. 4.4 ist der Datenfluß gestrichelt eingezeichnet.

Ziel der Abarbeitung eines ablauforientierten Szenariums ist es, ausgehend vom Anfangszustand einen Endzustand zu erreichen. In unserem Beispiel sind dabei die beiden Lösungstrassen

SORT, MERGE, SORT, SEL, AG1, SEL und

SORT, MERGE, SORT, SEL, AG2, SEL

möglich. Das entspricht den Zustandsfolgen

$z_1, z_2, z_3, z_4, z_5, z_7, z_8$ und

$z_1, z_2, z_3, z_4, z_6, z_7, z_8$.

Die Bestimmung des Rückkehrcodes in einem Programmodul muß nicht determiniert von den Eingabedaten abhängen, sondern kann auch stochastisch ermittelt werden. In diesem Fall würde eine stochastische Auswahl des Nachfolgemoduls vorgenommen, also eine stochastische Alternative simuliert. Allerdings wird die Auswahl nicht durch die Steuerung, sondern durch einen Problem- oder Dienstmodul realisiert.

Die durch ein ablauforientiertes Szenarium festgelegte Reihenfolge ist nicht immer zwingend. Aus der Betrachtung des Datenflusses in Abb. 4.4 läßt sich ableiten, daß zum Beispiel der Zustand z_3 vor den Zuständen z_1 und z_2 angeordnet sein könnte. Die durch die Zustände z_1 und z_3 festgelegten Moduln SORT könnten also parallel aktiviert werden. In Abb. 4.5 sind sämtliche möglichen Abarbeitungsreihenfolgen unseres Beispieles grafisch veranschaulicht. In den Kästchen sind die parallelen alternativen Zustände eingetragen. Für jeden dieser Zustände führt eine Kante vom Kästchen weg. Diese Kante gibt an, daß der dem Zustand zugeordnete Modul zur Aktivierung ausgewählt wurde. Die Kante führt zu einem Kästchen, das neue alternative Zustände enthält. Stets sind alle alternativen Zustände, von denen eine Kante weg-

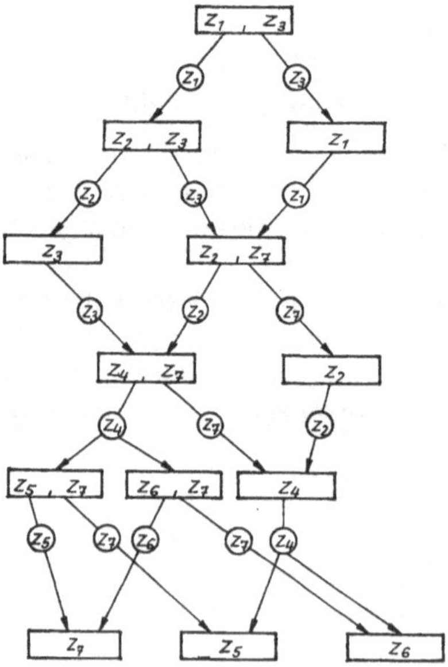

Abb. 4.5: Angabe aller möglichen Lösungstrassen

führt, außer dem Zustand der Kante selbst, in den alternativen Zuständen, auf die die Kante zeigt, enthalten.

Natürlich ist die Darstellung aller möglichen Lösungstrassen gemäß Abb. 4.5 nicht sehr übersichtlich. Eine bessere Form garantieren die sogenannten datenflußorientierten Szenarien (Abb. 4.6). Auch hier wird die Struktur durch einen gerichteten

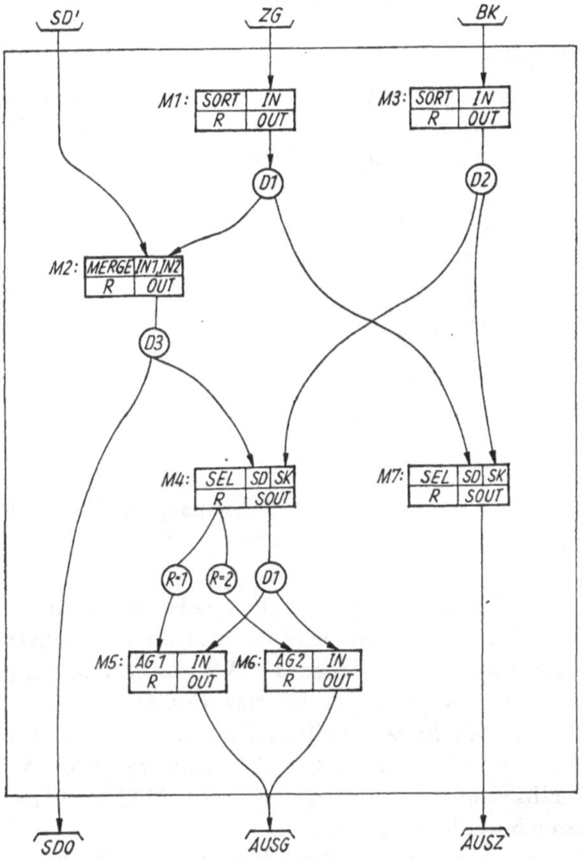

Abb. 4.6: Datenflußorientiertes Szenarium

Graphen repräsentiert, wobei gilt:

— Die Knoten des Graphen sind wieder Moduln für Lösungsschritte. Sie werden analog zu den ablauforientierten Szenarien als Kästchen gezeichnet. Allerdings sind die Ein- und Ausgabedaten nicht als Datenmoduln, sondern als „Datenbestand" aufzufassen. Jeder Programmodul-Aufruf erzeugt einen eigenen Datenbestand.
— Die Kanten des Graphen charakterisieren den Datenfluß zwischen den Programmmoduln. Eine Kante von einem Modul M1 zu einem Modul M2 besagt, daß der von M1 ausgegebene Datenbestand, von dem die Kante wegführt, Eingabebestand von M2 ist. Auf den Kanten wird durch Kreise ein Datenmodul angegeben, der zur Aufnahme des entsprechenden Datenbestandes dient. Wenn zeitlich möglich, kann ein Datenmodul verschiedene Datenbestände hintereinander aufnehmen. Für die

Ein- und Ausgabebestände des gesamten Szenariums braucht kein Datenmodul festgelegt zu werden, da diese als Parameter des Szenariums anzusehen sind.

Die Reihenfolge der abzuarbeitenden Moduln ist im datenflußorientierten Szenarium implizit festgelegt. Ein Modul kann zur Abarbeitung kommen, wenn alle seine Eingabedatenbestände erzeugt sind. Ziel der Abarbeitung des datenflußorientierten Szenariums ist es, ausgehend von den Anfangsdatenbeständen die Enddatenbestände zu erzeugen.

Eine Kante von M1 nach M2 im datenflußorientierten Szenarium bedeutet also, daß M2 erst nach Abarbeitung von M1 aktiviert werden kann. Die Kanten legen Vorgänger-Nachfolger-Relationen fest und darüber mögliche Abarbeitungsreihenfolgen. In Abb. 4.7 sind lediglich diese Relationen eingezeichnet.

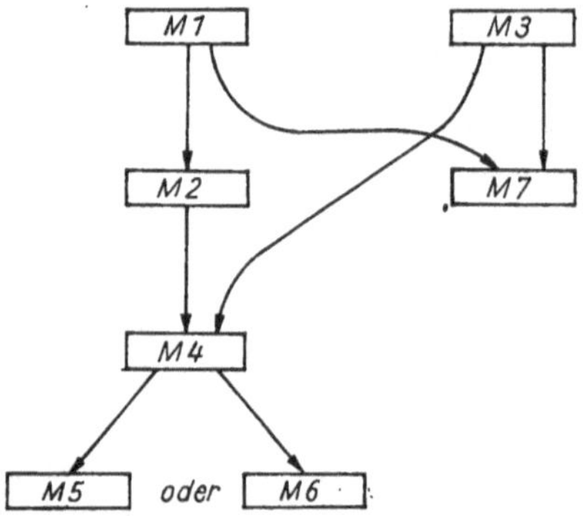

Abb. 4.7: Vorgänger-Nachfolger-Relationen für das Szenarium nach Abb. 4.6

Bei datenflußorientierten Szenarien treten einige Probleme bei determinierten Alternativen und bei Zyklen im Ablauf auf. Determinierte Alternativen kann man dadurch behandeln, daß man die Diagnosewerte, von denen die Auswahl abhängig ist, mit in den Datenfluß einbezieht. So zeigt es Abb. 4.6. Es ist klar, daß jeweils genau ein Diagnosewert bereitgestellt wird und deshalb nur ein Modul aus den alternativ möglichen aktiviert werden kann. Eine andere Möglichkeit besteht darin, an jeden Modul noch eine spezielle Aktivierungsbedingung zu knüpfen. In diese Aktivierungsbedingung können Rückkehrcodes anderer Moduln eingehen.

Bei Zyklen besteht die Schwierigkeit darin, daß ein Modul auf die Bereitstellung der von ihm selbst erzeugten Daten warten müßte. Deshalb wird die Zusammenführung von Datenflüssen im Sinne einer „Vereinigung" erlaubt (siehe Abb. 4.8). Da dies die

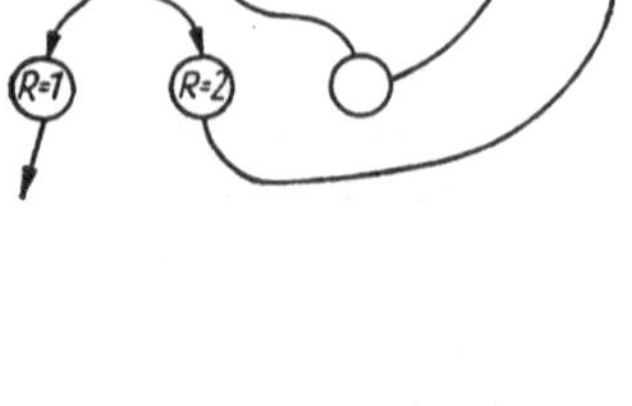

Abb. 4.8: Zyklen in datenflußorientiertem Szenarium

Beschreibung aber sehr unübersichtlich machen kann, werden datenflußorientierte Szenarien hauptsächlich für zyklenfreie Abläufe empfohlen.

Zur Beschreibung datenflußorientierter Szenarien wird in [BACH79a] eine Sprache vorgeschlagen, für die folgender Text das Szenarium nach Abb. 4.6 beschreibt:

```
DCL AGGREGIEREN : FROM SD, ZG, BK TO SDO, AUSG, AUSZ
    BEGIN
    M1: SORT FROM IN := ZG TO OUT = D1(...);
    M2: MERGE FROM IN1  := SD, IN2 := M1.OUT
              TO    OUT := SDO = D3(...);
    M3: SORT FROM IN  := BK TO OUT = D2(...);
    M4: SEL   FROM SD := M2.OUT, SK := M3.OUT
              TO    SOUT = D1;
    M5: IF M4.R = 1 THEN AG1 FROM IN := M4.SOUT
                             TO    OUT := AUSG;
    M6: IF M4.R = 2 THEN AG2 FROM IN := M4.SOUT
                             TO    OUT := AUSG;
    M7: SEL   FROM SD := M1.OUT, SK := M3.OUT
              TO    SOUT := AUSZ;
    END
```

Durch Vergleich mit der Abb. 4.6 wird die Bedeutung der einzelnen Sprachkonstruktionen deutlich. Die Angaben hinter **FROM** sind die Eingabedaten, hinter **TO** die Ausgabedaten. Die Schreibweise OUT = D1(...) bezeichnet die Zuordnung des Datenmoduls D1 zu OUT. In den Klammern hinter Di können Attribute zur rechentechnischen Beschreibung des Datenmoduls angegeben werden.

4.2.2. Interpretation der Szenarien

Steuerprogramme müssen auf der Grundlage der Szenarien die Lösungsprozesse organisieren. Dazu sind folgende Teilaufgaben zu bearbeiten:

- Bestimmung der Reihenfolge der abzuarbeitenden Lösungsschritte, das heißt des Programmoduls, der jeweils als nächster zu aktivieren ist;
- Sicherung der Arbeitsbereitschaft des entsprechenden Programmoduls; dazu gehört eventuell das Laden des Moduls in den Hauptspeicher, wenn er dort noch nicht zur Verfügung steht, und die Zuordnung der vom Modul benötigten Ressourcen (für diese Aufgaben werden normalerweise Servicemoduln genutzt);
- Aufruf der vom Modul bereitgestellten Funktion;
- Ausgabe der Diagnosedaten bei Beendigung der Arbeit des Moduls; für das Ablaufprotokoll werden die Diagnosewerte und mittels Dienstprogrammen Zwischenergebnisse gemerkt (bei einem Fehlverhalten ist ein eventueller Restart an den entsprechenden Punkten des Szenariums vorzunehmen).

Die Realisierung der Teilaufgaben ist stark vom vorhandenen Betriebssystem und den verwendeten Programmiersprachen abhängig. Viele Aspekte sind bereits in den vorhandenen Programmverbindern und -ladern verwirklicht. Auch für die Restart-Möglichkeiten liefern moderne Betriebssysteme weitgehende Unterstützung, auf die aufgebaut werden sollte.

Für uns ist die Reihenfolgebestimmung von besonderem Interesse, da hier mehr logische Prinzipien beleuchtet werden müssen. Die möglichen Reihenfolgen werden ja explizit oder implizit in den Szenarien beschrieben. Zur Nutzung der Szenarien ist eine interne Darstellung erforderlich. Bei ablauforientierten Szenarien wird die Reihenfolge explizit beschrieben. Hier ist die Führung zweier Listen zu empfehlen:

Die Zustandsliste gibt für jeden Zustand den zugehörigen Modulaufruf mit den zugeordneten Ressourcen an. Jeder Eintrag besteht also aus den Elementen

„Zustand“ und „Modulaufruf“.

Der Modulaufruf enthält im internen Szenarium vor allem rechentechnische Daten. wie Adresse des Moduls in der Programmbasis, Adressen der zugehörigen Ressourcen usw., also interne Codierungen, die die Arbeit des Steuerprogramms effektivieren und vom benutzten Rechner und Betriebssystem abhängen. So kann man zum Beispiel als Codierung des Zustandes die Adresse seines Eintrages in der Zustandsliste benutzen.

Die Zustandsüberführungsliste beschreibt dann die Struktur des Szenariums und damit die Zustandsüberführung. Für jeden Zustand hat ein Eintrag dieser Liste die Gestalt

„Zustand Bedingung1 Folgezustand1, Bedingung2 Folgezustand2, ...“

Die Bedingung bezieht sich immer auf den Rückkehrcode; wenn sie fehlt, wird immer der erste Folgezustand benutzt. Auch hier kann durch geeignete Codierung eine günstige rechentechnische Gestaltung erreicht werden. Wählt man als Code für den Zustand die Adresse seines Eintrages in der Zustandsliste, so kann man auf die Eintragung des Zustandes in der Zustandsüberführungsliste verzichten, wenn diese Adresse in der Zustandsliste mit vermerkt wird. In Abb. 4.9 ist das Schema dazu angegeben. Die Reihenfolgebestimmung ist anhand der beiden Listen einfach: wenn der zum Zustand z gehörende Modulaufruf die Arbeit beendet hat, so wird zum entsprechenden Eintrag in die Zustandsüberführungsliste gegangen und der Folgezustand z' ausgewählt, für den die zugehörige Bedingung erfüllt ist. z' ist die Adresse des nächsten Modulaufrufes in der Zustandsliste.

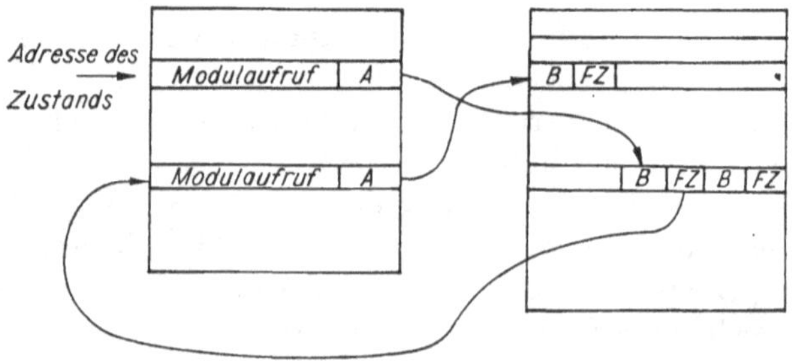

Abb. 4.9: Interne Form eines ablauforientierten Szenariums

Schwieriger ist die Reihenfolgebestimmung bei datenflußorientierten Szenarien, da die Reihenfolge hier nur implizit angegeben ist.

Wir wollen mit $V(\mathrm{M})$ die Vorgänger eines Modulaufrufs M bezeichnen. $V(\mathrm{M})$ ist durch das Szenarium explizit gegeben. In Abb. 4.7 sind die Vorgänger aufgezeichnet; es ist zum Beispiel $V(\mathrm{M4}) = \{\mathrm{M2}, \mathrm{M3}\}$. Mit $AB(\mathrm{M})$ bezeichnen wir die Aufrufbedingung für einen Modulaufruf, die ebenfalls aus dem Szenarium hervorgeht. Als Hilfsmengen für die Reihenfolgebestimmung werden eingeführt:

A — die zu einem gewissen Zeitpunkt aktiven Moduln,
F — die zu einem gewissen Zeitpunkt fertig abgearbeiteten Moduln,
B — die zu einem gewissen Zeitpunkt zur Aktivierung bereiten Moduln,
W — die zu einem gewissen Zeitpunkt noch auf Bereitschaft wartenden Moduln.

Als Strategie zur Reihenfolgebestimmung ergibt sich nun:
Immer, wenn ein Modul M seine Arbeit beendet hat, wird folgender Algorithmus abgearbeitet.

1. $A := A \setminus \{\mathrm{M}\}$ — der Modul M ist nicht mehr aktiv,
2. $F := F \cup \{\mathrm{M}\}$ — der Modul M gehört nunmehr zu den fertig abgearbeiteten Moduln,
3. $Z := \{\mathrm{M} \mid \mathrm{M} \in W \wedge V(\mathrm{M}) \subseteq F \wedge AB(\mathrm{M})\}$ — Z ist eine Menge von bereiten Moduln, die sich daraus ergibt, daß alle Elemente aus Z auf Bereitschaft warten, alle Vorgänger von Elementen aus Z fertig sind und die Aufrufbedingung der Elemente von Z erfüllt ist,
4. $B := B \cup Z$ — zu den bereits bereiten Moduln kommen die neuen bereiten hinzu,
5. $W := W \setminus Z$ — die Elemente aus Z warten nicht mehr auf Bereitschaft,
6. falls $B \neq \emptyset$, dann für ein „geeignetes“ $\mathrm{M} \in B$:
   $A := A \cup \{\mathrm{M}\}$,
   $B := B \setminus \{\mathrm{M}\}$,
   — es wird ein bereiter Modul aktiviert und aus den bereiten Moduln gestrichen, falls der Rechner Parallelarbeit erlaubt, können mehrere bereite Moduln gleichzeitig aktiviert werden.

Bei Beginn der Steuerung ist $A = B = F = \emptyset$, W ist die gesamte Modulmenge des Szenariums; es wird mit Schritt 3 begonnen. Das Ende ist erreicht, wenn $A = B = \emptyset$.

Dieses Steuerprinzip eignet sich nur für zyklenfreie datenflußorientierte Szenarien!

Wie kann die Steuerung durch eine geeignete interne Darstellung des Szenariums effektiv gestaltet werden?

Zunächst wird wieder für jeden Modulaufruf des Szenariums ein Eintrag in einer Modulaufrufliste geführt. Die Mengen A, F, B, Z, W werden als Bitvektoren realisiert. Zu jedem Modulaufruf gehört eine Komponente (ein Bit) des Vektors. Dieses Bit wird auf 1 gesetzt, wenn der Modulaufruf zur Menge gehört, sonst auf 0. Bezeichnen wir mit A_i den i-ten Modulaufruf, so gilt also

$$A_i = \begin{cases} 1 & \text{wenn der } i\text{-te Modulaufruf aktiv ist,} \\ 0 & \text{sonst.} \end{cases}$$

Analoges gilt für die anderen Mengen, wobei zu beachten ist, daß unter dem i-ten Modulaufruf nicht etwa der i-te aufgerufene Modul gemeint ist, sondern eine beliebige Numerierung der Modulrufe im Szenarium. Mengenoperationen können nun durch logische Bitoperationen ersetzt werden. Zum Beispiel ist die Vereinigung eine komponentenweise „oder"-Verknüpfung.

Die Vorgängerbeziehung $V(\mathrm{M})$ kann durch eine $n \times n$-Matrix dargestellt werden, wobei jedem Modulaufruf eine Zeile und eine Spalte zugeordnet ist. Wenn man nun definiert

$$V_{i,j} = \begin{cases} 0 & \text{wenn der } i\text{-te Modulaufruf Vorgänger des } j\text{-ten Modulaufrufs ist,} \\ 1 & \text{sonst,} \end{cases}$$

so kann man die Prüfung $V(\mathrm{M}) \subseteq F$ realisieren durch

$$\bigwedge_{i=1}^{n} V_{i,j} \vee F_i ,$$

wenn M der j-te Modulaufruf ist. Für unser Beispiel in Abb. 4.7 ergibt sich die Vorgängermatrix

$$V = \begin{pmatrix} 1 & 0 & 1 & 1 & 1 & 1 & 0 \\ 1 & 1 & 1 & 0 & 1 & 1 & 1 \\ 1 & 1 & 1 & 0 & 1 & 1 & 0 \\ 1 & 1 & 1 & 1 & 0 & 0 & 1 \\ 1 & 1 & 1 & 1 & 1 & 1 & 1 \\ 1 & 1 & 1 & 1 & 1 & 1 & 1 \\ 1 & 1 & 1 & 1 & 1 & 1 & 1 \end{pmatrix}.$$

Wir wollen nun die ersten drei Steuerschritte nachvollziehen.

— Schritt 1.

$A = B = F = \emptyset = (0\,0\,0\,0\,0\,0\,0)$, $W = \{\mathrm{M1, M2, M3, M4, M5, M6, M7}\} = (1\,1\,1\,1\,1\,1\,1)$.

$Z := \{\mathrm{M1, M3}\} = (1\,0\,1\,0\,0\,0\,0)$

$B := \{\mathrm{M1, M3}\} = (1\,0\,1\,0\,0\,0\,0)$

$W := \{\mathrm{M2, M4, M5, M6, M7}\} = (0\,1\,0\,1\,1\,1\,1)$

gleichzeitige Aktivierung von $\{\mathrm{M1, M3}\}$: $A := \{\mathrm{M1, M3}\} = (1\,0\,1\,0\,0\,0\,0)$

$B := \emptyset = (0\,0\,0\,0\,0\,0\,0)$

— Schritt 2:

M1 sei beendet

$A := \{\mathrm{M3}\} = (0\,0\,1\,0\,0\,0\,0)$

$F := \{\mathrm{M1}\} = (1\,0\,0\,0\,0\,0\,0)$

$Z := \{\mathrm{M2}\} = (0\,1\,0\,0\,0\,0\,0)$

$B := \{\mathrm{M2}\} = (0\,1\,0\,0\,0\,0\,0)$

$W := \{\mathrm{M4, M5, M6, M7}\} = (0\,0\,0\,1\,1\,1\,1)$

Aktivierung von M2: $A := \{\mathrm{M2, M3}\} = (0\,1\,1\,0\,0\,0\,0)$

$B := \emptyset = (0\,0\,0\,0\,0\,0\,0)$

— Schritt 3:

M3 sei beendet

$A := \{M2\} = (0\,1\,0\,0\,0\,0\,0)$

$F := \{M3, M1\} = (1\,0\,1\,0\,0\,0\,0)$

$Z := \{M7\} = (0\,0\,0\,0\,0\,0\,1)$

$B := \{M7\} = (0\,0\,0\,0\,0\,0\,1)$

$W := \{M4, M5, M6\} = (0\,0\,0\,1\,1\,1\,0)$

Aktivierung von M7: $A := \{M2, M7\} = (0\,1\,0\,0\,0\,0\,1)$

$B := 0 = (0\,0\,0\,0\,0\,0\,0)$.

4.2.3. Spezielle Steuerprogramme

Es ist nicht immer sinnvoll, zur Steuerung von Prozessen die in den vorangegangenen Abschnitten vorgestellten allgemeinen Szenarien und Steuerprogramme einzusetzen. Mitunter liegen stereotype Ablaufformen vor, die mit speziellen Szenarien und Steuerprogrammen viel knapper beschrieben werden können. Wir wollen hier auf zwei Formen eingehen, die wir als Auswahlsteuerung und Dialogsteuerung bezeichnen.

Bei der Auswahlsteuerung wird aus einer festen, gut überschaubaren Menge von Lösungstrassen eine ausgewählt.

Da ist natürlich nur dann möglich, wenn die Entscheidung bereits im Vorbereitungsprozeß gefällt werden kann. Die Entscheidungen werden auf der Grundlage von Bedingungen getroffen, die entweder erfüllt oder nicht erfüllt sein können. Mit $B_1, B_2, \ldots$ $\ldots, B_n$ wollen wir die Bedingungen bezeichnen. Zum Test der Bedingungen nutzt die Steuerung zweckmäßigerweise Dienstprogramme. Diese liefern einen Bedingungsvektor mit n Wahrheitswerten $b = (b_1, \ldots, b_n)$, wobei gilt:

$$b_i = \begin{cases} 1 & \text{wenn die Bedingung } B_i \text{ erfüllt ist,} \\ 0 & \text{sonst.} \end{cases}$$

Die Bedingungen können auch durch die Steuerung direkt getestet werden. Der Einsatz gesonderter Moduln ist aber deshalb von Vorteil, da dadurch Bedingungen leicht austauschbar sind. In welcher Weise nun Bedingungen zur Entscheidung herangezogen werden, bestimmt ein Regelvektor (kurz: Regel) $R = (r_1, r_2, \ldots, r_n)$. Jedes r_i kann drei Werte annehmen:

$$r_i = \begin{cases} 1 & \text{die zugehörige Bedingung muß erfüllt sein,} \\ 0 & \text{die zugehörige Bedingung darf nicht erfüllt sein,} \\ - & \text{die zugehörige Bedingung geht nicht in die Entscheidung ein,} \\ & \text{ist also irrelevant.} \end{cases}$$

Zu jeder Lösungstrasse gehört ein Regelvektor R. Wenn nun für einen Bedingungsvektor b gilt, daß für alle Komponenten i

$$b_i = r_i \quad \text{falls} \quad r_i \neq '-' ,$$

so ist die Regel R erfüllt, und die Lösungstrasse kann gewählt werden. Die zu den Lösungstrassen gehörenden Regeln werden aufeinanderfolgend angeordnet, man erhält m Regeln $R^1, R^2, \ldots, R^m$, es sei L^j die zur Regel R^j gehörende Lösungstrasse.

Es wird stets die Lösungstrasse gewählt, für die die erste Regel erfüllt ist, genauer: L^k wird ausgeführt, wenn R^k erfüllt und alle Regeln R^j mit $j < k$ nicht erfüllt sind. Damit auch für den Fall, daß keine Regel erfüllt ist, eine sinnvolle Aktion ausgeführt werden kann, wird meist eine Lösungstrasse angegeben, die dann auszuführen ist.

Die hier vorgestellte Auswahlsteuerung ist unter der Bezeichnung Entscheidungstabellentechnik in der Literatur bekannt. Im Programmsystem INTKOS [SCHM79] wurde sie erfolgreich eingesetzt. Das Prinzip dieser Steuerung zeigt Abb. 4.10.

Bedingungsteil	Bedingung	Regelteil R^1	R^2	. . .	R^m
B_1 ⟸	b_1	r_1^1	r_1^2	. . .	r_1^m
B_2 ⟸	b_2	r_2^1	r_2^2	. . .	r_2^m
⋮	⋮	⋮	⋮		⋮
B_n ⟸	b_n	r_n^1	r_n^2	. . .	r_n^m
	Aktionsteil	L^1	L^2	. . .	L^m

Abb. 4.10: Prinzip der Auswahlsteuerung

Das Prinzip der Auswahlsteuerung eignet sich besonders bei der interpretativen bzw. gemischten Arbeitsweise (s. Abschn. 4.1.), wenn hierbei die Szenarien keinerlei Alternativen enthalten und somit auf Lösungstrassen zusammenschmelzen. Das hängt natürlich von der Struktur des Lösungsprozesses ab.

Die Dialogsteuerung regelt die interaktive Zusammenarbeit zwischen Mensch und Maschine:

In jedem Dialogzustand wird vom Menschen eine Präzisierung der Aufgabenstellung vorgenommen, stets werden Vorbereitungs-, Durchführungs- und Nachbereitungsphase durchlaufen (s. Abschn. 1.2.5. und Abschn. 2.2.).

Gemäß Abb. 1.9 hat die Dialogsteuerung in jedem Steuerzyklus vier Schritte auszuführen:

1. Ausgabe einer Mitteilung,
2. Akzeptieren und Analysieren der Nutzereingabe,
3. Lösen der präzisierten Aufgabenstellung,
4. Übergang in einen neuen Dialogzustand.

Für den 1. und 2. Schritt nutzt die Dialogsteuerung als Dienstprogramme ein Mitteilungsprogramm und ein Übersetzungsprogramm; der 3. Schritt entspricht der Durchführungsphase und wird von einem entsprechenden Steuerprogramm organisiert. Lediglich der letzte Schritt ist spezifisch für die Dialogsteuerung. Zur Beschreibung der Überführung werden Zustandsüberführungslisten analog zum ablauforientierten Szenarium benutzt. Die Bedingung wird dabei im 2. und 3. Schritt gesetzt.

Zur Beschreibung der Arbeit der Dialogsteuerung kann man spezielle zustandsorientierte Szenarien benutzen.

Für jeden Zustand wird angegeben

- welche Mitteilung auszugeben ist (z_1),
- welche Aufgabenformulierungssprache zum Zustand gehört (z_2), (Eine Nutzereingabe muß Text dieser Sprache sein. Statt einer Sprache können auch Teilsprachen als Menü angegeben werden.),
- ob eine Durchführungsphase notwendig ist (z_3),
- welche Übergänge zu Folgezuständen existieren (z_4).

Anhand einer solchen Zustandsbeschreibung ist die Arbeit der Dialogsteuerung fixiert. Dabei kann die Ausgabe einer Mitteilung, die Nutzereingabe und die Durchführung auch unterdrückt werden. Das hängt von der gewünschten Dialogführung ab. In Abb. 4.11 ist die Struktur der Dialogsteuerung skizziert.

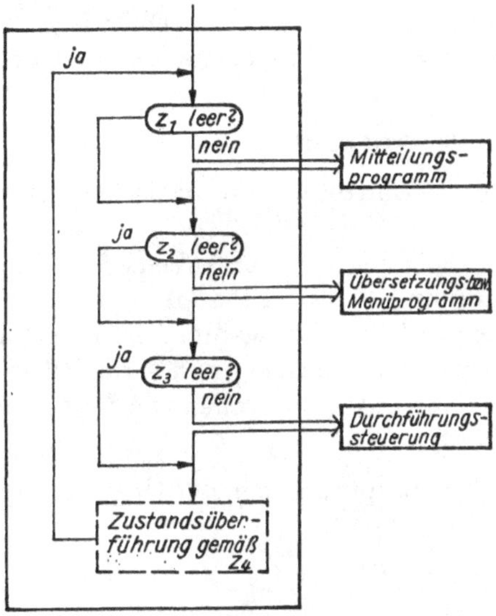

Abb. 4.11: Prinzip der Dialogsteuerung

4.3. Funktion von Übersetzerprogrammen

4.3.1. Hauptaufgaben der Übersetzung

Übersetzerprogramme erzeugen aus Quelltexten die Zieltexte. In unserem Fall ist der Quelltext der Text von Aufgabenformulierungssprachen, und der Zieltext ist Text von Szenarienformulierungssprachen. Den Prozeß der Übersetzung kann man zunächst in zwei Teilprozesse zerlegen:

- Analyse des Quelltextes, d. h. Überprüfung, ob der Quelltext ein zulässiger Text der Aufgabenformulierungssprache ist, ob er eine zulässige Aufgabe beschreibt,
- Synthese des Zieltextes, d. h. Aufbau eines Szenariums, das den Lösungsprozeß der durch den Quelltext festgelegten Aufgabe beschreibt.

Diese Unterteilung wird aus theoretischen und pragmatischen Gründen, auf die hier nur grob eingegangen wird, weiter verfeinert.

Die Analyse des Quelltextes besteht aus lexikalischer, syntaktischer und Kontextanalyse:

- Die lexikalische Analyse dient der Erkennung der lexikalischen Einheiten, der Morpheme. Morpheme sind Zusammenfassungen von Zeichen zu kleinsten bedeutungstragenden Einheiten, wie Bezeichnungen, Zahlen, Trennzeichen usw. Die lexikalische Analyse ersetzt die Morpheme durch einen Code und komprimiert somit den Quelltext.
- Die syntaktische Analyse betrifft die Strukturuntersuchung des durch die lexikalische Analyse komprimierten Quelltextes. Als Ergebnis wird ein sogenannter Strukturbaum oder auch Syntaxbaum erzeugt, der eine hierarchische Zusammenfassung der Morpheme zu syntaktischen Einheiten beschreibt.
- Bei der Kontextanalyse wird die Gültigkeit von Beziehungen zwischen verschiedenen syntaktischen Einheiten sowie zwischen Textelementen und der Szenenbasis überprüft.

Die Synthese des Zieltextes kann aufgeteilt werden in:

- Erzeugung eines Szenariums aus der ermittelten syntaktischen Struktur des Quelltextes und der Szenenbasis,
- Optimierung des Szenariums hinsichtlich des Ressourcenbedarfs, Einfügen von Maßnahmen zur Ablaufprotokollierung und Havariebehandlung in das Szenarium (Dieser Teil ist nicht direkt spezifisch für Übersetzungsprozesse. Er erfordert eine erneute, mitunter umfangreiche Analyse der Szenarien und setzt daher den vollständigen Aufbau des Szenariums voraus. Im folgenden wird auf diesen Teil nicht weiter eingegangen.).

In Abb. 4.12 wird eine Übersicht über die Hauptaufgaben der Übersetzung gegeben.

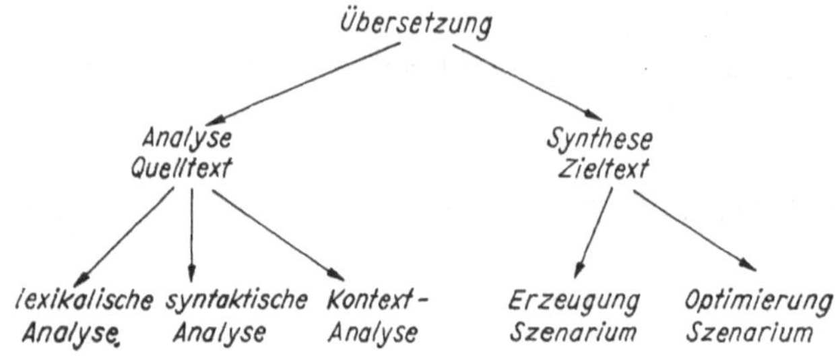

Abb. 4.12: Hauptaufgaben der Übersetzung

Der bei der Übersetzung entstehende Aufwand hängt natürlich wesentlich vom Aufbau der Quellsprache ab. Man sollte die Aufgabenformulierungssprachen so gestalten, daß eine einfache Übersetzung möglich wird. Dabei ergeben sich folgende Anforderungen:

- Durch Standardisierung der lexikalischen Struktur der Sprachen sollte eine einheitliche lexikalische Analyse ermöglicht werden.

- Die syntaktische Struktur der Sprache soll ein determiniertes Analysieren (ohne Sackgassen, s. Abschn. 4.3.2.) ermöglichen.
- Durch eine sinnvolle Redundanz (eindeutige Verwendung von Schlüsselwörtern und Trennzeichen und eindeutiger Abschluß syntaktischer Einheiten) soll eine umfassende Fehlererkennung und -behandlung ermöglicht werden.
- Eine möglichst einfache Zuordnung von Sprachsymbolen auf Szenen soll eine unkomplizierte Transformation des Aufgabentextes in Szenarien gewährleisten.

Auch aus der Sicht der Nutzung ergeben sich Anforderungen, wie:

- einfache Erlernbarkeit auch ohne spezielle Programmierkenntnisse,
- einfache und sinnfällige Syntax und Semantik,
- Anpassung der Sprachsymbole an die jeweilige Aufgabenklasse unter Beachtung der Fachtermini, Zulassen von Synonymen,
- modularer Aufbau und einfache Erweiterbarkeit der Sprache.

Zwei Beispiele sollen den einfachen Aufbau von Aufgabenformulierungssprachen demonstrieren.

1. Aufgabenstellung für das Programmsystem „Mathematische Statistik" [SCHM74]:

```
ANFANG VERTEI: NORMAL(M/S),BINOMI(N/P),POISON(L);
       REGIME: EXTERN;
       SIGNIV: (90/95/99);
       EMPPAR: MITTEL,STANAB,SCHGAR,EXZESZ,
               MOMENZ(1/2/3/4/5/6);
       TEOPAR: QUANTI(0.01/0.05/0.16/0.25/0.5/0.75/0.99);
       HYPTES: CMIANP;
       Datenkarten 1. Stichprobe
       REPEAT;
       Datenkarten 2. Stichprobe
ENDE
```

2. Aufgabenstellung für das Programmsystem RENDIS („Rechnergestützter Entwurf digitaler industrieller Steuerungen") [FREN77]:

```
R/START
R/DESCRIPTION=BLACK-BOX
D/INPUT:PROBLEM
I/PROBLEMART=KOMBINATORISCH
I/PROBLEMFORM=NORMALFORM
I/PROBLEMDARSTELLUNG=NAND
D/OUTPUT:PROTOKOLL DER PROBLEMDIAGNOSE
D/OUTPUT:PROBLEMDRUCK
D/OUTPUT:PROTOKOLL DER WIDERSPRUCHSPRUEFUNG
D/OUTPUT:MEHRFACHPRIMKONJUNKTIONEN
O/PRIMKONJUNKTIONENTYP=MEHRFACH-1
D/INPUT:BAUSTEINDATEN
D/OUTPUT:BAUSTEINDATEN-DRUCK
D/OUTPUT:LOESUNGEN
```

O/ERGEBNISSE AUSWAHLSCHRITT–1–BAUSTEIN
O/ERGEBNISSE AUSWAHLSCHRITT–2–BAUSTEIN
R/STOP

Eine detailliertere Untersuchung zu Anforderungen an Sprachen findet man in [BACH76b], [HERR80].

4.3.2. Lexikalische und syntaktische Analyse

Die lexikalische Analyse dient der Morphemerkennung. Im allgemeinen werden folgende Morphemarten unterschieden:

- Bezeichnungen,
- Schlüsselwörter,
- Zahlen,
- Zeichenketten,
- Sonderzeichen und Sonderzeichenkombinationen,
- Kommentare.

Bis auf die Kommentare wird jedem Morphem ein Code zugeordnet, auf den sich dann die syntaktische Analyse bezieht. Kommentare werden unterdrückt, ebenso die Leerzeichen, die bis auf das Auftreten in Zeichenketten nur typografische Bedeutung haben. Alle Bezeichnungen erhalten den gleichen Code. Auch allen Zahlen und Zeichenketten ist ein einheitlicher Code zugeordnet. Da natürlich die konkrete Bezeichnung (Zahl bzw. Zeichenkette) für den weiteren Übersetzungsprozeß relevant ist, wird auch der Text jedes Morphems nach außen zur Verfügung gestellt. Für die lexikalische Analyse ist die Reihenfolge der Morpheme im Quelltext nicht wichtig. Jeder Analyseschritt dient der Erkennung des nächsten anliegenden Morphems. Wir wollen den Modul, der jeweils ein Morphem erkennt, mit NM (für „nächstes Morphem") bezeichnen. NM benutzt einen Modul NZ, der jeweils das nächste Zeichen im Quelltext bereitstellt. Das Arbeitsprinzip entspricht dem endlichen Automaten (s. Kap. 6). In Abhängigkeit vom zuletzt eingelesenen Zeichen geht der Analyseautomat in einen Zustand aus endlich vielen Zuständen über. Der erreichte Endzustand charakterisiert eindeutig das analysierte Morphem.

Zur Beschreibung der Arbeit der lexikalischen Analyse eignen sich vorzüglich spezielle ablauforientierte Szenarien. Wir wollen dies an einem Beispiel demonstrieren. Dem an weitergehenden Informationen interessierten Leser sei die Spezialliteratur (z. B. [BACH75]) empfohlen.

Das Szenarium benutzt zwei Arten von Moduln. Die als Kartuschen zu zeichnenden Moduln testen das zuletzt mittels NZ eingelesene Zeichen, indem sie es mit dem eingetragenen Zeichen vergleichen. Bei Übereinstimmung wird die nach rechts wegführende Kante benutzt, bei Nichtübereinstimmung die nach unten wegführende Kante. Statt auf ein Zeichen kann auch Übereinstimmung auf eine Zeichenmenge getestet werden. So bedeutet das in Abb. 4.13a angegebene Symbol: Wenn das zuletzt eingelesene Zeichen ein Buchstabe BU ist, gehe nach rechts, sonst nach unten! Mit ZI wollen wir alle Ziffern bezeichnen. Auch ein Vergleich des gesamten Morphemtextes auf eine ganze Zeichenkette ist möglich. In Abb. 4.13b wird getestet, ob das zuletzt analysierte Morphem die Bezeichnung START ist.

Abb. 4.13: Testmoduln der lexikalischen Analyse

Die als Kästchen zu zeichnenden Moduln haben höchstens einen Ausgang. Folgende Moduln werden benötigt:

- NZ: liest das nächste Zeichen des Quelltextes ein,
- RETURN(n): ist ein Endknoten des Szenariums; es wird in den Modul zurückgesprungen, der NM aufgerufen hat (n ist der Code des analysierten Morphems),
- ERROR: es wird ein Fehler in der Morphemstruktur festgestellt.

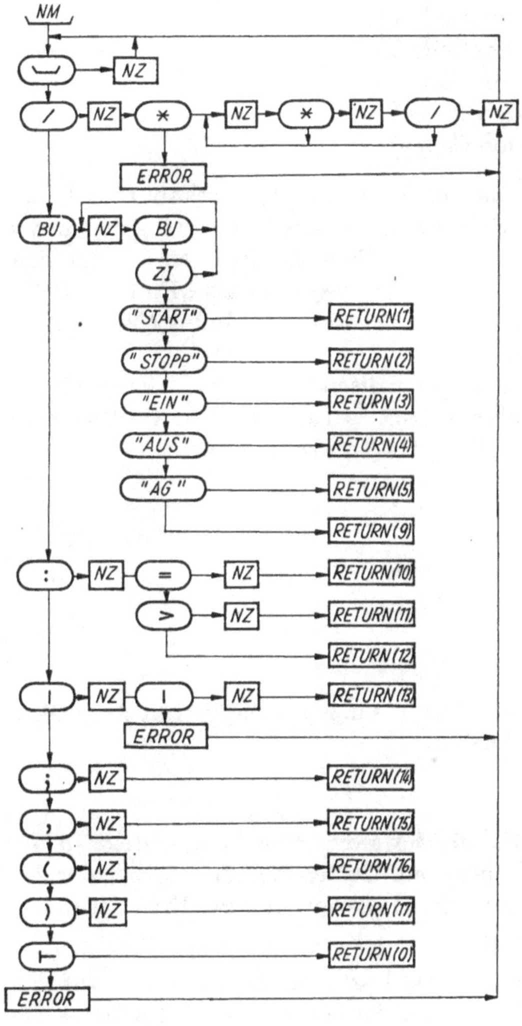

Abb. 4.14: Szenarium für die lexikalische Analyse (NM)

Abb. 4.14 zeigt das Szenarium für eine spezielle lexikalische Analyse. Folgende Morpheme werden erkannt:

- Am Anfang werden Leerzeichen (␣) überlesen,
- Kommentare haben die Form
  / * < beliebige Zeichenfolge > * /
  und werden überlesen,
- Bezeichner bestehen aus Buchstaben, gefolgt von einer beliebigen Anzahl von Buchstaben oder Ziffern, sie erhalten den Code 9, wenn sie nicht eines der Schlüsselwörter START, STOPP, EIN, AUS oder AG sind,
- die Sonderzeichenkombination := erhält den Code 10,
- die Sonderzeichenkombination :> erhält den Code 11,
- das Sonderzeichen : erhält den Code 12,
- die Sonderzeichenkombination || erhält den Code 13,
- das Sonderzeichen ; erhält den Code 14,
- das Sonderzeichen , erhält den Code 15,
- das Sonderzeichen (erhält den Code 16,
- das Sonderzeichen) erhält den Code 17,
- das Sonderzeichen ⊢ erhält den Code 0.

Mittels NM wird jeweils nur das nächste Morphem erkannt und dann zurückgesprungen. Beim Rücksprung wird jeweils bereits das erste Zeichen des nächsten Morphems bereitgestellt. Eine Ausnahme bildet das Zeichen ⊢, das das Textende kennzeichnet. Das Textende wird vom Betriebssystem als „End of File"-Bedingung gemeldet. Beim Vorliegen dieser Bedingung kann der Modul NZ das Zeichen ⊢ als explizite Endemarkierung ausgeben.

Will man nun den gesamten Text lexikalisch analysieren, kann man ein zu NM übergeordnetes Szenarium formulieren (Abb. 4.15). Der Test C=0 testet ab, ob der Code des letzten Morphems die Null — das Textende — ist.

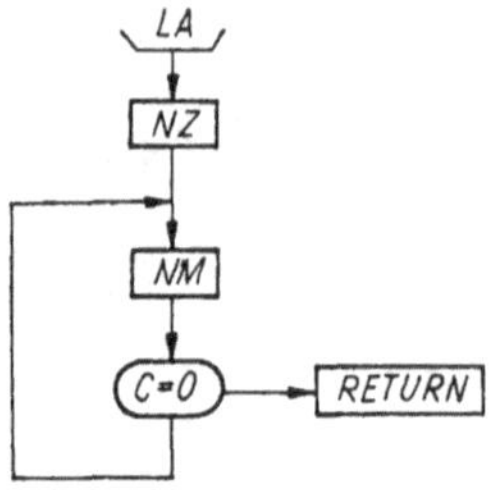

Abb. 4.15: Rahmenszenarium für die lexikalische Analyse

Die syntaktische Analyse prüft, ob die Morpheme im Quelltext in der richtigen Reihenfolge bzw. Kombination auftreten. Dabei können die bei der lexikalischen Analyse verwendeten Szenarien mit vier Änderungen bzw. Erweiterungen eingesetzt werden:

- Die Tests beziehen sich nicht auf das letzte Zeichen, sondern auf den Code des letzten Morphems. Der Anschaulichkeit halber wird statt des Codes das Morphem selbst eingetragen; BEZ steht für den Code 9, also für Bezeichner.

— RETURN(n) setzt nicht den Code für ein Morphem. Die Angabe *n* ist nur zur Unterscheidung unterschiedlicher Rücksprungstellen vorgesehen, ihre Verwendung wird später erläutert.
— Außer NM dürfen beliebige andere Moduln gerufen werden, wenn sie als Szenarium vorliegen. Insbesondere kann ein Szenarium sich selbst (direkt oder indirekt) aufrufen.
— ERROR verursacht den sofortigen Abbruch der gesamten Analyse.

In den Abbildungen 4.16 a bis k sind Szenarien zur syntaktischen Analyse einer speziellen Sprache auf der Grundlage der lexikalischen Analyse von Abb. 4.14 ange-

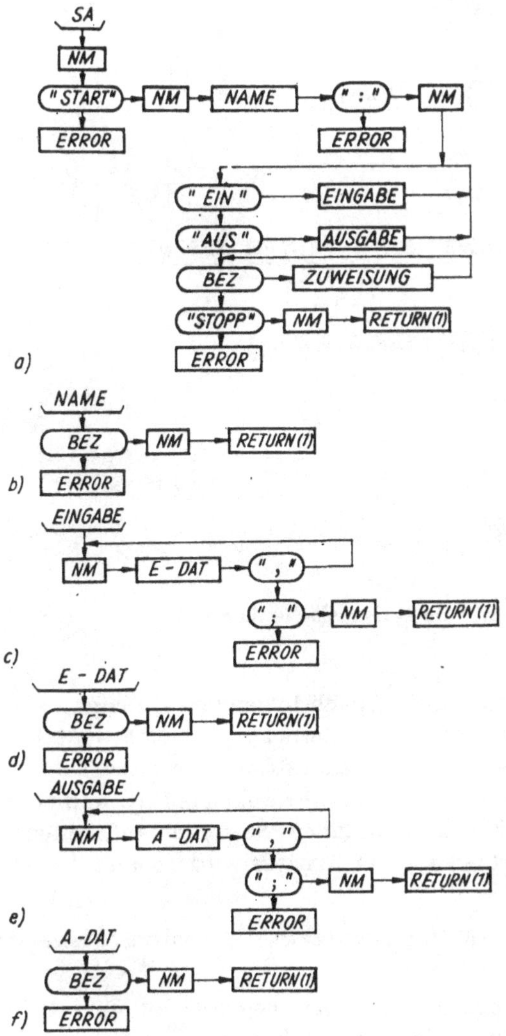

Abb. 4.16 a—f: Szenarien für die syntaktische Analyse

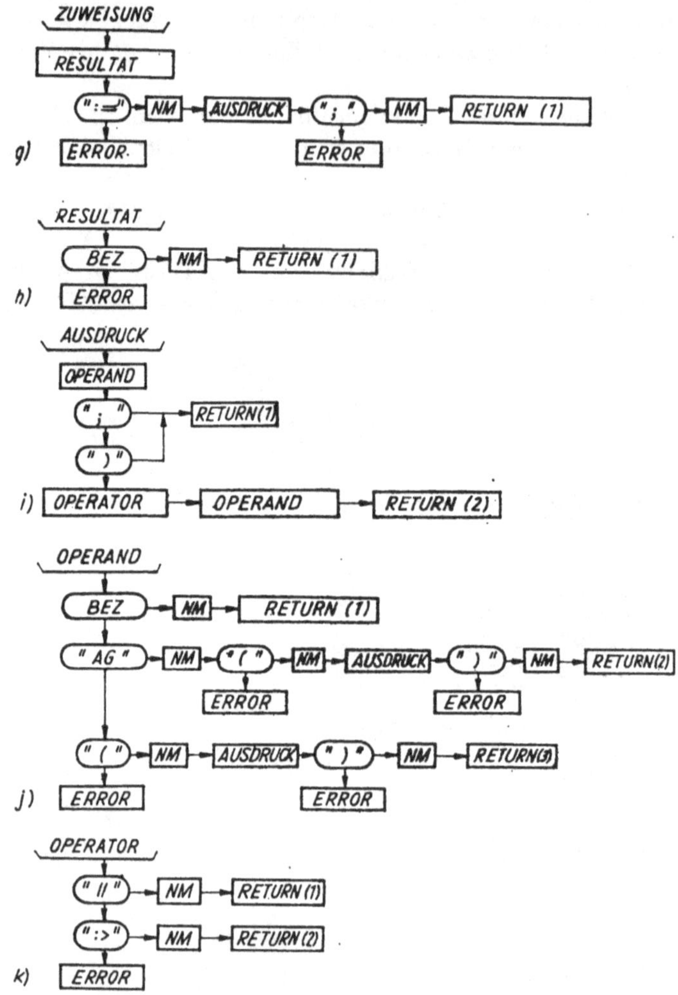

Abb. 4.16 g—k: Szenarien für die **syntaktische Analyse**

geben. Die hier vorgestellte Analyse arbeitet nach folgendem Prinzip:

— Jedes Teilszenarium analysiert gewisse Textstücke, die auch syntaktische Einheiten genannt werden und die wir analog zum Szenarium bezeichnen.
— In einem Szenarium werden gewisse Morpheme direkt geprüft, und/oder zur Prüfung von syntaktischen Einheiten werden andere Szenarien aufgerufen.
— Die Entscheidung über die Fortsetzung der Analyse wird anhand des letzten Morphems gefällt.

Das „Hauptszenarium" ist mit SA (für „syntaktische Analyse") bezeichnet. Man erkennt:

— Eine Aufgabenstellung (ein Text der Sprache) beginnt mit dem Schlüsselwort START, gefolgt von einem Namen, einem Doppelpunkt, einer Folge von Eingaben und Ausgaben, denen jeweils die Schlüsselwörter EIN bzw. AUS vorangehen,

gefolgt von Zuweisungen, und die Aufgabenstellung endet mit dem Schlüsselwort STOPP.
- Ein Name besteht aus einer Bezeichnung.
- Die Eingabe besteht aus einer Folge von E-DAT (Eingabe-Dateien), getrennt durch Kommata und abgeschlossen durch ein Semikolon.
- Eine E-DAT ist eine Bezeichnung.
- Die Ausgabe hat die zur Eingabe analoge Struktur.
- Eine Zuweisung besteht aus einem Resultat, gefolgt von „:=“, gefolgt von einem Ausdruck, abgeschlossen von einem Semikolon.
- Ein Resultat besteht aus einer Bezeichnung.
- Ein Ausdruck besteht entweder nur aus einem Operanden oder aus Operand, Operator, Operand.
- Ein Operand ist entweder nur eine Bezeichnung oder ein geklammerter Ausdruck, dem das Schlüsselwort AG voransteht, oder ein geklammerter Ausdruck.
- Ein Operator ist entweder die Kombination „||“ oder „:>“.

Ein Beispiel für einen Satz dieser Sprache ist:

```
START  AGGREGIEREN:
       EIN SD,ZG,BK;
       AUS SDO,AUSG,AUSZ;
       AUSG := AG(BK :> (SD || ZG));
       SDO  := SD || ZG;
       AUSZ := BK :> ZG;
STOPP
```

Das beschriebene Analyseprinzip ist unter der Bezeichnung LF(1) oder Verfahren des rekursiven Abstieges in der Literatur bekannt. Es ist nicht allgemeingültig, d. h., es gibt eine Reihe von Sprachen, die sich nicht nach diesem Prinzip analysieren lassen. Der Hauptgrund ist, daß nicht immer anhand des letzten Morphems entschieden werden kann, welche syntaktische Einheit, also welches Szenarium, aufgerufen werden muß. In solchen Fällen wird der Aufruf eines Szenariums versucht und falls der Versuch mißlingt (man sagt, daß die Analyse in eine Sackgasse gelaufen ist), wird ein anderes Szenarium probiert, bis sich der Erfolg einstellt oder ein Fehler festgestellt werden kann. Durch eine geschickte Gestaltung der Sprache kann man jedoch meistens eine sackgassenfreie Analyse ermöglichen.

Wegen der Möglichkeit des rekursiven Aufrufs ist die Interpretation der Szenarien etwas komplizierter als bei einfachen ablauforientierten Szenarien. Bei jedem Ruf eines Szenariums muß man sich die Position im rufenden Szenarium in einem Kellerspeicher merken. Beim Rücksprung gibt die Kellerspitze die Rücksprungposition an, die dann wieder aus dem Keller gestrichen wird.

Wie kann nun mittels der syntaktischen Analyse ein Syntaxbaum aufgebaut werden?

Der Syntaxbaum beschreibt die syntaktische Struktur des Quelltextes. An den Blättern des Syntaxbaumes sind die Morpheme des Quelltextes angelagert, die Knoten beschreiben syntaktische Einheiten. Jede syntaktische Einheit besteht aus Komponenten, entweder Morphemen oder anderen syntaktischen Einheiten. In Abb. 4.17 haben wir für die zweite Zuweisung im obigen Beispiel den Syntaxbaum angegeben.

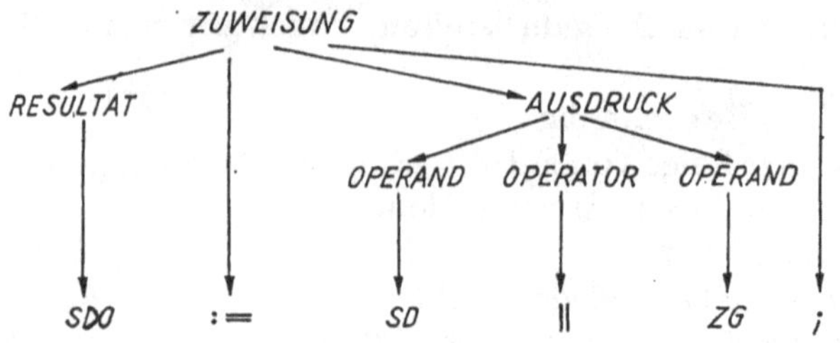

Abb. 4.17: Beispiel eines Syntaxbaumes

Für den Rechner ist die zweidimensionale Darstellung des Syntaxbaumes ungeeignet. Durch vollständige Klammerung der syntaktischen Einheiten kann der Syntaxbaum auch eindimensional dargestellt werden. Wir verwenden [und] als „Syntaxklammern". Nach der schließenden Syntaxklammer wird unmittelbar die Bezeichnung der syntaktischen Einheit angefügt. In vollständiger Klammerung ergibt sich für den Syntaxbaum von Abb. 4.17 der Text:
[[SDO]RESULTAT := [[SD]OPERAND[||]OPERATOR
[ZG]OPERAND]AUSDRUCK ;] ZUWEISUNG .

Dieser Text kann während der Analyse erzeugt werden, indem

- beim Aufruf von NM das zuletzt analysierte Morphem (nicht das beim Aufruf analysierte) ausgegeben wird,
- beim Eintritt in ein Szenarium die öffnende Syntaxklammer [ausgegeben wird,
- beim Austritt aus einem Szenarium (über RETURN) die schließende Syntaxklammer] und die Bezeichnung des Szenariums, aus dem ausgetreten wird, ausgegeben wird.

Entspricht nun der zu analysierende Quelltext nicht den Bedingungen der Sprache, so wird während der Analyse die Fehlerbehandlung aufgerufen. Es werden Fehlerort und Fehlerart ausgegeben. Dazu muß dem Fehlermodul eine entsprechende Mitteilung gegeben werden. Wir haben hier vereinfachend angenommen, daß nach einem Fehler die gesamte Analyse abgebrochen wird. Normalerweise wird man versuchen, die Syntaxanalyse an „geeigneten" Trennzeichen wieder zu stabilisieren. Ein solches Trennzeichen wäre in unserem Beispiel das Semikolon. Das Szenarium „Eingabe" ließe sich dann verbessern, indem nach der Fehlerbehandlung das nächste Semikolon gesucht und dann zurückgesprungen wird (Abb. 4.18).

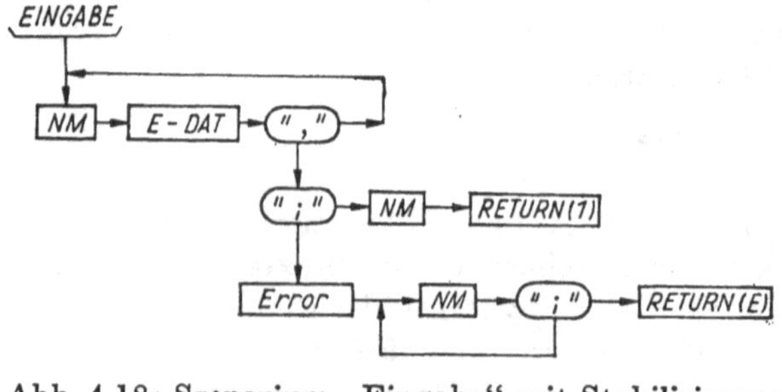

Abb. 4.18: Szenarium „Eingabe" mit Stabilisierung nach der Fehlerbehandlung

4.3.3. Kontextprüfung und Erzeugung von Szenarien

Die Feststellung der Fehlerfreiheit eines Quelltextes durch die syntaktische Analyse muß nicht bedeuten, daß der Quelltext eine korrekte Aufgabenstellung für unser Programmsystem darstellt. Dazu berücksichtigt die syntaktische Analyse nicht oder ungenügend den Kontext der syntaktischen Einheiten. Zwei Arten von Kontextbedingungen müssen zusätzlich berücksichtigt werden:

— Beziehungen zwischen den syntaktischen Einheiten im Quelltext. Solche Beziehungen könnten für unsere Beispielsprache sein:

  - Jede Bezeichnung, die in einer Zuweisung benutzt wird, muß mindestens in einer Eingabe oder Ausgabe auftreten.
  - Keine Bezeichnung darf zugleich in einer Eingabe und in einer Ausgabe auftreten.
  - Eine Bezeichnung, die ein Resultat ist, darf nicht E-DAT sein.

— Beziehungen zwischen den syntaktischen Einheiten im Quelltext und der Szenenbasis:
Die Korrektheit bzw. Zulässigkeit der Aufgabenstellung hängt ja wesentlich davon ab, welche Lösungsschritte und welche Lösungselemente zur Verfügung stehen. Bezüglich unseres Beispieles wäre etwa zu fordern, daß alle Eingabedaten Elemente der Datenbasis sind.

Für die Behandlung von Kontextbedingungen wird eine Menge von „Kontextmoduln" benötigt. Diese Moduln bauen Kontextinformationen auf und prüfen diese. Jeder syntaktischen Einheit kann ein Kontextmodul zugeordnet werden. Wurde bei der Analyse des Quelltextes eine syntaktische Einheit erkannt, so wird der zugeordnete Kontextmodul aufgerufen. Eine syntaktische Einheit ist erkannt, wenn die syntaktische Analyse bis zum Ende des entsprechenden Szenariums ausgeführt worden ist. Bei jedem RETURN kann also ein Kontextmodul gerufen werden. Die Analyse darf fortgesetzt werden, wenn die Prüfung erfolgreich verläuft.

Die Kontextprüfung kann auch erst nach der vollständigen syntaktischen Analyse des gesamten Quelltextes erfolgen. Dann wird der aufgebaute Syntaxbaum nochmals durchmustert. Bei jeder schließenden syntaktischen Klammer wird der Kontextmodul aufgerufen, der der entsprechenden syntaktischen Einheit zugeordnet ist. Der Nachteil bei diesem „Zweischrittverfahren" besteht darin, daß auch dann ein Syntaxbaum aufgebaut wird, wenn bereits am Anfang Verletzungen von Kontextbedingungen vorliegen.

Eingabedaten für Kontextmoduln sind die Komponenten der entsprechenden syntaktischen Einheit und bereits vorher aufgebaute Kontextinformationen.

Für unsere Sprache aus Abschnitt 4.3.2. und mit den oben aufgelisteten Kontextbeziehungen könnte man folgende Kontextmoduln zu syntaktischen Einheiten zuordnen:

— E-DAT: Eintragen der Bezeichnung in eine Eingabe-Liste; Prüfen, daß die Bezeichnung nicht in der Ausgabe-Liste enthalten ist; Prüfen, ob die Bezeichnung in der Beschreibung der Datenbasis auftritt.

- A-DAT: Eintragen der Bezeichnung in eine Ausgabe-Liste; Prüfen, daß die Bezeichnung nicht in der Eingabe-Liste enthalten ist.
- RESULTAT: Prüfen, daß die Bezeichnung nicht in der Eingabe-Liste enthalten ist.
- OPERAND, RETURN(1): Prüfen, ob die Bezeichnung in der Eingabe- oder Ausgabe-Liste enthalten ist.

Hier wurde zugleich die Bedeutung der unterschiedlichen Rücksprungstellen klar. Die angeführte Prüfung bei OPERAND ist natürlich nur dann sinnvoll, wenn der Operand nur aus einer Bezeichnung besteht.

Die Erzeugung des Szenariums für die Durchführungsphase geht nach dem gleichen Prinzip vor sich wie die Kontextbehandlung: zu jeder syntaktischen Einheit können „Erzeugungsmoduln“ zugeordnet werden, die einen Beitrag zur Erzeugung von Zieltext, d. h. Szenarien, leisten. Da diese Erzeugungsmoduln oft auch auf Kontextinformationen bezug nehmen, werden Kontextmoduln und Erzeugungsmoduln häufig zusammengefaßt.

Auch hier soll das Prinzip an unserem Beispiel ausschnittsweise demonstriert werden. Wir nehmen an, daß

- der Operator || die Zusammenfassung zweier sortierter Dateien in eine sortierte Datei bewirkt,
- der Operator :> die sortierte Datei des zweiten Operanden nach sortierten Kriterien (erster Operand) selektiert,
- AG( ) eine Aggregation des eingeklammerten Operanden in zwei Varianten durchführt. Die Wahl der Variante hängt von der Eigenschaft des Operanden ab.

Zur syntaktischen Einheit Operand könnte man folgende Erzeugungsmoduln zuordnen:

OPERAND, RETURN(1) Es wird geprüft, ob der Operand bereits sortiert ist. Wenn nicht, so wird aus der Szenenbasis eine geeignete Szene zum Sortieren gesucht und ein entsprechender Modulaufruf ins Szenarium eingefügt.

OPERAND, RETURN(2) Diese syntaktische Einheit stellt die Anwendung einer Operation (Aggregieren) auf einen Operanden dar. Die Modulrufe AG1 und AG2 werden ins Szenarium eingefügt. Wenn der Operand durch eine Selektion entstanden ist, so kann der Rückkehrcode des Modulrufs von SEL zur Entscheidung über die Anwendung von AG1 oder AG2 genutzt werden. Ansonsten muß in der Szenenbasis eine geeignete Szene zur Entscheidungsfindung gesucht werden.

Bereits an diesen beiden Fällen erkennt man, daß die Erzeugung des Szenariums nicht nur vom Quelltext der Aufgabenstellung, sondern auch vom Inhalt der Szenenbasis bestimmt werden kann. Das hängt vom Typ der Aufgabenstellung ab:

- White-box:
  Die Strategie der Datentransformation wird vollständig, d. h. unter Angabe aller Zwischenschritte, beschrieben. Aufgabenstellungen für untergeordnete Teil-

aufgaben werden ebenfalls vollständig angegeben. Gegebenenfalls werden sogar die Speicherbereiche für Zwischenergebnisse vorgegeben. Einer solchen Sprache entspricht der Text zum Szenarium von Abb. 4.6 am Ende des Abschnittes 4.2.1.

— Black-box:

Es werden nur die Lösungsprozeß-Eingabedaten und die geforderten Lösungsprozeß-Ausgabedaten beschrieben. Aus dieser Beschreibung allein ist das Szenarium abzuleiten. Wenn die Zuweisungen gestrichen würden, wäre unsere Beispielsprache von der Art Black-box. Allerdings müßten dann außer der Bezeichnung der Daten auch ihre Eigenschaften mit angegeben werden.

— Gray-box:

Dieser Typ der Aufgabenstellung stellt eine Mischform der beiden erstgenannten Aufgabentypen dar. Dabei werden einige Abarbeitungsschritte direkt angegeben, während andere über die Ein- und Ausgabedaten beschrieben werden. Eine zu empfehlende Form ist dadurch charakterisiert, daß die Angabe der globalen Abarbeitungsetappen vom Typ white-box ist, während die innere Struktur dieser Etappen in der Form black-box angegeben wird. Unsere Beispielsprache hat eine solche Mischform.

Für die Erzeugung des Szenariums sind nun verschiedene weitere Schritte erforderlich. Erfolgte die Angabe der Aufgabenstellung in der Form Black-box bzw. Gray-box, so müssen diese Aufgabenstellungen im nächsten Schritt in die Form White-box überführt werden. Das geschieht mit Hilfe eines Suchprozesses in den datenorientierten Szenarien der Szenenbasis, dessen Ziel es ist, eine Menge von Wegen zu finden, die von den Eingabedaten zu allen geforderten Ausgabedaten führen. Innerhalb dieser Menge muß die Auswahl eines konkreten Weges über die bei der Abarbeitung entstehenden Diagnosedaten möglich sein. Für das angegebene Beispiel einer Aufgabenstellung vom Typ Gray-box erhält man das Szenarium von Abb. 4.6. Dabei wurde bereits eine gewisse Optimierung durchgeführt, indem die Teilszenarien zur Bestimmung von SD||ZG nur einmal erzeugt wurden. Auf die verschiedenen Methoden zur Optimierung von Szenarien soll aber nicht eingegangen werden.

4.3.4. Einsatz von Compiler-Compilern

Compiler-Compiler sind Programmsysteme, die die Erzeugung von Compilern (d. h. Sprachübersetzern) unterstützen. Sie lösen also die Aufgabe der Erstellung von Compilern. In der Aufgabenformulierungssprache wird angegeben, welche Quellsprache in welche Zielsprache zu übersetzen ist. Die Aufgabenformulierungssprache enthält:

— Sprachteile zur Beschreibung der syntaktischen Struktur der Quellsprache,
— Sprachteile zur Beschreibung von Kontextbeziehungen,
— Sprachteile zur Beschreibung der Erzeugung von Zieltext.

Auf der Grundlage dieser Teile werden die entsprechenden Komponenten eines Compilers erzeugt. Eine sehr gute Übersicht über Aufbau und Wirkungsweise von Compiler-Compilern sowie die Kurzbeschreibung einiger interessanter im sozialistischen Lager entwickelter Systeme gibt [LEHM79]. In der DDR sind als anwendungsreife Systeme vor allem DEPOT und PCDL zu nennen. PCDL nutzt zur Beschreibung der syntaktischen Struktur der Quellsprache die BACKUS-NAUR-FORM.

Die Beschreibung unserer Beispielsprache ist in PCDL:

```
⟨SA⟩ ::= START ⟨NAME⟩ : ⟨KOERPER⟩ STOPP
⟨NAME⟩ ::= IDENTIFIER .
 KOERPER ::= ⟨E-A-LISTE⟩|⟨ZUWEISUNGS-LISTE⟩|
                    ⟨E-A-LISTE⟩ ⟨ZUWEISUNGS-LISTE⟩
⟨E-A-LISTE⟩ ::= EIN ⟨EINGABE | AUS ⟨AUSGABE⟩|
                    ⟨E-A-LISTE⟩ EIN ⟨EINGABE⟩|
                    ⟨E-A-LISTE⟩ AUS ⟨AUSGABE⟩
⟨EINGABE⟩ ::= ⟨E-LISTE⟩ ;
⟨E-LISTE⟩ ::= ⟨E-DAT⟩ | ⟨E-LISTE⟩ , ⟨E-DAT⟩
⟨E-DAT⟩ ::= IDENTIFIER
⟨AUSGABE⟩ ::= ⟨A-LISTE⟩ ;
⟨A-LISTE⟩ ::= ⟨A-DAT⟩ | ⟨A-LISTE⟩ , ⟨A-DAT⟩
⟨ZUWEISUNGS-LISTE⟩ ::= ⟨ZUWEISUNG⟩ |
                        ⟨ZUWEISUNGS-LISTE⟩ ⟨ZUWEISUNG⟩
⟨ZUWEISUNG⟩ ::= ⟨RESULTAT⟩ :,= ⟨AUSDRUCK⟩ ;
⟨RESULTAT⟩ ::= IDENTIFIER
⟨AUSDRUCK⟩ ::= ⟨OPERAND⟩ |
                    ⟨OPERAND⟩ ⟨OPERATOR⟩ ⟨OPERAND⟩
⟨OPERAND⟩ ::= IDENTIFIER |
                        AG (⟨AUSDRUCK⟩) | ( ⟨AUSDRUCK⟩ )
⟨OPERATOR⟩ ::= || | :>
```

Zur Behandlung der Kontextbedingungen und zur Zieltexterzeugung können für jede syntaktische Einheit (d. h. für jedes Metasymbol, wie ⟨SA⟩, ⟨NAME⟩, ⟨KOERPER⟩ usw.) Routinen in den Wirtssprachen FORTRAN oder PASCAL formuliert werden.

DEPOT stellt eine einheitliche Sprache zur Beschreibung von Quellsprache und Zieltexterzeugung zur Verfügung. Das hat große beschreibungstechnische Vorteile. Schwierigkeiten machen bei DEPOT der Zugriff zur Szenenbasis und die interpretative Arbeitsweise.

Die Arbeiten an Compiler-Compilern werden weitergeführt, und es entstehen immer komfortablere und effektivere Systeme. Ihr Einsatz in Programmsystemen ist unbedingt zu empfehlen, da damit die Leistungsfähigkeit des gesamten Programmsystems erhöht wird.

5. Entwicklungstechnologie

Gegenstand der Betrachtungen ist die Phase der Erarbeitung eines Programmsystems. Es werden Prinzipien und Techniken vorgestellt, die in der Planung, beim Entwurf und bei der Implementierung Anwendung finden. Dem schrittweisen Vorgehen und der Bereitstellung entsprechender Hilfsmittel wird besondere Aufmerksamkeit geschenkt. Ein größeres Beispiel rundet die Betrachtungen ab.

5.1. Allgemeine Prinzipien

5.1.1. Erarbeitung von Programmsystemen als Aufgabenlösungsprozeß

Im Kapitel 1 haben wir Programmsysteme als Bestandteil eines Arbeitsmittels zur Bearbeitung informationeller Arbeitsgegenstände betrachtet. Genauer hatten wir festgestellt, daß sich ein Programmsystem aus einem Software-Rahmen — dem „besonderen Betriebssystem", eingebettet in andere Rahmen — und aus drei (Software-) Basen zusammensetzt. Im Erarbeitungsprozeß nimmt nun das Programmsystem die Rolle des informationellen Arbeitsgegenstandes ein, und wir können die Aussagen des Kapitel 1 analog anwenden.

Zunächst ist festzustellen, daß der Prozeß der Erarbeitung eines Programmsystems stark vom zur Verfügung stehenden Arbeitsmittel und von den Vorstellungen über Aufbau und Arbeitsweise der Programmsysteme abhängig ist; der Prozeß kann eine Aufgabe oder ein Problem betreffen. Es ist zu hoffen, daß auf der Grundlage der vorangegangenen theoretischen Betrachtungen für viele Fälle der Charakter einer Aufgabe gesichert ist. Dabei ist natürlich nicht zu übersehen, daß die Gestaltung der Arbeitsmittel für die Erarbeitung von Programmsystemen noch unzureichend ist.

Die Aufgabe besteht nun darin, ausgehend von den Vorstellungen zur Architektur und Steuerung, den inneren Rahmen herzustellen und die Basen zu füllen.

Ausgangspunkt für den Erarbeitungsprozeß sind die Anforderungen des Nutzers, die in der Phase der Planung zusammengetragen werden. Sie liefern das externe Schema der Aufgabenstellung und erlauben in der Phase des funktionellen Entwurfs das konzeptuelle Schema und im programmtechnischen Entwurf das interne Schema zu spezifizieren. Die Ergebnisse des Entwurfs sind die Zielvorstellungen des Erarbeiters. Die Implementierung schließlich liefert die Realisierung dieser Zielvorstellungen.

In diese drei globalen Etappen und in diese Reihenfolge Planung — Entwurf — Implementierung zerfällt der Erarbeitungsprozeß. Das entspricht wieder der Dreiteilung in der Fragestellung: „Was wird wie und womit produziert?"

Wir waren im Kapitel 1 vom allgemeinen Arbeitsprozeß ausgegangen. Betrachten wir weiter die Analogie zwischen stofflich-energetischen und informationellen Arbeitsprozessen, um insbesondere die Unterschiede zu beleuchten, die sich aus der Charakteristik des Produktes ergeben.

Die Herstellungsprozesse bestehen im allgemeinen aus zwei Etappen: aus einem Prozeß zur Schaffung eines Originals (Prototyp, Fertigungsmuster) und aus einem Prozeß zur Vervielfältigung des Originals.

Ist ein Original entstanden, so ist das Herstellen weiterer informationeller Objekte einfach; die Objekte werden kopiert. Im Anschluß daran werden die Objekte genutzt:

- technische Objekte bis zum physischen oder moralischen Verschleiß,
- informationelle Objekte bis zum moralischen Verschleiß.

Damit lassen sich die allgemeinen Analogien im Hinblick auf Einzel- und Seriennutzung spezifizieren:

- Einzelfertigung, Einzelnutzung:
  An die Objekte werden, außer an die funktionelle Sicherheit, keine hohen Forderungen nach Entwicklungsreife und Produktionsaufwandsminimierung gestellt. Bei Programmen spielen insbesondere Laufzeit und Speicherplatzbedarf nicht die ausschlaggebende Rolle.
- Serienfertigung, Seriennutzung:
  An das Objekt werden neben der funktionellen Sicherheit hohe Forderungen an Entwicklungsreife, Kostenminimum und Nutzungskomfort gestellt. Bei Programmen spielen insbesondere niedriger Speicherplatzbedarf und minimale Laufzeiten eine Rolle.

Natürlich darf nicht übersehen werden, daß sich der Produktionsprozeß zur Herstellung von Programmsystemen gegenüber stofflich-energetischen Produktionsprozessen, bei denen die Technologie bereits ihren unumstritten wesentlichen Platz einnimmt, durch eine Reihe von Besonderheiten unterscheidet, nämlich: sehr hoher Kontrollaufwand während der Entwicklungsphase, hoher Anteil von subjektiver Einschätzung des Produktionsverlaufs, Fehlen physischer Schranken für ein informationelles Produkt und schwer quantifizierbare Schranke der Komplexität sowie außerordentlich rasche Entwicklung der Computerhardware und -software. Jeder an der Erstellung eines Programmsystems beteiligte Spezialist muß sich darüber Klarheit verschaffen, daß nicht nur die Effektivität des Entwurfs- und Implementierungsprozesses von technologischen Gesichtspunkten bestimmt wird, sondern daß auch über die Qualität des Produktes Programmsystem in starkem Maße durch die Entwurfs- und Implementierungstechnologie entschieden wird. Das betrifft solche wichtigen Fragen wie die Schaffung von Voraussetzungen für eine anwenderfreundliche Nutzungstechnologie und die Gewährleistung der Richtigkeit, Zuverlässigkeit und Robustheit des Programmsystems. Den soeben genannten Forderungen kann nur Rechnung getragen werden, wenn auch für die Herstellung von Programmsystemen ausgereifte Technologien zur Entwicklung und Implementierung von Programmsystemen zur Verfügung stehen. Es liegt nahe, zur praktischen Realisierung einer effektiven Entwurfs- und Implementierungstechnologie für Programmsysteme den Computer selbst zu nutzen.

5.1.2. Entwicklungsmethodik

Für die Software-Entwicklung haben sich zwei grundlegende Methodiken herausgebildet:

- das Top-down-Prinzip (deutsch etwa: vom Gipfel abwärts) und
- das Bottom-up-Prinzip (deutsch etwa: vom Fuß aufwärts).

Bei Anwendung des Top-down-Prinzips schreitet man in der Entwicklungsrichtung vom Abstrakten zum Konkreten, vom Allgemeinen zum Besonderen und Einzelnen, von der Ganzheit zur Einzelheit voran; beim Bottom-up-Prinzip ist es umgekehrt (Abb. 5.1).

Die Technologie des Top-down-Entwurfs konzentriert sich auf zwei Schwerpunkte:

- Angabe von Richtlinien, wie die schrittweisen Verfeinerungen auszuführen sind und wie erkannte Funktionen in Moduln zusammenzufassen sind,
- Angabe von Techniken zur Darstellung des Entwurfs des Steuerflusses und seiner Wechselwirkung mit den Daten.

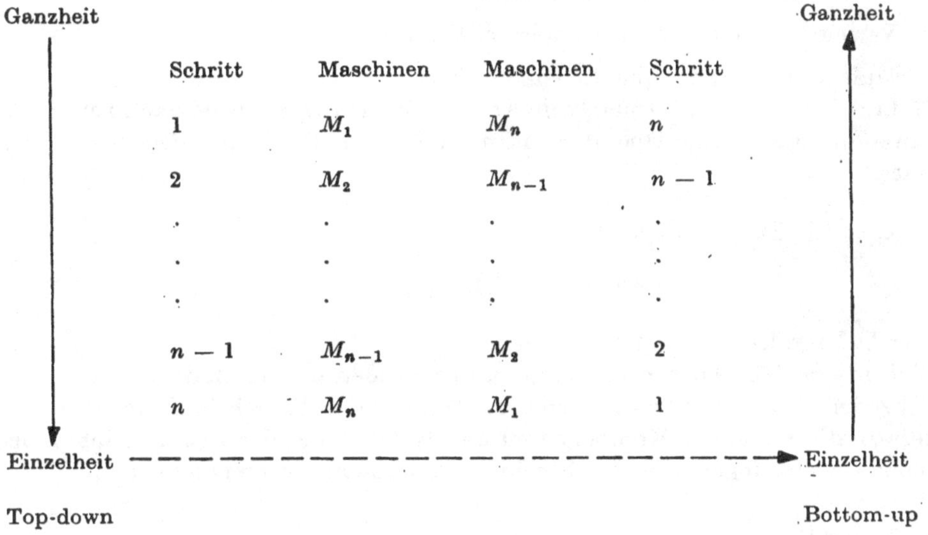

Abb. 5.1: Entwicklungsprinzipien

Das Vorgehen nach diesem Prinzip läßt sich zunächst in zwei Hauptetappen gliedern:

Im ersten Abschnitt (Schritt 1) wird ein Anfangsentwurf für das System gemacht, wobei die Komponenten des Systems noch nicht existent sind.
Im weiteren Verlauf (Schritte 2—n) werden diese Komponenten schrittweise durch Verfeinerung definiert und realisiert.

Betrachten wir jetzt die Schritte im einzelnen.

Schritt 1: Untersuchung der Aufgabenstellung (Anforderungen an das System) und Vorschlag einer allgemeinen Struktur des Systems. Das kann so geschehen, daß man sich eine virtuelle Maschine, ausgestattet mit entsprechenden Operanden (Datenstrukturen) und einer Menge von Operatoren (Programmstrukturen), definiert. Für diese Maschine wird nun ein Programmsystem definiert, das bei seiner Ausführung die Aufgabenstellung befriedigt.

Schritte 2 bis n: In aufeinanderfolgenden Schritten wird die vorgeschlagene Struktur durch Zerlegung der Komponenten (Datenstrukturen und Programmstruktur) verfeinert. Diese Verfeinerung wird solange fortgesetzt, bis die Komponenten des Schrittes n mittels verfügbarer Programmiersprachen formulierbar und auf einem realen Rechner abarbeitbar sind.

Der Verfeinerungsprozeß kann als aus zwei parallel ablaufenden Prozessen bestehend betrachtet werden:

— aus einem Analyse- bzw. Dekompositionsprozeß, in dem das System in diskreten sequentiellen Schritten immer detaillierter untersucht und dargestellt wird,
— aus einem Synthese- bzw. Kompositionsprozeß, in dem das System in diskreten sequentiellen Schritten aufgebaut wird.

Dieser Verfeinerungsprozeß ist wie folgt charakterisiert:

1. Er verläuft in diskreten sequentiellen Schritten.
2. Im Schritt i werden auf Grund von Entscheidungen E_i neue (einfachere) Komponenten K_i und damit Operatorenmengen T_i und Operandenmengen D_i eingeführt.

$$K_i = \{T_i, D_i\}\,, \qquad T_i = \{t_1, \dots, t_m\}\,,$$
$$D_i = \{d_1, \dots, d_r\}\,.$$

T_i oder D_i kann leer sein, aber nicht beide.

3. Die Schritte des Verfeinerungsprozesses unterscheiden sich durch die die Zerlegung bewirkenden Entwurfsentscheidungen E_i. Durch diese Entscheidungen wird eine weitere Bestimmung der Komponenten des Systems und der zwischen ihnen bestehenden Beziehungen, also der Struktur des Systems, vorgenommen.

$$E_i\colon t_j \downarrow t_{j1}, \dots, t_{jk}$$
$$d_q \downarrow d_{q1}, \dots, d_{qs}\,.$$

4. Die Komponenten K_i des i-ten Schrittes ergeben sich dann aus denen des vorangegangenen Schrittes unter Berücksichtigung der vorgenommenen Zerlegung.
5. Für die Entscheidung gibt es Richtlinien:
   - Zerlegung der Entscheidungen soweit wie möglich
   - Zurückstellen jener Entscheidungen solange wie möglich, die Details der Datendarstellung betreffen
   - Basieren der Entwurfsentscheidungen auf Kriterien, wie Effizienz, Speicherökonomie, Klarheit und Konsistenz der Struktur
   - wenn Entscheidungen gemacht werden, sollten auch Alternativen betrachtet werden, d. h., eine Familie von Lösungen anstatt einer Lösung sollte entwickelt werden
   - Realisierung der leichtesten Entscheidung zuerst
   - Aufbauen des Systems in kleineren Schritten, indem man sowenig wie möglich in jedem Schritt entscheidet.

Theoretisch ist der Verfeinerungsprozeß ein Einpaß-Prozeß, praktisch jedoch nicht. In jedem Schritt werden die geeigneten Entscheidungen aus einer Menge von Alternativen ausgewählt. In einem der nachfolgenden Schritte kann sich eine dieser Entscheidungen als ungünstig erweisen. Also muß man im Prozeß zurückgehen und dort eine alternative Entscheidung treffen, wo sich eine erfolgreiche Fortsetzungsmöglichkeit zeigt. Jeder Schritt im Verfeinerungsprozeß korrespondiert mit einer Stufe der Abstraktion im Sinne von Dijkstra [DIJK72] oder einer der Schichten des Systems, die hierarchisch angeordnet sind. Schritt 1 hat Schicht 1 als Resultat, Schritt 2 Schicht 2, usw. Schicht 1 stellt das System in seiner abstraktesten (allgemeinsten) Form dar. Alle weiteren Schichten dienen der Definition der Komponenten des Systems. In der untersten Schicht (Schicht n) sind die Komponenten soweit spezifiziert, daß sie mit den Mitteln der verfügbaren Programmiersprachen ausgedrückt werden können. Jede Schicht kann — wie bereits angedeutet — auch als Menge von Komponenten betrachtet werden, die durch eine virtuelle Maschine ausführbar ist:

Die Schicht i realisiert eine Maschine M_i mit Hilfe der Schichten j ($j < i$).

Eine Schicht i ist als logisch vollständig anzusehen, wenn in ihr ein auf M_i ausführbarer Algorithmus A_i angebbar ist, und zwar derart, daß dieser die Aufgabenstellung des Systems unter der Voraussetzung der Existenz von M_i realisiert.

Das Interface zwischen der Schicht $i-1$ und der konkreteren Schicht i liegt in den Komponenten, die die Schicht i der Schicht $i-1$ bereitstellt und die durch die Entwurfsentscheidungen fixiert wurden. Die Aufgabe der Schicht i ist es somit, eine Maschine zu simulieren, die in der Schicht $i-1$ als vorhanden angenommen wird.

Der Nutzen dieser Vorgehensweise ist offensichtlich:

- die Beziehungen zwischen den Komponenten, die der Entwurf enthält, sind deutlich;
- die Realisierung einer Komponente wird allgemein durch die Kenntnis des spezifizierten Verhaltens ihrer Unterkomponenten möglich;
- indem die Korrektheit der Unterkomponenten angenommen wird, kann die Korrektheit einer Komponente unabhängig vom Rest des Systems und der Art der weiteren Zerlegung der Unterkomponenten beurteilt werden;
- schließlich läßt sich damit auch eine weitestgehende Maschinenunabhängigkeit des Systems gewährleisten, weil Maschinenabhängigkeiten in die unteren Schichten delegiert werden können.

Als Ergebnis des Entwurfsprozesses entsteht ein hierarchisch geschichtetes modulares System.

Bei Anwendung des Bottum-up-Prinzips erfolgt die Entwicklungsrichtung vom Detaillierten zum Aggregierten, vom Einzelnen über das Besondere zum Allgemeinen (Abb. 5.1).

War für das Top-down-Prinzip die Zerlegung (Dekomposition) in Komponenten typisch, so ist es jetzt die Verknüpfung (Komposition) elementarer Komponenten zu komplexeren, mit deren Hilfe das System aufbaubar ist.

Schritt 1: Vorschlag für die Struktur des Systems in Gestalt von Komponenten

Schritt 2 bis n: In sequentiellen Schritten wird durch die Verknüpfung elementarer Komponenten zu komplexeren versucht, sich an die Zielvorstellung anzunähern. Das System mit diesen Komponenten zu verwirklichen, ist das Anliegen des letzten Schrittes.

Der Verknüpfungsprozeß läßt sich wie folgt charakterisieren:

1. Er läuft in diskreten sequentiellen Schritten.
2. In jedem Schritt wird eine virtuelle Maschine M_i geschaffen.
3. Im Schritt i werden durch Verknüpfung der Komponenten der Maschine M_{i-1} die (komplexen) Komponenten der Maschine M_i aufgebaut.
4. Entscheidungen E_i werden, wie bei Syntheseprozessen üblich, auf jeder Ebene getroffen und bestimmen die Verknüpfung:

$$E_i: \; t_j \uparrow t_k + \dots + t_p \,,$$
$$d_s \uparrow d_r + \dots + d_q \,.$$

Auch dieser Verknüpfungsprozeß verläuft nicht ohne Rückkopplungen. Ungeeignete Entscheidungen wirken sich manchmal erst im letzten Schritt aus. Das hat zur Folge, daß in einem vorangegangenen Schritt alternative Entscheidungen zu treffen sind und von dort fortzusetzen sind.

Das Bottom-up-Prinzip bietet für das Implementieren und Testen von Systemen den Vorteil, daß von ausführbaren (testbaren) Komponenten ausgegangen werden kann. Das bedeutet jedoch nicht, daß ohne einen vollständigen Systementwurf mit der Implementierung begonnen werden kann.

5.1.3. Hilfsmittel

Die effektive Nutzung der Entwicklungsprinzipien erfordert Hilfsmittel, um die Ergebnisse der Entwicklungsschritte geeignet darzustellen und Entscheidungen für die weiteren Schritte ableiten zu können. Wir gehen an dieser Stelle nur auf einige dieser Hilfsmittel ein. In anderen Abschnitten (insbesondere im Kapitel 6) werden weitere Hilfsmittel vorgestellt, die sich für die Entwicklung von Programmsystemen eignen. Grundsätzlich muß bemerkt werden, daß die Bereitstellung geeigneter Hilfsmittel noch nicht zufriedenstellt und ein Betätigungsfeld für die Forschung bietet.

Die wichtigsten Hilfsmittel sind:

- HIPO-Diagramme,
- Struktogramme,
- Pseudocode,
- Strukturierte Programmierung.

Strukturierte Programmierung:
Die „Strukturierte Programmierung" im engeren (heute allgemein akzeptierten) Sinne geht davon aus, daß die Steuerstruktur eines Programms nur aus elementaren Blöcken (Basisstrukturen) aufzubauen ist. Diese Blöcke sind dadurch gekennzeichnet, daß sie nur einen Eingang und einen Ausgang besitzen. Eine Diskussion möglicher Basisstrukturen und der damit konstruierbaren Steuerstrukturen ist in [LEDG75] zu finden. Die häufigsten Basisstrukturen sind:

1. Anweisung oder sequentielle Anweisungsfolge (Sequenz):

   S oder **begin** S1;S2; ...; S_n **end**

2. Verzweigung (bedingte Anweisung)

   if B **then** S1 **else** S2 oder **if** B **then** S

3. Schleifen

   while B **do** S (Abfrage am Anfang) und
   repeat S **until** B (Abfrage am Ende)

4. Auswahl (als Verallgemeinerung der Verzweigung)

   case i of L1:S1; L2:S2; ...; L_n:S_n **end**

Wenn der Ausdruck i den Wert L_k annimmt, so wird die Anweisung S_k ausgeführt.

Pseudocode:

Ein Pseudocode stellt das Operatoren- und Operandensystem einer virtuellen Maschine dar, die durch keine reale Maschine repräsentiert wird. Er ist damit eine noch nicht maschinengerechte Sprache zur Beschreibung und Dokumentation von Programmabläufen. Die Sprachelemente eines Pseudocodes sollen den logischen Steuerstrukturen der strukturierten Programmierung entsprechen, die Notationsform des Pseudocodes sollte an die Aufgabenstellung angepaßt und mit der Beschreibungsebene modifizierbar sein. Ein Beispiel für einen Text im Pseudocode ist:

```
Sequenz:            ⋮
          ⟨verbale Aktionsbeschreibung⟩
                    ⋮
Alternative: IF ⟨verbale Bedingung⟩
             THEN ⟨verbale Beschreibung der Aktionen bei
                   erfüllter Bedingung⟩
             ELSE ⟨verbale Beschreibung der Aktionen bei
                   nichterfüllter Bedingung⟩
            ENDIF ⟨Ende des bedingten Blocks⟩
```

Iteration: DOWHILE ⟨verbale Bedingung⟩
⋮
⟨verbale Aktionsbeschreibung⟩
⋮
ENDDO ⟨Blockende⟩

Verlassen des Blockes: LEAVE Marke
Aufruf einer Prozedur: CALL Modulname.

Struktogramme:

Struktogramme sind ein Hilfsmittel zur graphischen Beschreibung von Programmen und Programmsystemen. Sie vereinen in ihrer Notationsform die Grundideen der strukturierten und modularen Programmierung. Struktogramme geben sowohl Aufschluß über die allgemeine Abarbeitungsfolge als auch über die Aufrufstruktur der Routinen eines Systems. So hat beispielsweise das Struktogramm eines Programmsystems PS, das aus drei sequentiell aufeinander folgenden Hauptprogrammen H1, H2, H3 und nachfolgend angegebener Aufrufstruktur der Unterprogramme besteht, das in Abb. 5.2 dargestellte Aussehen. Die Unterprogramme U11, U12, W111, W112 sowie U31, U32 und W321, W322 werden sequentiell abgearbeitet. Für die Unterprogramme W211, W212 und W213 gilt eine alternative Ausführungsbedingung.

HIPO-Diagramme:

HIPO-Diagramme bauen auf den Prinzipien des Datendurchsatzes durch einen Modul auf. Sie beschreiben die Formen der Datenmodifikation von der Eingabe bis zur Ausgabe innerhalb eines Moduls. Sie dienen vor allem der Dokumentation von Entwicklungsschritten im Sinne der schrittweisen Verfeinerung. Ein Beispiel hierzu zeigt Abb. 5.3.

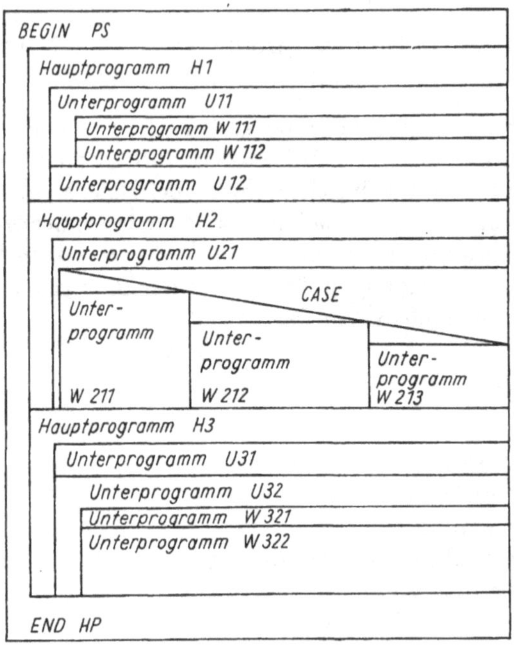

Abb. 5.2: Struktogramm

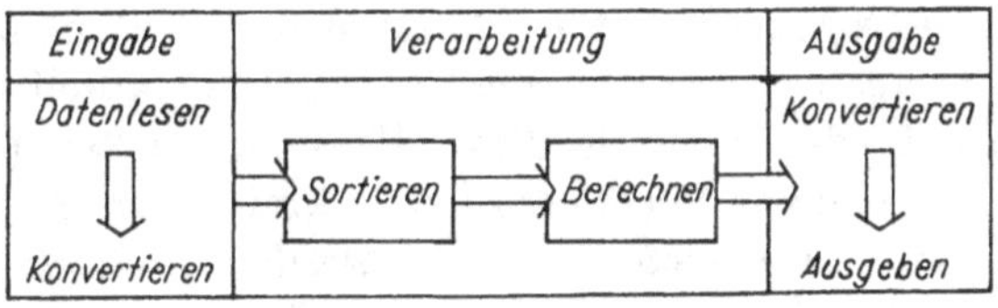

Abb. 5.3: HIPO-Diagramm

5.2. Planung

Zwischen dem Prozeß der Erstellung eines Programmsystems und seiner künftigen Nutzung im praktischen Einsatz besteht ein enges Wechselverhältnis. Alle konzeptionellen Entscheidungen werden wesentlich davon beeinflußt. Folgerichtig muß am Anfang aller konzeptionellen Überlegungen sowie der Planung von Entwicklungsetappen die Formulierung der mit dem zu erstellenden Programmsystem angestrebten Zielstellung stehen. Die aus der Sicht des Nutzers an das Programmsystem gestellten Forderungen sind hinsichtlich Inhalt, Form und Umfang zu formulieren. Obwohl, wie die Praxis zeigt, sich oft während der Entwicklung Rückwirkungen auf die ursprüngliche Zielstellung ergeben, so sollte doch von vornherein Vollständigkeit und Widerspruchsfreiheit angestrebt werden. Je ungenauer die formulierte Zielstellung ist, umso wahrscheinlicher wird das Auftreten von Fehlern im Entwicklungs- und Implementierungsprozeß. Dabei bedeutet „Genauigkeit“ oder „Präzision“ nicht, daß in dieser ersten Phase bereits Realisierungsdetails fixiert werden. Es geht lediglich darum, die Zielvorstellungen des Nutzers über

— die zu bearbeitende Aufgabenklasse,
— nutzungstechnologische Aspekte und
— EDV-technologische Forderungen

zu fixieren. Diese Zielvorstellungen können sich in späteren Etappen als nicht oder nur uneffektiv realisierbar erweisen und müssen dann revidiert werden, oder die Entwicklung ist einzustellen. Die Zielvorstellungen sind jedoch bereits am Anfang soweit zu präzisieren, daß eine Planung von Ausbaustufen, d. h. eine Festlegung über die grundsätzliche Art der gewählten Software-Lösung (Einzelprogramm, Programmmenge, Programmsystem) möglich wird. Sämtliche Entwurfsphasen hängen von dieser Entscheidung ab, so daß eine Fehlentscheidung in dieser Etappe den gesamten Entwurfsprozeß hinfällig machen würde.

Die Beschreibung der zu bearbeitenden Aufgabenklasse konzentriert sich auf das „Was“, die Funktion des Programmsystems. Man spricht deshalb auch von der funktionellen Spezifikation [KOPE77]. In ihr sind besonders Angaben zum Inhalt von Ein- und Ausgabedaten zu machen. Das heißt, es sind Funktionen zu charakterisieren, die Eingabedaten in Ausgabedaten transformieren.

In welcher Form ist die funktionelle Spezifikation zu erarbeiten und zu formulieren?

Die Forderung nach Exaktheit, Vollständigkeit und Widerspruchsfreiheit impliziert eine formale funktionelle Spezifikation. Eine formale Spezifikation hat nicht nur den Vorteil der unmißverständlichen Festlegung von Sachverhalten, sie bietet auch die Voraussetzung für eine rechnergestützte Analyse der Spezifikation, der rechnergestützten Umsetzung in einen entsprechenden Entwurf, eventuell sogar der automatischen Implementierung. Leider stehen in dieser Hinsicht zur Zeit nur unzureichende formale Beschreibungsmittel zur Verfügung, so daß mit einem Kompromiß zwischen formalen und informalen Notationen gearbeitet werden muß. Es ist unter anderem Aufgabe der mathematischen Fundierung, geeignete Beschreibungsmittel zu entwickeln (siehe auch Kap. 6).

Die Angaben zur Nutzungstechnologie sollten enthalten:

— geplante Nutzungsformen (direkt-indirekt, dialogisch-monologisch, aktiv-passiv);
— Gestaltung von Nutzungsrechten;
— geplante Nutzungsdauer und Nutzungshäufigkeit;
— geschätzter Wartungsaufwand durch Anpassungsprobleme: Hier sollte unter Bezug auf die Aufgabenstellung fixiert werden, in welchem Umfang eine (statische oder dynamische) Anpassung an bestimmte Aufgabenstellungen bzw. zur Berücksichtigung modifizierter Aufgabenstellungen erforderlich werden kann;
— Gestaltung der Vorbereitungsphasen, d. h. in welcher Form ist die Aufgabenstellung zu formulieren (Wird eine explizite Aufgabenformulierungssprache gewünscht, oder sind parametrische Angaben ausreichend ?), und in welcher Form und in welchem Umfang liegen Eingabedaten vor;
— Anforderungen an die Durchführungsphase, d. h. Umfang und Spezifikation der Fehlerreaktionen, Testmöglichkeiten, Plausibilitätskontrollen, Reaktivierungsmöglichkeiten;
— Gestaltung der Nachbereitungsphase, d. h. in welcher Form und in welchem Umfang sind Daten auszugeben und für Bewertungen aufzubereiten, welche Zwischenergebnisse sind einer Bewertung durch den Menschen zugänglich zu machen, Sicherung vor unbefugtem Zugriff zu Ergebnisdaten.

Die EDV-technologischen Bedingungen sind:

— die benutzbare rechentechnische Basis (Geräte- und Softwaresystem),
— Speicher- und Rechenzeitbeschränkungen,
— Kompatibilitätsforderungen.

Die gründliche Analyse einer derartigen Nutzerspezifikation ist für den Entwickler der Ausgangspunkt zur Planung der Entwicklungsetappen. Dabei spielt die realistische und möglichst exakte Beurteilung des zu erwartenden Aufwandes bei der Realisierung der einzelnen Forderungen eine wesentliche Rolle. Allerdings hängen solche Aufwandsabschätzungen von vielen, oft nicht objektivierbaren Faktoren ab, sind deshalb schwierig durchzuführen und verlangen vom Erarbeiter ein großes Maß praktischer Erfahrungen. Vor der eigentlichen Entwurfsphase sind zunächst grundsätzliche Entscheidungen bezüglich der „Ausbaustufe" der für die Erfüllung der funktionellen Spezifikation zu erstellenden Software zu treffen. In diesen Ausbaustufen spiegeln sich Form und Umfang der Software entsprechend Abschnitt 1.3.1. wider. Von der Wahl der Ausbaustufe hängen unter anderem die Architektur des Systems, die Entwurfsmethode und die zur Verfügung stehenden Implementierungshilfsmittel ab. Es werden nun für die Ausbaustufen

— Einzelprogramm,
Programmenge,

— spezialisiertes Programmsystem,
— integriertes Programmsystem

einige Kriterien angegeben, die die Einordnung erleichtern sollen. Ausgangspunkt ist hierfür der im Kapitel 1 angegebene Programmraum mit den Koordinaten Inhalt, Umfang und Form der Aufgabenklasse.

Einzelprogramme sind zu wählen, falls

— der Inhalt abgeschlossen ist, das heißt, zeitlich konstant bleibt und keine oder nur geringe Modifikationen der Aufgabenstellung zu erwarten sind;
— ein geringer Umfang vorliegt, das heißt, daß nur eine eng begrenzte Aufgabenstellung zu bearbeiten ist;
— die Form einfach ist, das heißt, eine monologische, rein parametrische Nutzung für verschiedene Datenfälle möglich ist und die Daten wenig strukturiert sind.

Die Effektivität der Erstellung von Einzelprogrammen wird in starkem Maße von der Qualität der verfügbaren Programmbibliothek bestimmt. Da es sich bei den Elementen einer Programmbibliothek im allgemeinen um untereinander wenig abgestimmte separate Programme handelt, muß beim Verknüpfen der Einzelprogramme viel Aufmerksamkeit auf das Vermeiden von Fehlern an den Schnittstellen gelegt werden.

Programmengen sind zu wählen, falls

— der Inhalt abgeschlossen ist, jedoch eine automatische Steuerung des Aufgabenlösungsprozesses wenig effektiv oder gänzlich unmöglich ist;
— der Umfang größer, aber unvollständig in der Weise ist, daß Vorbereitung und Nachbereitung der Lösung im allgemeinen nicht realisiert werden müssen;
— eine einfache Form durch monologische Nutzung und mit einfacher Struktur der Daten vorliegt, die absichert, daß die Programme der Programmbasis aufeinander abgestimmt werden können und eine feste Datenorganisation leicht realisierbar ist.

Obwohl zum Bestand einer Programmenge im gewissen Umfang auch Serviceprogramme gehören können, ist der Komfort für den Nutzer gering. Vom Nutzer wird bei der Auswahl und Aktivierung der einzelnen Programme der Menge eine entsprechende Qualifikation verlangt, um mit Kenntnis der Leistungsfähigkeit der Bestandteile der Programmenge das Szenarium für seine Aufgabenstellung formulieren zu können.

Spezialisierte Programmsysteme sind zu wählen, falls

— der Inhalt abgeschlossen ist und eine automatische Steuerung des Lösungsprozesses auf der Grundlage der Aufgabenstellung möglich wird;
— der Umfang groß ist, eine große Variabilität der Aufgabenstellungen vorliegt, Vorbereitungs- sowie Nachbereitungsarbeiten umfaßt und ein hoher Nutzungskomfort bereitgestellt werden soll;
— die Form kompliziert ist, sowohl monologische als auch dialogische Nutzung und aufwendige Verwaltungsmechanismen für komplizierte Datenstrukturen erfordert.

Spezialisierte Programmsysteme bieten bereits einen hohen Komfort für den Nutzer. Allerdings muß beachtet werden, daß der Entwicklungsaufwand groß ist und die gesamte interne Organisation zusätzliche Laufzeit für den Rechner erfordert

(„interner Parkinson-Effekt"). Die Entwicklung eines spezialisierten Programmsystems sollte deshalb auch an eine hohe Nachnutzungsrate gebunden sein.

Integrierte Programmsysteme sind zu wählen, falls

- der Inhalt offen ist, das heißt ständig neue Aufgabenstellungen aufgenommen und mit anderen Aufgabenklassen verknüpft werden müssen;
- der Umfang groß ist;
- die Form kompliziert sein muß.

Ein integriertes Programmsystem ist nicht an eine einzelne Anwendung gebunden, sondern zeichnet sich durch seine Einbettung in ein übergeordnetes „Metasystem" mit einem speziellen, nutzerorientierten Betriebssystem aus (s. Kap. 1.). Solche Systeme geben großzügige Unterstützung beim Entwurfs- und Implementierungsprozeß. Die Entwicklung von nutzerorientierten Betriebssystemen sollte deshalb nicht Aufgabe von Anwendergruppen, sondern des Rechnerproduzenten sein — ähnlich wie bei den Rechnerbetriebssystemen.

Die Wahl der Ausbaustufe ist also von der Aufgabenstellung abhängig. Allerdings wird auch die Aufgabenstellung nicht in einem Schritt erarbeitet, sondern durch ständige Verfeinerung im Rahmen des Top-down-Vorgehens konkretisiert. Für die Wahl der Ausbaustufe sind zumeist grobe Vorstellungen ausreichend, wobei insbesondere die gewünschten Nutzungsformen von Interesse sind.

5.3. Entwurf

Der Entwurf eines Programmsystems ist ein nur teilweise algorithmisierbarer Prozeß. Sein Ergebnis hängt stark von den Fertigkeiten und Erfahrungen des Entwerfers ab. Was sich angeben läßt, sind methodische Prinzipien und Richtlinien, die es gestatten, diesen Prozeß systematischer und übersichtlicher zu gestalten. In diesem Sinne sollten auch die folgenden Ausführungen verstanden werden. Dabei wird keinesfalls Vollständigkeit in der Darstellung des heutigen Erkenntnisstandes angestrebt. Für umfangreichere Betrachtungen wird auf Spezialliteratur verwiesen [GEWA77].

Das Grundproblem des Entwurfs ist die Umsetzung von Anforderungen und Zielen (als Menge von Bedingungen) in ein solches Programmsystem, das auch den EDV-technologischen Forderungen (Leistungsparameter) genügt. Dazu wird der Entwurf in zwei globalen Schritten vollzogen (siehe auch Abschn. 3.1.).

1. Im funktionellen Entwurf wird nach dem Top-down-Prinzip die externe funktionelle Spezifikation schrittweise verfeinert, bis solche Lösungsschritte und Lösungselemente erhalten werden, die unter den gegebenen realen Bedingungen „leicht realisierbar" sind. Der funktionelle Entwurf hat als Ergebnis die Formulierung der Szenenbasis.

2. Im programmtechnischen Entwurf wird auf der Grundlage der verfeinerten funktionellen Spezifikation die programmtechnische Struktur festgelegt. Dazu gehören
   - die Festlegung der Funktionselemente für Steuer-, Dienst- und Problemprogramme (Programmbasis) sowie von Organisations- und Problemdaten (Datenbasis);

- die Konzeption der Steuerabläufe in und zwischen den Moduln;
- das Festlegen der Schnittstellen zwischen den Moduln innerhalb und über die Hierarchieebenen hinweg und die Definition der Formen von Steuerungsübergabe, Quittierung und Datenaustausch;
- das Einrichten von Kommunikationsstellen zwischen Programmsystem und Nutzer, Definition der Art und der Texte von Kommunikationen (Meldungen) vom Programmsystem zum Nutzer und umgekehrt (Aufgabenformulierung);
- die Herauslösung allgemeiner, aus mehreren Hierarchieebenen zugriffsfähiger Moduln,
  die Eliminierung von Einheiten, die in den verschiedensten Moduln unterschiedlichster Ebenen benötigt werden, z. B. mathematische Funktionen wie sin, cos usw.;
- die Realisierungsbedingungen der Moduln,
  die Prüfung der Wiederverwendbarkeit vorhandener Moduln oder Neudefinitionen von Moduln;
- die Vereinbarung von Programmiersprachen, die für die Codierung der Moduln verwendet werden sollen (die Programmiersprachen müssen so gewählt werden, daß sie von dem Programmierer anwendbar und für das Zusammenwirken der Moduln brauchbar sind);
- die Definition der Testpunkte, die Festlegung der Orte, der Menge und der qualitativen Eigenschaften von Testpunkten.

Während der funktionelle Entwurf weitgehend maschinenunabhängig sein sollte, muß man natürlich beim programmtechnischen Entwurf EDV-technologische Forderungen beachten. Zur Entscheidungsfindung ist eine Analyse der funktionellen Spezifikation angebracht. Im Kapitel 6 werden Analyseverfahren vorgestellt, die es zum Beispiel erlauben, Aussagen über mögliche Parallelisierung der Abarbeitung oder Zusammenfassungen von Datenmoduln zu machen. Ein Forschungsschwerpunkt sind Hilfsmittel zum rechnergestützten programmtechnischen Entwurf.

Die Güte des Entwurfsergebnisses hängt wesentlich von der Exaktheit des Planungsprozesses ab. Wie bereits bemerkt, ist eine vollständige Nutzerspezifikation nicht immer zu erwarten. Im wesentlichen läßt sich die Situation durch drei Fälle charakterisieren:

- unvollständige Beschreibung der funktionellen Charakteristik und keine Angaben zur Leistung,
- vollständige funktionelle Beschreibung, aber keine Angaben zur Leistung,
- vollständige Beschreibung der geforderten funktionellen und Leistungscharakteristiken.

Der erste Fall ist der häufigste und der dritte der seltenste. Im allgemeinen werden zur Zeit die Systeme bezüglich der Leistung erst nach ihrer Fertigstellung untersucht. Dann sind nachträgliche Änderungen erforderlich, manchmal jedoch unmöglich. Ein guter Entwurf sollte deshalb auch die Leistungsparameter berücksichtigen und nachfolgende Eigenschaften aufweisen:

- funktionelle Vollständigkeit:
  das System führt alle im Entwurfsziel angezeigten Aktionen durch,

- leistungsmäßige Vollständigkeit:
  das System erbringt die geforderte Leistung im Rahmen der durch die Hardware vorgegebenen Parameter,
- Qualität:
  das System ist so strukturiert, daß es leicht getestet und verifiziert werden kann; es kann bei Änderungen in den Systemanforderungen leicht modifiziert oder erweitert werden,
- Übertragbarkeit:
  der Entwurf ist so maschinenunabhängig wie möglich.

Die so entstehende Systemarchitektur zeichnet sich dadurch aus, daß ihre Komponenten relativ unabhängig sind, existierende Abhängigkeiten leicht erkennbar sind und keine verdeckten, unbeabsichtigten Wechselwirkungen zwischen den Komponenten auftauchen.

5.4. Implementierung

Das Implementieren ist die Tätigkeit des Umsetzens eines Entwurfs in ein maschinengerechtes, ablauffähiges System. Drei wesentliche Tätigkeiten sind zu unterscheiden:

- Codieren der Moduln des Programmsystems mit einer maschinengerechten Sprache,
- Testen der Moduln auf die Erfüllung der im Entwurf fixierten Eigenschaften,
- Verwalten der Moduln, um sie der Nutzung zugänglich zu machen und sie auf dem erforderlichen aktuellen Stand zu halten.

Codieren, Testen und Verwalten laufen ineinander verzahnt ab. Da das Implementieren immer noch den Hauptaufwand bei der Erarbeitung von Programmsystemen erfordert, bemüht man sich intensiv um die Rationalisierung der Implementierung.

Ideal wäre es, wenn auf der Grundlage eines verifizierten Entwurfs eine automatische Implementierung erfolgen könnte. Von diesem Ziel ist man jedoch noch weit entfernt, obwohl für einige Komponenten bereits Teilergebnisse erzielt wurden (z. B. bei der automatischen Erstellung von Compilern, s. Abschn. 4.3.4.). Die Bereitstellung universell nutzbarer Organisationsmoduln ist bereits eine wesentliche Rationalisierungsmaßnahme. Dafür bieten sich zum Beispiel Steuermoduln an: Hat man im Entwurf festgelegt, welche Szenarien die Lösungsvorschrift repräsentieren, so ist durch die interne Darstellung der Szenarien die Steuerung implementiert. Die interne Darstellung kann aber automatisch durch einen Übersetzungsprozeß aus der externen Darstellung gewonnen werden.

Durch die automatische (oder teilautomatisierte) rechnergestützte Implementierung wird nicht nur die Codierung abgekürzt, sondern auch Testung und Verwaltung wesentlich vereinfacht. Man kann davon ausgehen, daß die automatische Implementierung eines verifizierten Entwurfs ein voll funktionsfähiges, d. h. fehlerfreies Programmsystem liefert. Damit reduziert sich die Testung auf einen Komplextest. Die Beschreibung des Entwurfs ist gleichzeitig eine menschgerechte Dokumentation.

Die automatische Implementierung setzt eine gute theoretische Fundierung der Verfahren und Modelle voraus. Im Kapitel 6 werden dazu Aussagen zum gegenwärtigen

Stand gemacht. An dieser Stelle sollen ergänzend zu den in der Spezialliteratur umfangreich diskutierten Fragen der Methodologie der Programmierung einige spezielle Hinweise für die Implementierung von Programmsystemen gegeben werden.

Die Produktivität und Qualität der Tätigkeit Codieren hängt wesentlich von den Mitteln ab, die zur Umsetzung des Entwurfs bereitgestellt werden. Im Mittelpunkt stehen hier die verwendeten Programmiersprachen mit ihren Möglichkeiten zur Selbsterweiterung und mit Makrotechnik. Ganz entscheidend ist dabei, inwieweit die Programmiersprache die Prinzipien der Modularität unterstützt. Die neueren Entwicklungen von Programmiersprachen sind davon deutlich geprägt (z. B. [WIRT77] [LISK77]).

Wegen des hohen Aufwandes ist die Implementierung nur arbeitsteilig mit größeren Kollektiven zu bewältigen. Dem kommt die Modularität entgegen. Mit der Schnittstellenbeschreibung ist für den Programmierer festgelegt, welche Leistungen sein Modul zu erbringen hat und auf welche Leistungen er dabei zurückgreifen kann. Zur Realisierung einer funktionsfähigen Kommunikation zwischen den Moduln sind bei Codierung der Moduln Konventionen einzuhalten. Solche Konventionen betreffen zum Beispiel (s. Abschn. 3.3.)

— das Herstellen der Anfangsbelegung des Datenteils,
— die Ressourcenzuordnung,
— die Ansteuerung von Eintrittspunkten,
— die Behandlung von Ausnahmebedingungen usw.

Zur Unterstützung der Arbeit mit Konventionen ist die Bereitstellung von entsprechenden Makros zu empfehlen.

Die Reihenfolge der Codierung ist vor allem für die Testung wesentlich. Jeder Modul sollte zwei Arten von Tests durchlaufen:

— den separaten Elementartest,
— den integrierten Komplextest.

Im separaten Test werden die vom Modul benötigten Ressourcen simuliert, er wird insgesamt in einer simulierten Umgebung getestet. Damit wird gesichert, daß sich die Umgebung richtig verhält und auftretende Fehler im Modul liegen müssen. Im integrierten Test wird der Modul in der realen Umgebung getestet. Um Fehler im Integrationstest gut lokalisieren zu können, wird auch hier schrittweise vorgegangen. Setzt man ein hierarchisch strukturiertes System voraus, so kann man den Integrationstest nach dem Top-down-Prinzip oder dem Bottom-up-Prinzip durchführen. Beim Top-down-Test wird zunächst die Rahmensteuerung getestet, wobei die gerufenen Moduln simuliert werden; dann werden diese Moduln getestet usw. Das ist im allgemeinen zweckmäßiger als das umgekehrte Vorgehen nach dem Bottom-up-Prinzip, da die vollständige Simulation von rufenden Programmen aufwendig ist.

Ein Test weist nur vorhandene Fehler aus, beweist aber nie die Fehlerfreiheit eines Systems. Deshalb ist die Testung stets ein iterativer Prozeß. Es ist vom psychologischen Standpunkt her günstig, den separaten und den integrierten Test von verschiedenen Personen ausführen zu lassen. Der separate Test wird vom Programmierer des zu testenden Moduls ausgeführt. Der integrierte Test obliegt dem Programmierer, der für das Gesamtsystem oder ein Teilsystem, zu dem der Modul gehört, verantwortlich ist. Von jedem Test sind Testprotokolle anzufertigen und aufzubewahren.

Die Verwaltung bezieht sich auf die gesamte Entwicklungsphase, eigentlich bereits auf die Planung. Zu verwalten sind sämtliche Ergebnisse des Entwicklungsprozesses, d. h.

— Dokumentationen der Nutzerspezifikationen,
— Dokumentationen der Entwurfsschritte,
— Dokumentationen der Moduln,
— Testprotokolle,
— Dokumentationen entstandener Hilfsprogramme (z. B. Simulationsprogramme und simulierte Daten),
— Moduln des Endproduktes.

Die sorgfältige Verwaltung der Unterlagen hat für die Implementierung große Bedeutung, besonders bei einer arbeitsteiligen Erarbeitung. Dabei ist der ständige Zugriff zu allen Unterlagen zu sichern. Um das zu erreichen, wird an der Bereitstellung von Systemen zur rechnergestützten Verwaltung von Systemunterlagen gearbeitet.

5.5. Beispiel

5.5.1. Planung

Der zukünftige Nutzer, ein Konstrukteur, wendet sich an den EDV-Fachmann mit dem Auftrag, ein Programmsystem
„Rechnergestützter Entwurf von Schiffsmaschinenanlagen“[1])
(im folgenden mit RESA abgekürzt) zu erarbeiten.
Zunächst wird der Auftraggeber nur eine globale verbale Formulierung der Aufgabenstellung vorlegen können:
Der Entwurf einer Schiffsmaschinenanlage hat das Ziel, eine Anzahl aufeinander abgestimmter Maschinen und Baugruppen in Abhängigkeit einiger vom Auftraggeber vorgegebener Schiffsparameter zu bestimmen. Dazu werden charakteristische Leistungsparameter der technischen Gebilde ermittelt, die eine mögliche Bestimmung der Gebilde aus einem Angebotskatalog zulassen oder die Aufgabenstellung für die konstruktive Entwicklung liefern.

Die Eingabewerte für den Entwurf der technischen Gebilde sind:

SP — Schiffsparameter,
KO — allgemeine Parameter, deren Werte selten geändert werden (als Konstanten zu betrachten),
AE — anlagen- oder gebildespezifische Eingabedaten.

Die Ausgabewerte sind

AP — anlagen- oder gebildespezifische, charakteristische Parameter,
AK — anlagen- oder gebildespezifische Katalogwerte, die sich aufgrund der charakteristischen Parameter aus dem Katalog ermitteln lassen.

Der Katalog DK sei als verfügbarer Datenbestand gegeben. Nunmehr wird der EDV-Fachmann in der Phase der Planung den Auftraggeber veranlassen, seine Vor-

[1]) Das hier vorgestellte Beispiel entstand nach einem experimentellen System des Rechenzentrums der Wilhelm-Pieck-Universität Rostock.

stellungen schrittweise zu präzisieren, damit eine Grundlage für den Entwurf geschaffen wird. Entsprechend Abschnitt 5.2. wird mit der funktionellen Spezifikation begonnen.

RESA soll Funktionen zum Entwurf von

- Hauptmaschine (HM),
- Propeller (PR),
- Wellenleitung (WL),
- Getriebe (GT),
- Kupplung (KU) und
- Hilfsmaschinenanlage (HA)

bereitstellen. Wesentlich ist, daß ein Überblick über die Parameter (d. h. Ein- und Ausgabedaten) der einzelnen Funktionen gegeben wird. Wir verwenden hierzu die in der Mathematik übliche Notation.

Für die Hauptmaschine gilt:

$$HM : E \times SP \times DF \rightarrow D1 \times L.$$

Dabei ist

E ein Tripel von gebildespezifischen Eingabedaten, bestehend aus
  ETAS : **reell** (Gütegrad der Wellenleitung),
  ETAO : **reell** (Wirkungsgrad des freifahrenden Schiffes),
  ETAR : **reell** (Gütegrad der Anordnung),

SP ein 8-Tupel von Schiffsparametern, bestehend aus
  LPP : **reell** (Länge des Schiffes),
  B : **reell** (Breite des Schiffes),
  T : **reell** (Tiefgang des Schiffes),
  CB : **reell** (Blockkoeffizient),
  V : **reell** (Geschwindigkeit des Schiffes),
  DW : **reell** (Tragfähigkeit des Schiffes),
  RT : **reell** (Widerstand des propellerlosen Schiffes),
  X : **ganzzahlig** (Schraubenzahl),
DF : **reell** (Wellenleitmodul),
D1 : **reell** [1:6] (Motorgrößen entsprechend L)
L : **reell** (ermittelte Motorleistung).

An dieser Stelle muß nun angegeben werden, in welcher Weise sich die Ausgabedaten aus den Eingabedaten berechnen lassen. In unserem Beispiel ist das für L eine Formel, und für D1 ist auf der Grundlage von L eine Recherche im Katalog DK durchzuführen. Auf die Berechnungsvorschrift wird auch weiterhin verzichtet.

Wir fahren mit der Beschreibung der Funktionen fort.

Für den Propeller gilt:

$$PR : VA \times SP \times DF \times D1 \rightarrow P.$$

Dabei sind

VA : **reell** (Anströmgeschwindigkeit)
SP, DF, D1 wie bei HM,

P ist ein Tripel von gebildespezifischen Daten, bestehend aus
PD : **reell** (Propellerdurchmesser),
PS : **reell** (Propellersteigung),
PZ : **reell** (Propellerdrehzahl).

Für die Wellenleitung gilt:

WL : KO × KEG × DF × P × D1 → W.

Dabei ist

KO ein 5-Tupel allgemeiner Parameter, bestehend aus
G : **reell** (Erdbeschleunigung),
PO : **reell** (Atmosphärendruck),
RHO : **reell** (Dichte des Seewassers),
RHOK : **reell** (Dichte des Kraftstoffs),
RHOS : **reell** (Dichte des Öls).
KEG ist ein Tripel von gebildespezifischen Daten, bestehend aus
KA : **reell** (Wellenunterteilungsparameter),
E : **reell** (Elastizitätsmodul),
G : **reell** (Blockgröße),
DF, P, D1 wie bereits beschrieben,
W ist ein 4-Tupel von gebildespezifischen Daten, bestehend aus
WD : **reell** [1:3] (Wellendurchmesser),
WM : **reell** [1:3] (Wellenmassen),
WB : **reell** [1:3] (Wellendurchbiegungen),
WV : **reell** [1:3] (Wellenverdrehungen).

Bemerkung:
Die Indizes sind Wellenabschnitten zugeordnet:

1. Druckwelle,
2. Zwischenwelle,
3. Propellerwelle.

Für das Getriebe gilt:

GT : Z × RMY × DF × W × P × D1 → UNL.

Dabei ist

Z : **reell** (Zähnezahl),
RMY : **reell** (Reibungsbeiwerk),
DF, W, P, D1 wie bereits beschrieben.
UNL ist ein Paar gebildespezifischer Daten, bestehend aus
UN : **reell** (Übersetzungsverhältnis),
LG : **reell** (Leistung des Getriebes).

Für die Kupplung gilt:

KU : KO × W × P × D1 → K.

Dabei ist

KO, W, P, D1 wie bereits beschrieben,

K ein 5-Tupel von gebildespezifischen Daten, bestehend aus
K1 : **reell** (Schlupf),
K2 : **reell** (Wirkungsgrad),
K3 : **reell** (Massenträgheitsmoment),
K4 : **reell** (Schwungmoment),
K5 : **reell** (Drehmoment).

Für die Hilfsmaschinenanlage gilt:

HA : HD × KO × SP × D1 → H.

Dabei ist

HD, H eine Menge von aggregatspezifischen Daten für die Hilfsmaschinenanlage, auf deren nähere Spezifizierung wir verzichten, um die Darstellung übersichtlich zu halten. Bei der konkreten Ausführung muß die Funktion HA in mehrere einzelne Funktionen der Hilfsmaschinenanlage aufgeteilt werden,

KO, SP, D1 wie bereits beschrieben.

Damit ist, bis auf die vorgenommenen Vernachlässigungen, die funktionelle Spezifikation abgeschlossen.

Der Auftraggeber wird nun nach seinen Vorstellungen zur Nutzungstechnologie befragt:

- geplante Nutzungsformen:
  Der Nutzer möchte mit RESA direkt im Dialog verkehren. Auf den Lösungsprozeß will er aktiv Einfluß nehmen. Es wird gefordert, daß der Nutzer über die Ergebnisse jedes Lösungsschrittes sofort informiert wird und daß er den Lösungsprozeß von einer beliebigen Stelle an wiederholen kann. Das System soll dem Nutzer nur die Auswahl sinnvoller Lösungsschritte gestatten.
- Gestaltung von Nutzungsrechten:
  RESA soll zur freien Verfügung stehen. Die Nutzungsgebühren werden über den normalen Abrechnungsmodus für die Rechenzeit bestimmt.
- geplante Nutzungsdauer und Nutzungshäufigkeit:
  Es ist mit einer Nutzungsdauer von 10 Jahren (bis zum moralischen Verschleiß) zu rechnen. Die Nutzung wird mit wöchentlich maximal 2 Stunden, aufgeteilt auf die einzelnen Tage, angesetzt.
- geschätzter Wartungsaufwand durch Anpassungen:
  In größeren Abständen (etwa jährlich) ist mit Erweiterungswünschen zu rechnen, die aber ausschließlich die funktionelle Seite betreffen. Später (nach Ablauf der Nutzungsdauer) ist die Integration in ein umfassendes Konstruktionssystem zu erwägen. Dann wäre der Übergang auf eine andere Rechentechnik erforderlich. Sämtliche Wartungs- und Erweiterungsarbeiten werden dem Entwickler übertragen.
- Gestaltung der Vorbereitungsphasen:
  Da die funktionelle Variabilität nicht sehr groß ist und auch die Anzahl der einzugebenden Werte pro Lösungsschritt relativ klein ist, wird keine explizite Aufgabenformulierungssprache gewünscht. Alle Eingaben des Nutzers sollen über Bildschirm erfolgen, und zwar
  - Auswahl von Lösungsschritten über ein Menüangebot,

- Eingabe von Parametern durch Ausfüllen von Tabellenpositionen mit Werten.

  Die Arbeiten zur Ressourcenbereitstellung sollen automatisch ablaufen, wenn das System für die Nutzung verfügbar gemacht wird.
- Gestaltung der Durchführungsphase:

  Es werden keine automatischen Havariemaßnahmen gefordert, Ablaufprotokolle werden u. a. nicht verlangt. Der Nutzer soll die Möglichkeit haben, auf Wunsch nach jedem Lösungsschritt alle Zwischenergebnisse gesondert abzuspeichern.
- Gestaltung der Nachbereitungsphase:

  Über Bildschirm sind jeweils alle Ergebnisse eines durchgeführten Lösungsschrittes auszugeben. Anhand dieser Daten entscheidet der Nutzer über die Wiederholung von Lösungsschritten oder die Fortsetzung. Jedes Zwischenergebnis soll nach Wunsch des Nutzers ausgegeben werden können. Alle Endergebnisse sollen als Druckliste und zur maschinellen Weiterverarbeitung zusammengestellt in einer Datenbasis abgespeichert werden.

Die EDV-technologischen Forderungen sind lediglich auf die Verwendung der im Betrieb vorhandenen Kleinrechentechnik ausgerichtet. Kompatibilitätsforderungen werden keine erhoben.

Nunmehr kann sich der Entwickler über die „Ausbaustufe“ der für die Realisierung von RESA erforderlichen Software Gedanken machen. Er entscheidet sich für ein spezialisiertes (geschlossenes) Programmsystem, denn:

- Der Inhalt ist (relativ) abgeschlossen. Das System braucht Erweiterungen nicht zu unterstützen. Es wird erwartet, daß die Steuerung des Lösungsprozesses vom System kontrolliert wird.
- Der Umfang ist groß, Vorbereitungs- und Nachbereitungsarbeiten sind enthalten.
- Die Form ist kompliziert, da die Verflechtung zwischen den Moduln beachtet werden muß und eine dialogische Nutzung erwartet wird. Die zu behandelnden Datenstrukturen sind hier allerdings elementar.

Die vorgesehene hohe Nachnutzungsrate rechtfertigt den erhöhten Aufwand zur Realisierung eines spezialisierten Programmsystems.

5.5.2. Entwurf

Auf der Grundlage der funktionellen Spezifikation der Aufgabenstellung wollen wir nun die Szenenbasis entwerfen. Dabei kommt es zunächst darauf an, durch schrittweise Verfeinerung solche Szenen zu erhalten, die in übersichtlicher Weise als Programmmoduln realisierbar sind. Für unser Beispiel dürfte das bereits durch die festgelegten Grundfunktionen — bis auf die Berechnung der Hilfsmaschinenanlage, auf deren Verfeinerung wir aber verzichten wollen — erfüllt sein. Der funktionelle Entwurf beschränkt sich also hier auf die Festlegung von Abarbeitungsreihenfolgen. Diese Reihenfolge ist primär durch den Datenfluß zwischen den einzelnen Szenen bestimmt. In Abb. 5.4a ist ein datenflußorientiertes Szenarium für den Lösungsprozeß in RESA angegeben. Aus diesem Szenarium können notwendige Vorgänger-Nachfolger-Beziehungen abgeleitet werden. Diese sind in Abb. 5.4b noch einmal übersichtlicher angegeben.

Damit ist — bis auf die angegebenen Vernachlässigungen — der funktionelle Entwurf abgeschlossen. Es ist nun der funktionelle Entwurf so in einen programmtechnischen Entwurf umzusetzen, daß auch die nutzungstechnologischen und EDV-technologischen Forderungen des Auftraggebers berücksichtigt werden.

Aus der Forderung nach dialogischen Nutzung von RESA resultiert, daß die Rahmensteuerung als Dialogsteuerung ausgelegt wird. Wir wählen dazu die im Abschnitt 4.2.3. vorgeschlagene Form. In jedem Dialogschritt soll genau ein Lösungsschritt ausgewählt werden. Das bedingt eine interpretierende Arbeitsweise (s. Abschn. 4.1.3.). Die Steuerung des Durchführungsprozesses hat jetzt nur die in der Vorbereitungsphase vom Nutzer aktiv bestimmte Szene zu aktivieren. Man kann auf eine explizite Steuerung des Durchführungsprozesses verzichten und diese Aufgabe direkt der Dialogsteuerung mit übertragen. In Abb. 5.5 ist das Blockschema angegeben.

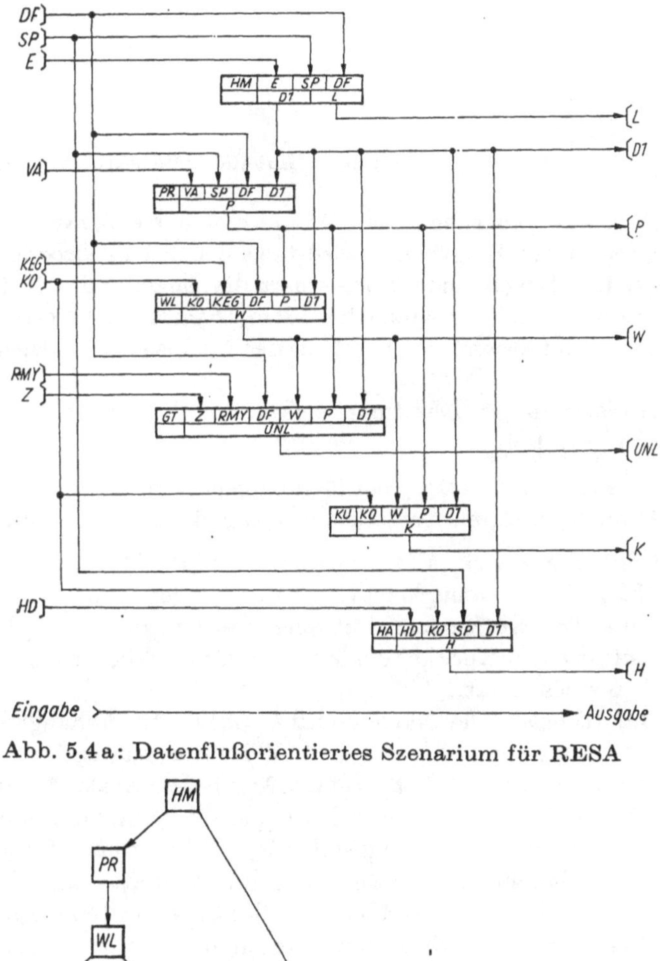

Abb. 5.4a: Datenflußorientiertes Szenarium für RESA

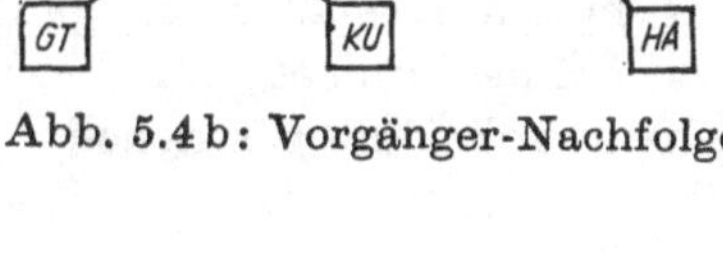

Abb. 5.4b: Vorgänger-Nachfolger-Beziehungen im RESA-Szenarium

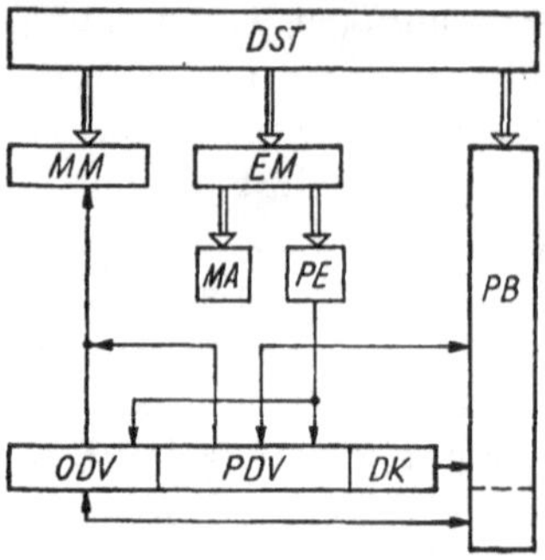

DST : Dialogsteuerung
MM : Mitteilungsmodul
EM : Eingabemodul
MA : Menüangebots - Modul
PE : Parametereingabe - Modul
PB : Programmbasis
DK : Datenbestand (Katalog)
PDV : Problemdaten - Verwaltung
ODV : Organisationsdaten - Verwaltung

Abb. 5.5: Globale Architektur von RESA

Man erkennt, daß die Dialogsteuerung direkt Programme der Programmbasis ruft. Die Auswahl des entsprechenden Programms wird über den Rückkehrcode des Eingabemoduls spezifiziert. Der Eingabemodul analysiert die Eingabe des Nutzers, die dieser zur Präzisierung der Aufgabenstellung in jedem Dialogschritt vornimmt. Im Rückkehrcode des Eingabemoduls wird das Ergebnis der Analyse der Dialogsteuerung übermittelt.

Der Eingabemodul realisiert die Vorbereitungsphasen. Zur Gestaltung der Vorbereitungsphasen wurde gefordert, daß

— die Auswahl von Lösungsschritten über ein Menüangebot und
— die Eingabe von Parametern durch Ausfüllen von Tabellenpositionen mit Werten

erfolgt. Das impliziert den Einsatz eines Menüangebot-Moduls (MA) und eines Parametereingabemoduls (PE). In Abhängigkeit vom vorliegenden Dialogzustand gibt MA ein Menüangebot aus. Der Nutzer markiert eine Position, und MA gibt an EM entsprechend dieser Position einen Rückkehrcode ab. Dieser Rückkehrcode spezifiziert die Parameter, die PE einzulesen hat.

Der Mitteilungsmodul realisiert die Nachbereitungsphase. In Abhängigkeit vom Dialogzustand werden Zwischenergebnisse auf dem Bildschirm ausgegeben.

Die Datenbasis ist in drei Datenmoduln aufgeteilt. Der feste Katalog ist als Datenbestand DK, der nur von der Programmbasis gelesen werden kann, zusammengefaßt. Der Modul PDV zur Problemdatenverwaltung stellt Zugriffsfunktionen für alle in der funktionellen Spezifikation beschriebenen Ein- und Ausgabedaten zur Verfügung. Eine solche programmtechnische Zusammenfassung aller dieser Daten empfiehlt sich deshalb, weil die Sicherstellung aller Zwischenwerte zu beliebigen Zeitpunkten gefordert wurde. Das kann nun einfach durch die Kopie dieses Moduls erreicht werden. Der Modul ODV faßt Organisationsdaten zusammen, auf die später eingegangen wird. PDV und ODV werden von MM gelesen und von PE beschrieben, von den Programmen der Programmbasis gelesen und beschrieben, wobei die gestrichelte Linie im

Block PB andeuten soll, daß auf ODV nur Programme mit „Organisationscharakter" wirken.

In Abb. 5.6 ist das Prinzip der Steuerung von RESA angegeben. Nun gehen wir dazu über, die Funktion der Steuerung genau festzulegen. Die Aufgabe der Dialogsteuerung ist es, die Einhaltung der Reihenfolge von Lösungsschritten gemäß der

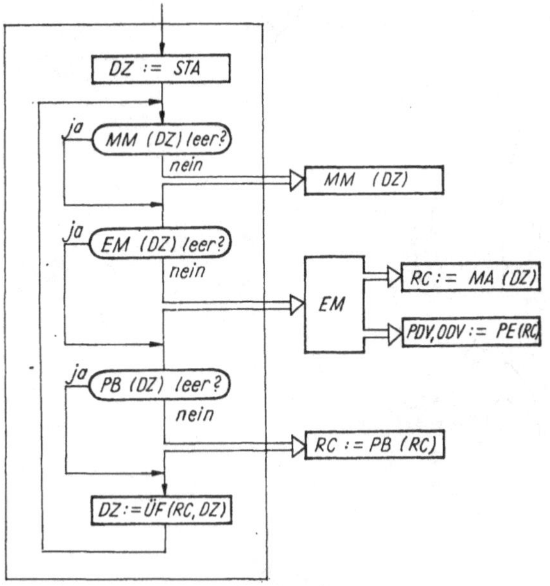

Abb. 5.6: Prinzip der Dialogsteuerung in RESA

Abb. 5.4 zu überwachen. Dabei ist zu berücksichtigen, daß aus den Forderungen zur Nutzungstechnologie zusätzliche Bearbeitungsschritte erforderlich werden. Wir führen noch ein:

- EKO: Eingabe der konstanten Werte KO = (G, PO, RHO, RHOK, RHOS), da diese in mehrere Lösungsschritte eingehen;
- ESP: Eingabe der Schiffsparameter SP = (LPP, B, T, CB, V, DW, RT, X), da diese in mehrere Lösungsschritte eingehen;
- SPZ: Speicherung von allen Zwischenergebnissen unter einem vom Nutzer anzugebenden Code;
- REA: Reaktivierung des Bearbeitungsprozesses auf der Grundlage abgespeicherter Zwischenergebnisse; die Bearbeitung wird dann auf dem durch die Zwischenergebnisse definierten Stand fortgesetzt;
- STO: Beendigung der Bearbeitung; alle Ergebnisse werden auf Drucklisten ausgegeben bzw. in der Datenbasis abgespeichert.

Die Schritte EKO und ESP können in beliebiger Reihenfolge am Beginn der Bearbeitung aktiviert werden, EKO kann, ESP muß aktiviert werden. Wenn EKO nicht aktiviert wird, werden Standardkonstanten genutzt.

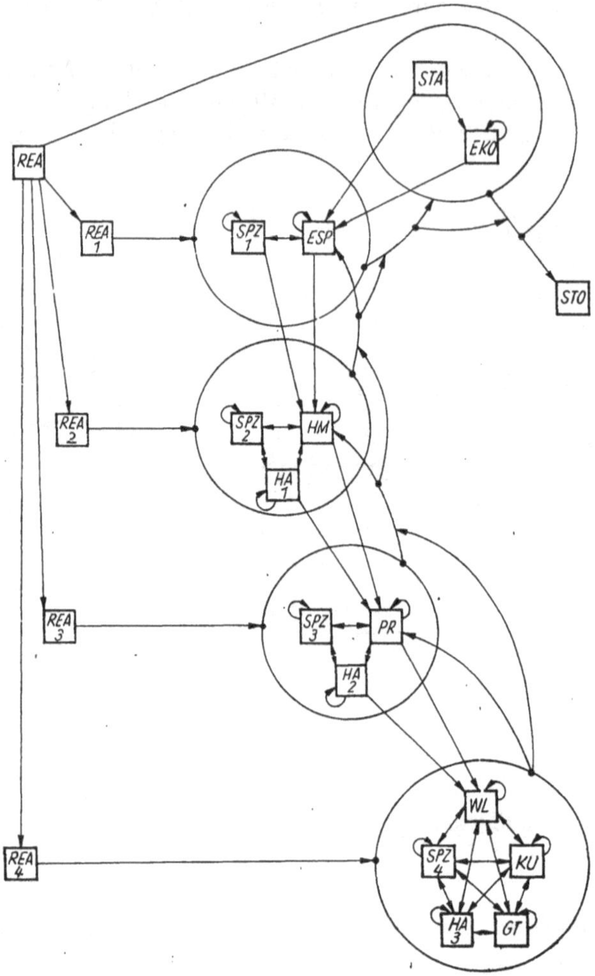

Abb. 5.7: Mögliche Zustandsübergänge in RESA

Zu STO und REA kann an beliebiger Stelle übergegangen werden, zu SPZ nur nach ESP, dann aber an beliebiger Stelle.

Abb. 5.7 zeigt die möglichen Übergänge. Der Übersicht wegen wurden die Übergänge zu REA und STO nicht explizit eingezeichnet. Man erkennt, daß die eingekreisten Zustände gleiches Überführungsverhalten haben. Die von großen Kreisen ausgehenden Pfeile sollen andeuten, daß alle Zustände innerhalb des Kreises einen Übergang zum entsprechenden Ziel haben. Analog bedeutet der zu einem Kreis hingehende Pfeil einen möglichen Übergang zu allen Zuständen im Kreis. Die ausführliche Beschreibung der Überführungsfunktion ist in Tabelle 5.1 angegeben.

Dabei ist folgendes zu beachten:

– HZ ist ein Hilfszustand, der nur eingeführt wird, um die Beschreibung der Überführungsfunktion einfacher zu gestalten. Für HZ wird keine Mitteilung ausgegeben, und auch die Moduln EM und PB werden nicht aktiviert. Der Übergang nach

Tabelle 5.1: Überführungsfunktion für Dialogzustände in RESA

DZ	RC → NDZ
STA, EKO	→ HZ1
HZ	EKO → EKO ESP → ESP REA → REA STO → STO
ESP, SPZ1, REA1	HM → HM SPZ → SPZ1 → HZ
HM, SPZ2, REA2, HA1	HM → HM PR → PR HA → HA1 SPZ → SPZ2 → HZ
PR, SPZ3, REA3, HA2	HM → HM PR → PR WL → WL HA → HA2 SPZ → SPZ3 → HZ
WL, KU, GT, SPZ4, REA4, HA3	HM → HM PR → PR WL → WL KU → KU GT → GT HA → HA3 SPZ → SPZ4 → HZ
REA	ESP, SPZ1, REA1 → REA1 HM, SPZ2, REA2, HA1 → REA2 PR, SPZ3, HA2 → REA3 WL, KU, GT, SPZ4 REA4, HA3 → REA4

HZ ist von keiner Bedingung abhängig, beim Eintreten von STA oder EKO wird also stets nach HZ übergegangen. Die Dialogsteuerung durchläuft einen Zyklus, ohne Aktivitäten zum Lösungsprozeß auszulösen, und geht dann in einen „relevanten" Folgezustand über.

– Die Einführung von verschiedenen Zuständen SPZ und HA ist erforderlich, um die durch den Datenfluß festgelegten Vorgänger-Nachfolger-Beziehungen einzu-

Tabelle 5.2: Spezifikation des Mitteilungsmoduls

DZ	Mitteilung
STA	'SIE BEGINNEN DIE ARBEIT MIT RESA'
EKO	'AKTUELLE KONSTANTEN SIND: ERDBESCHLEUNIGUNG= 'PDV(G)' ATMOSPHAERENDRUCK= 'PDV(PO)' DICHTE DES SEEWASSERS = 'PDV(RHO)' DICHTE DES KRAFTSTOFFS = 'PDV(RHOK)' DICHTE DES OELS = 'PDV(RHOS)''
ESP	'AKTUELLE SCHIFFSPARAMETER SIND: LAENGE DES SCHIFFES = 'PDV(LPP)' ⋮ SCHRAUBENZAHL = 'PDV(X)''
HM	'DIE WERTE DER HAUPTMASCHINE SIND: MOTORLEISTUNG = 'PDV(L)'' MOTORGROESSE1 = ...'
⋮	
SPZ1, SPZ2, SPZ3, SPZ4	'DIE ZWISCHENERGEBNISSE VOM 'ODV(DATUM)'UM'ODV(ZEIT)' WURDEN UNTER DEM CODE 'ODV(CODE)'ABGESPEICHERT'
REA	'REAKTIVIERUNG MIT ZWISCHENERGEBNISSEN CODE='ODV(CODE)' VOM 'ODV(HDATUM)'UM'ODV(HZEIT)' DURCHGEFUEHRT!'
HZ REA1, REA2, REA3, REA4	leer

halten. Es darf zum Beispiel nicht möglich sein, von HM über HA nach WL zu gelangen, ohne über PR zu gehen.

In Tabelle 5.2 ist die Arbeit des Mitteilungsmoduls spezifiziert. Zu jedem Dialogzustand DZ ist der auszugebende Text angegeben. Im Text sind variable Größen enthalten, die durch entsprechende Größen aus den Datenmoduln PDV bzw. ODV zu ersetzen sind. Für ODV bedeutet:

DATUM — das aktuelle Datum,
ZEIT — die aktuelle Uhrzeit,
CODE — eine Zeichenkette, die vom Nutzer bei SPZ angegeben wurde,

Tabelle 5.3: Spezifikation des Menüs

DZ	Menü	RC
STA, EKO	'SETZEN SIE FORT MIT:	
	– EINGABE VON KONSTANTEN ?	EKO
	– EINGABE DER SCHIFFSPARAMETER ?	ESP
	– REAKTIVIERUNG ?	REAH
	– BEENDIGUNG ?'	STO
ESP, SPZ1, REA1	'SETZEN SIE FORT MIT:	
	– BERECHNUNG DER HAUPTMASCHINE ?	HM
	– SPEICHERUNG DER ZWISCHEN-ERGEBNISSE ?	SPZ
	– EINGABE VON KONSTANTEN ?	EKO
	– REAKTIVIERUNG ?	REAH
	– BEENDIGUNG ?'	STO
HM, SPZ2, REA2, HA1 ⋮	⋮	
HZ, REA	leer	

HDATUM – ein Datum, das aus der Beschreibung abgespeicherter Zwischendaten entnommen wurde,

HZEIT – eine Uhrzeit, die aus der Beschreibung abgespeicherter Zwischendaten entnommen wurde,

HDZ – ein gemerkter Dialogzustand.

Das aktuelle Datum und die aktuelle Uhrzeit können durch den Modul ODV vom Betriebssystem erfragt werden.

Die Tabellen 5.3 und 5.4 spezifizieren die Arbeit der Moduln MM und PE. Für die Dialogzustände HZ und REA wird EM nicht aktiviert, es wird weder ein Menüangebot unterbreitet, noch eine Parametereingabe verlangt. Der Modul MA gibt den Rückkehrcode ab, der hinter der Zeile im Menü notiert ist, auf die der Nutzer seinen Lichtstift oder den Cursor positioniert. Wurde er auf keine dieser Zeilen positioniert, wird der Rückkehrcode ERR (für Fehler) abgesetzt. In diesem Fall wiederholt EM selbständig das Menüangebot.

Bei der Eingabe von Parametern wird zuerst der angegebene Text auf den Bildschirm ausgegeben. An gewissen Positionen (hinter den Gleichheitszeichen) muß der Nutzer Werte eintragen, die dann von PE in die Datenverwaltungsmoduln PDV bzw. ODV an die entsprechenden Stellen eingespeichert werden.

Es bleibt die Wirkung von PB zu spezifizieren. PB ruft die durch RC angegebenen Programme aus der Programmbasis auf. Für den Zustand HZ soll PB nicht aktiviert werden.

Tabelle 5.4: Spezifikation der Parametereingabe

RC	Eingabe
EKO	'FUELLEN SIE AUS: ERDBESCHLEUNIGUNG = 'PDV(G)' ATMOSPHAERENDRUCK = 'PDV(PO)' DICHTE DES SEEWASSERS = 'PDV(RHO)' DICHTE DES KRAFTSTOFFS = 'PDV(RHOK)' DICHTE DES OELS = 'PDV(RHOS)' '
ESP	'FUELLEN SIE AUS: LAENGE DES SCHIFFES = 'PDV(LPP)' ⋮ SCHRAUBENZAHL = 'PDV(X)' '
HM	'FUELLEN SIE AUS: GUETEGRAD DER WELLENLEITUNG = 'PDV(ETAS)' WIRKUNGSGRAD . . . ⋮ WELLENLEITMODUL = 'PDV(DF)' '
⋮	
SPZ	'CODE FUER ZWISCHENERGEBNISSE = 'ODV(CODE)' '
REAH	'FUELLEN SIE AUS: CODE ZUR REAKTIVIERUNG = 'ODV(CODE)' '
STO	leer

Die Funktion der Moduln EKO, ESP, HM, PR, WL, KU, GT, HA und STO wurde bereits beschrieben. Wir ergänzen:

SPZ – speichert den Modul PDV zusammen mit dem aktuellen Datum (aus ODV (DATUM)), der aktuellen Zeit (aus ODV (ZEIT)) und dem Dialogzustand unter einem CODE (aus ODV(CODE)) ab;
RC wird nicht verändert.

REAH – sucht die unter ODV(CODE) abgespeicherten Zwischenergebnisse und setzt PDV sowie ODV(HDATUM), ODV(HZEIT) und ODV(HDZ) auf diesen Stand:
RC := 'REA'.

REA – RC := ODV(HDZ)

Somit sind REAH und REA die einzigen Programme aus der Programmbasis, die den Rückkehrcode verändern.

Bei der Reaktivierung wird von der Dialogsteuerung folgendes ausgeführt:

1. Durch Wahl der Reaktivierung in einem Menü wird
   RC = 'REAH'.
2. Die Parametereingabe zu REAH bewirkt, daß ODV(CODE) gesetzt wird.
3. Der Aufruf von REAH aus der Programmbasis bewirkt, daß
   - ODV(HDZ) sich aus dem zu ODV(CODE) gehörenden Dialogzustand ergibt und
   - RC := 'REA'.
4. Übergang zum neuen Dialogzustand DZ = REA.
5. Die zu REA gehörende Mitteilung
   'REAKTIVIERUNG MIT ...'
   wird durch MM ausgegeben.
6. EM wird übergangen.
7. Der Aufruf von REA aus der Programmbasis bewirkt, daß
   RC := ODV(HDZ).
8. Übergang zum neuen Dialogzustand REA1, REA2, REA3 oder REA4.
9. Es wird keine Mitteilung ausgegeben.
10. Es wird ein entsprechendes Menü angeboten.

Mit der Spezifizierung der Moduln DST, MM, EM, MA, PE, PB, ODV, PDV können wir den Entwurf als abgeschlossen betrachten. Zu Realisierungsbedingungen, Wahl von Programmiersprachen und Festlegung von Testpunkten wollen wir keine Aussagen treffen. Es soll auch darauf hingewiesen werden, daß keine Verifikation des Entwurfs durchgeführt wurde; möglich und sinnvoll wäre sie zum Beispiel bezüglich der Einhaltung notwendiger Abarbeitungsreihenfolgen durch die Dialogsteuerung.

5.5.3. Implementierung

Bezüglich der Implementierung wollen wir nur wenige Bemerkungen zur

- Art der Realisierung und
- Reihenfolge der Realisierung

machen.

Aus der Art und Weise der Beschreibung des Entwurfs kann man bereits erkennen, daß die Funktion der Organisationsmoduln DST, MM, MA und PE hauptsächlich über Tabellen beschrieben wird. Es bietet sich deshalb an, diese Moduln als „Tabellen-getriebene" Programme zu implementieren. Dazu werden die Tabellen zunächst maschinenlesbar aufbereitet (auf Lochkarte oder Lochband erfaßt). Spezielle „Einleseprogramme" wandeln die Tabellen in eine interne Form um, die dann leicht interpretiert werden kann. Es liegen hier analoge Verhältnisse zur externen und internen Form von Szenarien vor (s. Abschn. 4.2.1. und 4.2.2.). Der Vorteil einer solchen Verfahrensweise ist, daß

- die Entwurfsbeschreibung rechnergestützt in eine Implementierung übergeht,
- Änderungen im Entwurf keine oder geringfügige Änderungen in der Implementierung mit sich bringen,
- Erweiterungen problemlos durchgeführt werden können,

— die Moduln auch für andere Programmsysteme nutzbar sind und
— die Tabellen gleichzeitig eine ausgezeichnete Dokumentation darstellen.

Der Nachteil besteht im erhöhten Implementierungsaufwand, der sich natürlich nur dann lohnt, wenn wie in unserem Beispiel komplizierte Abläufe zu realisieren sind.

Die Reihenfolge der Implementierung wird durch die Modulhierarchie beeinflußt. In unserem Fall wäre folgende Reihenfolge zu empfehlen:

1. DST,
2. (MM, EM, MA, PE), PB,
3. PDV, ODV, DK

Die eingeklammerten Moduln sollten wegen ihrer funktionellen Ähnlichkeit von einer Person oder einem eng zusammenarbeitenden Kollektiv implementiert werden. In der gleichen Hierarchieebene angeordnete Moduln können parallel realisiert werden.

6. Mathematische Modellierung

Aufgabe der mathematischen Modellierung ist es, für konkrete Programmsysteme Modelle bereitzustellen, um daraus Eigenschaften des realen Systems zu analysieren und damit Entscheidungshilfen im Entwurfs- und Implementierungsprozeß bereitzustellen. Grundlage hierfür ist die Bildung von Theorien, um systematisch die Eigenschaften gewisser Modellklassen zu studieren. Aus den theoretischen Untersuchungen lassen sich dann sowohl Analyseverfahren als auch geeignete Beschreibungsformen ableiten, die bei der Modellierung konkreter Systeme angewendet werden können.

6.1. Allgemeine Gesichtspunkte

In den vorangegangenen Ausführungen wurde unter anderem deutlich gemacht, daß eine übersichtliche und exakte Beschreibung der Funktion und der Struktur eines Programmsystems für den Entwurfs-, Implementierungs- und Nutzungsprozeß große Bedeutung hat.

Eine formale Beschreibung ist ein erster, notwendiger Schritt zur exakten Festlegung des Systems. Der Vorteil formaler Beschreibungen ist z. B. durch die langjährige Anwendung von Syntaxbeschreibungsformen bei Programmiersprachen (Backus-Naur-Form [NAUR66], Syntaxdiagramme [WIRT72], Zweistufengrammatik [WIJN72] und auch VDL (Vienna Definition Language) [ZEMA68] nachhaltig belegt. Die formale Notation der Syntax einer Programmiersprache ist heute eine übliche Praxis. Auf ihrer Grundlage lassen sich syntaktische Eigenschaften der Sprachen ableiten, und sie bilden gleichzeitig Voraussetzung für die rechnergestützte Implementierung der Sprachen. Die Systeme zur Fachsprachenimplementierung sind bereits eine Klasse von Systemen zur Rechnerunterstützung bei der Programmsystemimplementierung, z. B. DEPOT und PCDL [LEHM79].

Die formale Beschreibung von Programmsystemen bzw. gewisser Teile derselben liefert ein Modell. Folgende Ziele werden bei der Modellbildung angestrebt:

- exakte Beschreibung des Programmsystems durch ein formales Modell als Grundlage einer konzeptuellen Ebene mit der Angabe von Transformationsregeln für die Festlegung der Schnittstellen zum Nutzer (externe Ebene) und zur tatsächlich vollzogenen Implementierung (interne Ebene),
- Grundlage der Gewinnung von praxisrelevanten Aussagen über bestimmte Eigenschaften des Systems: Struktureigenschaften, Zuverlässigkeit, Datenflußeigenschaften, Integrität u. a. m.,

— generelle Entwurfsgrundlage von Programmsystemen (mathematische Entwurfstechnologie).

Der gegenwärtige Stand der formalen Modellbildung orientiert sich im wesentlichen am ersten Ziel. Spezielle Untersuchungen lieferten Ergebnisse zur zweiten Zielsetzung. Ansätze in Verbindung mit den Ergebnissen der zweiten Gruppe konnten bereits die Entwurfstechnologie befruchten (vgl. [SOFT76] und [PRAC78]).

Bei der Modellierung wird man nicht nur eine Zielstellung verfolgen. Für unterschiedliche Teile des Systems werden verschiedene Grundmodelle gewählt. Die Art der Modellierung hängt unter anderem von folgenden Faktoren ab:

— Sicht der Bearbeiter auf das System,
— Art der aufgetretenen Probleme beim Entwurf oder bei der Anwendung,
— mathematische Ausbildung und Denkschema der Bearbeiter.

Ziel jeglicher Modellierung sollte es sein, einfache, leicht zu handhabende und praktikable (rechentechnisch einfach realisierbare) Modelle zu schaffen bzw. zu verwenden.

Modellierung als formale Beschreibung bedingt die Existenz geeigneter formaler Kalküle und deren syntaktische Repräsentation, d. h. geeigneter Beschreibungsformen. Zwei Tendenzen sind zu erkennen:

— Darstellung von Programmsystemen und insbesondere ihrer Teile durch bereits bekannte mathematische Modelle: der Vorteil liegt im Vorhandensein einer ausgearbeiteten Theorie bzw. der Grundlage für eine Theorie,
— Ausarbeitung von problemspezifischen Beschreibungsmitteln: diese Variante konnte besonders für ein Drei-Ebenen-Konzept einschließlich der Transformationsregeln zwischen den Ebenen günstige Hilfsmittel bereitstellen (s. [KUPK75]).

Welche bekannten mathematischen Modelle bieten sich zur Anwendung an?

Als erstes sind hier — schon wegen den auffallenden Ähnlichkeiten in den Bezeichnungen — die abstrakten Automaten zu nennen. Abstrakte Automaten sind zustandsorientiert. Die Übergänge zwischen den Zuständen werden mittels der Überführungsfunktion gesteuert. Deshalb eignet sich der (endliche) abstrakte Automat insbesondere zur Modellierung der Steuerung von Programmsystemen, wie das auch in den Abschnitten 6.2.1. und 6.4.2. demonstriert wird. Eine anschauliche Darstellung eines endlichen Automaten kann durch einen gerichteten Graphen gegeben werden, wenn man die Knoten des Graphen mit den Zuständen des Automaten und die Bögen mit den durch die Überführungsfunktion festgelegten Übergängen identifiziert. Damit werden gerichtete Graphen als vorgangs- oder ablauforientierte Beschreibungsmittel interessant. Die Petri-Netze sind spezielle Arten von gerichteten Graphen. Sie sind stärker problemorientiert interpretiert und wurden ja auch speziell zur Untersuchung parallel arbeitender Systeme entwickelt. Petri-Netze sind noch nicht als klassische mathematische Modelle anzusehen. Ähnliches kann von den „abstrakten Objekten" gesagt werden, die mittels VDL beschreibbar sind. Um nun möglichst relevante problemorientierte Beschreibungsmittel zu erhalten, ist die Bildung spezieller mathematischer Theorien erforderlich. Zielstellung der theoretischen Untersuchungen ist die Gewinnung von Aussagen zu praxisrelevanten Eigenschaften der Modelle, zum Beispiel

- Ausdruckskraft:

  Was kann alles modelliert werden? Dabei kommt es darauf an, mit möglichst wenigen, einfachen Beschreibungsmitteln große Effekte zu erzielen und eventuell andere Mittel auf elementare zurückzuführen. Interessant sind vor allem Untersuchungen zu Hierarchien, indem die Beschreibungsmittel schrittweise eingeschränkt werden und die Ausdruckskraft der unterschiedlichen Hierarchiestufen untersucht wird. Klassisches Beispiel ist hier die Automatentheorie mit den Hierarchien Turing-Automat, linear-begrenzter Automat, Kellerautomat und endlicher Automat. Im Kapitel 3 wurde ein analoges Vorgehen bei den Architekturtypen demonstriert.

- Beziehungen zu anderen Modellarten:

  Da die Modellierung immer unter speziellen Zielstellungen erfolgt, sollten der Zielstellung angepaßte Modellarten gewählt werden. Diese Modellarten stehen untereinander in Beziehung, so daß Eigenschaften aus einer Modellart in eine andere übertragen werden können. Wohlbekannt sind zum Beispiel die Beziehungen zwischen abstrakten Automaten und formalen Sprachen.

- Existenz effektiver Algorithmen zur Bestimmung von Eigenschaften der Modelle:

  Dieser Aspekt ist für die Praxis wesentlich, da hierdurch Verhaltensvorhersagen möglich werden, die im Entwurfsprozeß Entscheidungshilfen liefern. Es existiert auch ein enger Zusammenhang zur Ausdruckskraft der Beschreibungsmittel. Zielstellung sollte es sein, nur solche Ausdrucksmittel zuzulassen, die „angenehme" Eigenschaften der formulierten Modelle absichern und effektive Verhaltensvorhersagen ermöglichen. Ein Beispiel solcher Vorhersagen ist die Lebendigkeit in Petrinetzen.

Natürlich bezieht man sich bei der Theorienbildung auf adäquate, bereits ausgebaute mathematische Theorien. Das sind hauptsächlich entsprechend der vorgestellten Beschreibungsmittel die Automatentheorie, Graphentheorie, Theorie formaler Sprachen, Algorithmentheorie, Wahrscheinlichkeitsrechnung und mathematische Statistik usw. Allerdings sind wegen des spezifischen, anwendungsorientierten Hintergrunds meist nur die Grundaussagen vorhandener Theorien weiterverwendbar. Ein Beispiel für eine problemorientierte Theorienbildung liefert die Theorie der Programmschemata, insbesondere in Verbindung mit den Untersuchungen zur Datenflußanalyse.

Wir können natürlich die Methoden und Verfahren der mathematischen Modellierung nicht vollständig und in allen Einzelheiten darlegen. Das würde weit über das Anliegen des Buches hinausgehen. Zielstellung soll sein, einen Eindruck zu vermitteln und den Leser für einige Probleme zu interessieren, die er anhand der Spezialliteratur ausführlich studieren kann.

6.2. Modellierung des determinierten Verhaltens

6.2.1. Programmschemata und formale Sprachen

Gegenstand der Theorie der Programmschemata ist die Untersuchung solcher Eigenschaften von Programmen, die vom Befehlssystem unabhängig sind.

In einem Programmschema abstrahiert man von der konkreten Wirkung der Befehle und vom Wertebereich. Als Repräsentanten der Befehle werden nur Bezeichnungen — sogenannte Befehlsbuchstaben — geführt. Durch eine Interpretation wird der Wertebereich festgelegt und jedem Befehlsbuchstaben ein konkreter Befehl zugeordnet. Ein Programm ist damit durch ein Programmschema und eine entsprechende Interpretation bestimmt. Unterschiedliche Interpretationen — auf das gleiche Programmschema angewendet — können unterschiedliche Programme ergeben. Alle diese Programme haben diejenigen Eigenschaften gemeinsam, die dem Programmschema eigen sind. Für die Praxis ist dieses Vorgehen deshalb relevant, weil viele praktische Problemstellungen (Programmoptimierung, Parallelisierung) vom speziellen Befehlssystem relativ unabhängig sind. Wie wir zeigen werden, können einige Aussagen der Theorie der Programmschemata auch auf die Steuerung von Programmsystemen angewendet werden. Wir stellen den Begriff des Programmschemas nach [KELL73] vor.

Ein Programmschema ist ein Tripel $PS = (B, A, \sigma)$ mit

$B = \{b, c, d, ...\}$ — eine Menge von Befehlsbuchstaben (Basis),

$A = \bigcup_{b \in B} A(b)$ — eine Menge von „Ausgängen", von denen die Teilmenge $A(b) = \{b_1, ..., b_{K(b)}\}$ jedem Befehlsbuchstaben b zugeordnet ist; $K(b)$ ist die Anzahl der Ausgänge von b, also $K(b) = |A(b)|$;

$\sigma: A^* \to \boldsymbol{P}(B)$ ist eine Steuerfunktion, die den Axiomen A1 und A2 genügt:

A1: $\forall x \in A^* \forall b \in B \forall b_i \in A(b): xb_i \in D(\sigma)$[1] $\leftrightarrow b \in \sigma(x)$

A2: $\forall x \in A^* \forall b \in B \forall b_i \in A(b): xb_i \in D(\sigma) \to (\sigma(x) \setminus \{b\}) \subseteq \sigma(xb_i)$.

Es wird ein schrittweises Arbeiten angenommen. In jedem Schritt wird in Abhängigkeit vom bisherigen Berechnungsverlauf — Berechnungsgeschichte genannt — ein Befehl aus einer Menge von Befehlen ausgewählt. Ein Wort x aus A^* charakterisiert die Berechnungsgeschichte: die Reihenfolge, in der bisher gewisse Befehle mit gewissen Ausgängen abgearbeitet wurden. Die Steuerfunktion wählt also in Abhängigkeit von der Berechnungsgeschichte eine Menge von Befehlsbuchstaben aus, aus der wiederum ein beliebiger zur „Abarbeitung" kommen kann. Durch das Axiom A1 wird gesichert, daß jede Berechnungsgeschichte xb_i aus dem vorangegangenen Schritt (das heißt aus der Berechnungsgeschichte x) mittels σ erzeugt werden kann und umgekehrt, daß eine über σ gewonnene Berechnungsgeschichte wieder im Definitionsbereich von σ liegt. Axiom A2 gewährleistet, daß nach Auswahl eines beliebigen Befehlsbuchstabens b aus $\sigma(x)$ im nächsten Schritt (das heißt zur Berechnungsgeschichte xb_i) alle restlichen Befehlsbuchstaben $\sigma(x) \setminus \{b\}$ weiterhin verfügbar sind. Die Reihenfolge der Auswahl ist damit beliebig, oder anders gesagt: alle Befehlsbuchstaben aus $\sigma(x)$ können parallel abgearbeitet werden.

Die Abarbeitung von Befehlen kann erst nach der Vorgabe einer Interpretation beschrieben werden.

[1]) $D(\sigma)$ ist der Definitionsbereich von σ.

Eine Interpretation legt eine (endliche) Menge von Variablen V, eine Menge von Werten W und eine Abbildung $In: B \to P$ fest, wobei B die Basis des Programmschemas ist, P eine Menge von Funktionen

$$P = \{p \mid p: S \to S \times N\} \qquad \text{(Programme genannt)}$$

und S eine Menge von „Speicherbelegungen", d. h. totalen Funktionen

$$S = \{s \mid s: V \to W\}$$

und N die Menge der natürlichen Zahlen ist.

Eine Speicherbelegung s gibt an, welche Variablen (oder Speicherzellen) mit welchen Werten belegt sind. Eine Funktion p bestimmt aus einer gegebenen Speicherbelegung s eine neue s' und liefert gleichzeitig die Nummer i eines Ausgangs, d. h. $p(s) = (s', i)$.

Wir schreiben

$$\lambda(p(s)) = s' \quad \text{und} \quad \delta(p(s)) = i\,, \qquad \text{falls} \quad p(s) = (s', i)\,.$$

Für jede Interpretation In muß gelten

$$\forall b \in B \forall s \in D(In(b)): \delta(In(b)\,(s)) \leqq K(b)\,.$$

Nun kann der Berechnungsablauf eines interpretierten Programmschemas beschrieben werden.

Es sei die aktuelle Situation im Berechnungsablauf durch das Paar (x, s), bestehend aus der Berechnungsgeschichte $x \in A^*$ und der Speicherbelegung $s \in S$ festgelegt. In jedem Schritt wird die Situation verändert, indem

— die Berechnungsgeschichte fortgesetzt und
— die Speicherbelegung verändert wird.

Wir definieren

$$(x, s) \vdash (xb_i, s')$$

genau dann, wenn

$$b \in \sigma(x),\ i = \delta(In(b)\,(s)) \quad \text{und} \quad s' = \lambda(In(b)\,(s))\,.$$

Die Berechnung beginnt mit der initialen Berechnungsgeschichte ε (dem leeren Wort) und einer initialen Speicherbelegung s, also der Situation (ε, s). Sie endet, wenn durch die Steuerfunktion keine Befehlsbuchstaben zur Bearbeitung bereitgestellt werden, also eine „vollständige" Berechnungsgeschichte x erreicht ist, für die $\sigma(x) = \emptyset$. Die ermittelte Speicherbelegung wird als Resultat der Berechnung angenommen.

Was wurde in der Theorie der Programmschemata insbesondere untersucht?

-- Realisierung der Steuerfunktion

Es ist offensichtlich, daß die Steuerfunktion eine entscheidende Rolle spielt. Die zentrale Frage ist, auf welche Weise man die Steuerfunktion realisieren kann und wie sich Hierarchien von unterschiedlich komplizierten Realisierungen bilden lassen und zueinander verhalten. Die Beantwortung dieser Frage führt zu einer Klassifizierung von Programmschemata.

— Ausdruckskraft

  Für die verschiedenen Klassen von Steuerfunktionen bzw. Programmschemata ist die Frage interessant, was damit alles berechenbar ist. Es ist zu erwarten, daß kompliziertere Steuerfunktionen leistungsfähiger sind als einfachere. Kann man die Leistungsfähigkeit auch durch zusätzlichen Aufwand in der Interpretation ausgleichen? Wie müssen solche Interpretationen aussehen?

— Äquivalenz und Transformation

  Die Aussage, ob zwei gegebene Programme äquivalent sind, ist von großem praktischen Interesse. Aus der Algorithmentheorie ist bekannt, daß solche Aussagen im allgemeinen nicht ermittelbar sind. Auch für Programmschemata hat man verschiedene Äquivalenzbegriffe formuliert. Wir wollen hier nur vereinfacht sagen: zwei Programmschemata sind äquivalent, wenn die bei beliebigen Interpretationen entstehenden Programme äquivalent sind. Bei welcher Klasse von Programmschemata kann für zwei beliebige gegebene Programmschemata die Äquivalenz, entschieden werden? Zwischen welchen Klassen ist immer eine äquivalenzerhaltende Transformation möglich?

Welche Beziehungen existieren zur Theorie der formalen Sprachen?

Die Theorie der formalen Sprachen beschäftigt sich mit Mengen von Zeichenketten, die aus einer endlichen Menge von Zeichen gebildet werden können. Es sei A eine endliche Menge von Zeichen, ein sogenanntes Alphabet. Die Menge aller Zeichenketten, deren Elemente aus A sind, wird mit A^* bezeichnet. A^* enthält auch ε, die leere Zeichenkette oder das leere Wort (statt Zeichenkette sagt man oft auch Wort). Eine Sprache L über A ist nun eine Teilmenge von A, also $L \subseteq A$. In der Theorie der formalen Sprachen wird untersucht, auf welche (endliche) Weise die (meist unendlichen) Sprachen beschreibbar sind. Ein häufig benutztes Mittel sind die „generativen Grammatiken", die erstmals von CHOMSKY systematisch untersucht wurden [CHOM59].

Eine generative Grammatik umfaßt eine endliche Menge R von Substitutionsregeln der Form

$$u \to v$$

wobei $u, v \in V^*$ und V eine endliche Menge von Zeichen ist.

V umfaßt echt das Alphabet $A (A \subset V)$ der zu beschreibenden Sprache. Die Elemente aus A werden Grundsymbole oder Terminale und die Elemente aus $V \setminus A$ werden Metasymbole oder Nicht-Terminale genannt. Es sind u und v also Zeichenketten, deren Elemente Grund- und/oder Metasymbole sind. Für u wird zusätzlich gefordert, daß mindestens ein Metasymbol enthalten ist. Die Regeln $u \to v$ werden zur Substitution von Zeichenketten angewendet. Wenn φ eine Zeichenkette aus V ist, so kann daraus eine Zeichenkette ψ erzeugt werden, falls φ eine Teilzeichenkette u besitzt, die bei der

Erzeugung von ψ mittels einer Regel $u \to v$ durch v ersetzt wurde. Formal:

$\varphi \to \psi$ genau dann, wenn $\varphi = \varphi_1 u \varphi_2$, $\psi = \varphi_1 v \varphi_2$, und es existiert eine Regel $u \to v \in R$.

Dieser Substitutionsprozeß kann schrittweise weitergeführt werden, bis eine Zeichenkette χ erzeugt wird, die kein Metasymbol enthält ($\chi \in A^*$). Dann enthält χ auch keine Teilzeichenkette u, für die eine Regel $u \to v$ existiert (oben wurde gefordert, daß u mindestens ein Metasymbol enthalten muß). Man schreibt

$\varphi \overset{*}{\to} \chi$ genau dann, wenn eine Folge

$$\psi_0, \psi_1, \dots, \psi_n \quad \text{mit} \quad \varphi = \psi_0, \psi_n = \chi$$

existiert und $\psi_{i-1} \to \psi_i$ für $i = 1, \dots, n$.

Neben den Mengen A, V und der Regelmenge R wird in einer generativen Grammatik G noch ein Anfangs- oder Startsymbol $a \in (V \setminus A)$ (also ein Metasymbol) vorgegeben, so daß G als 4-Tupel

$$G = (V, A, R, a)$$

beschreibbar ist. Die über G definierte Sprache ist dann die Menge

$$L(G) = \{x \mid a \overset{*}{\to} x \wedge x \in A^*\} .$$

Das ist die Menge derjenigen Zeichenketten, die (im allgemeinen in mehreren Schritten) aus dem Anfangssymbol erzeugbar sind und die kein Metasymbol enthalten.

Durch Einschränkung der Gestalt der Regeln bildete Chomsky eine 4-stufige Hierarchie von Grammatiken und zugehörigen Sprachen (als Chomsky-Hierarchie bekannt). Er konnte zeigen, daß jeder Sprachtyp die in der Hierarchie darunter liegenden Sprachen echt enthält.

Folgende Typen von Grammatiken und Sprachen wurden gebildet:

Typ 0 (uneingeschränkt) — erlaubt beliebige Regeln $u \to v$ mit $u \in V^* \setminus A^*$, $v \in V^*$.

Typ 1 (kontextsensitiv) — erlaubt nur Regeln der Struktur $u_1 b u_2 \to u_1 v u_2$ mit $u_1, u_2 \in V^*$, $b \in V \setminus A$, $v \in V^*$, $v \neq \varepsilon$.

Typ 2 (kontextfrei) — erlaubt nur Regeln der Struktur $b \to v$ mit $b \in V \setminus A$, $v \in V^*$, $v \neq \varepsilon$.

Typ 3 (regulär) — erlaubt nur Regeln der Struktur $b \to c$ oder $b \to cd$ mit $b, d \in V \setminus A$, $c \in A$.

Zur Motivation der Einschränkungen soll hier nichts gesagt werden. Der Leser sei dazu auf die Originalliteratur [CHOM59] verwiesen.

Die Beziehung zu den Programmschemata wurde bereits durch die gewählte Bezeichnungsweise angedeutet. Betrachten wir die Menge A der Ausgänge eines Programmschemas, so bildet die Menge

$$L = \{x \mid \sigma(x) = \emptyset\}$$

eine formale Sprache $L \subseteq A^*$. Jede Zeichenkette x mit $x \in L$ ist wegen $\sigma(x) = \emptyset$ eine vollständige Berechnungsgeschichte. Mit den generativen Grammatiken wurde ein Instrument vorgestellt, diese Sprachen (und damit das Verhalten der Steuerfunktion σ) zu beschreiben. Allerdings ist diese Beschreibung nicht genug problemangepaßt. Die Realisierung der Steuerfunktion verlangt nach einem Instrument, das statt generierend vielmehr akzeptierend wirkt. Ein solches Instrument stellen die verschiedenen als Akzeptoren aufgefaßten Automaten dar, die ebenfalls in der Theorie der formalen Sprachen untersucht und in die Chomsky-Hierarchie eingeordnet wurden. Es zeigte sich, daß zu jedem Sprachtyp i ein entsprechender Automatentyp gehört, der genau die Sprachen des Typs i akzeptieren kann. Es ist sogar möglich, aus einer generativen Grammatik den zugehörigen Automaten zu konstruieren. In der Compiler-Technik wird diese Tatsache seit langem zur Automatisierung der Compilerentwicklung genutzt.

Ein akzeptierender Automat (im folgenden kurz als Akzeptor bezeichnet) besitzt die Menge A als Eingabealphabet. In jedem Schritt kann ein Zeichen aus A eingelesen (akzeptiert) werden. In Abhängigkeit des zuletzt gelesenen Zeichens, des inneren Zustandes des Automaten und der Belegung eines Hilfsspeichers wird mittels einer Überführungsfunktion δ ein neuer Zustand und eine neue Belegung des Hilfsspeichers eingestellt. Ein Zeichen kann nur dann akzeptiert werden, wenn die Überführungsfunktion für dieses Zeichen definiert ist. Die einzelnen Typen von Akzeptoren unterscheiden sich hauptsächlich im Aufbau und den Zugriffsmöglichkeiten zum Hilfsspeicher.

— Typ 0 (Turing-Automat):

  Der Hilfsspeicher ist ein unendliches Band, das in Zellen unterteilt ist. In jede der Zellen kann ein Zeichen aus einer endlichen Menge von Zeichen (dem Arbeitsalphabet) gespeichert werden. Ein „Lese-Schreib-Kopf" zeigt auf eine der Zellen. In jedem Schritt kann die Zelle unter dem Lese-Schreib-Kopf gelesen oder beschrieben werden und der Lese-Schreib-Kopf um eine Zelle nach links, nicht oder nach rechts verschoben werden. In Abb. 6.1 sind das Schema des Turing-Automaten und die Struktur der Übergangsfunktion angegeben. Eine Zeichenkette $x \in A^*$ heißt akzeptiert, wenn der Turing-Automat von einem Anfangszustand in einen Endzustand überführt werden kann und dabei x schrittweise über die Eingabe eingelesen wird. Ist jeder Übergang eindeutig durch die Überführungsfunktion festgelegt, heißt der Turing-Automat determiniert, sonst nicht-determiniert.

— Typ 1 (linear-begrenzter Automat):

  Das Schema des Turing-Automaten bleibt erhalten. Es gilt die Einschränkung: beim Akzeptieren einer Zeichenkette der Länge n dürfen höchstens n Zellen des Hilfsspeichers benutzt werden.

— Typ 2 (Kellerautomat):

  Das Schema des Turing-Automaten bleibt erhalten. Es gilt die Einschränkung: jeder Linksverschiebung des Lese-Schreib-Kopfes geht das Löschen der unter dem Lese-Schreib-Kopf befindlichen Speicherzelle des Bandes (bzw. das Einspeichern eines Standardzeichens, das als Löschung interpretiert werden kann) voraus. Damit sind immer alle Zellen im Hilfsspeicher rechts vom Lese-Schreib-Kopf gelöscht. Der Hilfsspeicher arbeitet als LIFO (last in — first out) oder Kellerspeicher.

— Typ 3 (endlicher Automat):
Es existiert kein Hilfsspeicher.
Das Schema für die Überführungsfunktion ist somit

$$\delta: A \times Z \to Z\,.$$

Die Überführungsfunktion des endlichen Automaten bestimmt also nur in Abhängigkeit des aktuellen Zustandes und des in der Eingabe anliegenden Zeichens, in welchen Zustand übergegangen werden soll.

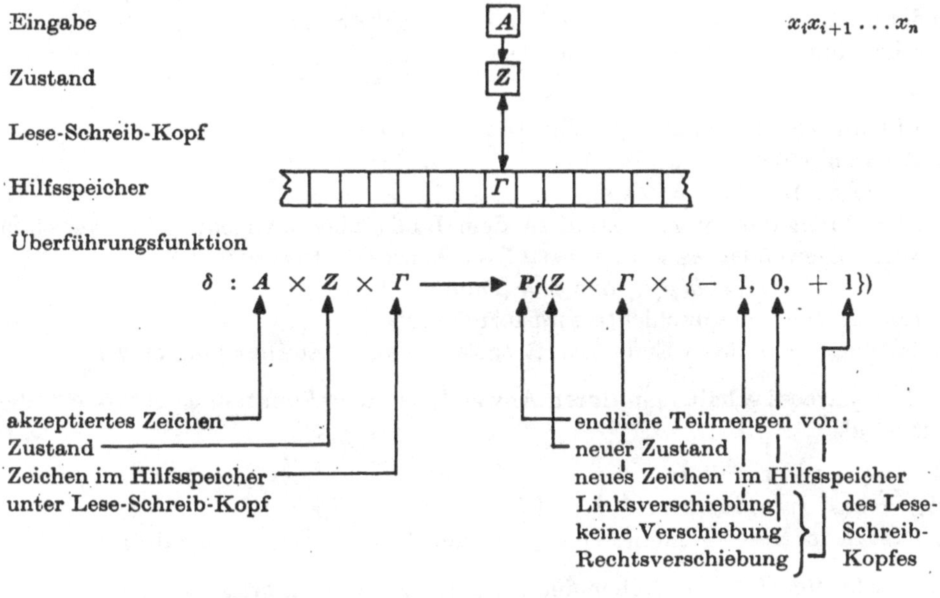

Abb. 6.1: Schema des Turing-Automaten

Welche Beziehungen existieren zur Steuerung von Programmsystemen?

Der zu einer Aufgabe a gehörende Lösungsprozeß ist die Überführung von Eingabedaten $s \in S$ in Ausgabedaten $s' \in S$, also die „Abarbeitung" einer Funktion $f_a: S \to S$ mit $s' = f_a(s)$. Die Realisierung des Lösungsprozesses erfolgt auf der Grundlage der Programmbasis P längs einer Lösungstrasse β (siehe Kapitel 1). Jedes Programm p liefert als Ergebnis Sachdaten $\lambda(p(s))$ und Diagnosedaten $\delta(p(s))$. Die Lösungstrasse ist eine Folge von Programmen $\beta = p_1 p_2 \dots p_n$ der Programmbasis, so daß

$$f_a(s) = \lambda(p_n(\lambda(p_{n-1}(\dots \lambda(p_2(\lambda(p_1(s))) \dots)))) .$$

Wir schreiben kurz, daß $f_a(s) = \beta(s)$. β hängt sowohl von f_a als auch von s ab. Im allgemeinen gibt es mehrere Möglichkeiten, durch Kombination der Programme der

Programmbasis die Wirkung von $f_a(s)$ zu erzielen. Damit enthält

$$L(f_a, s) = \{\beta \mid \beta \in P^* \wedge \beta(s) = f_a(s)\}$$

im allgemeinen mehr als ein Element. Ist jedoch $L(f_a, s) = \emptyset$, so ist die Aufgabe a mittels P nicht lösbar.

$L(f_a, s)$ ist durch das Szenarium σ_a festgelegt. Eine Lösungstrasse ($\beta \in L(f_a, s)$) wird mittels σ_a schrittweise bestimmt. Dazu kann die bei den Programmschemata vorgestellte Methode genutzt werden, indem σ als Steuerfunktion eines Programmschemas betrachtet wird. Statt über der Programmbasis P ist σ über einer Basis B von „Programmbuchstaben" bzw. deren Ausgängen definiert. Diese Trennung ist auch in Programmsystemen vorhanden. Im Szenarium sind ja nur die Beschreibungen der Programme enthalten. Die Programme selbst sind in der Programmbasis gespeichert. Das Laden und Ausführen der Programme entspricht der Interpretation $In: B \to P$.

Man erhält folgende Abarbeitungsstrategie:

1. $x := \varepsilon$
(die initiale Berechnungsgeschichte ist das leere Wort)

2.1. Auswahl eines $b \in \sigma(x)$

2.2. $s := \lambda(p(s))$, falls $p = In(b)$
(das durch die Interpretation In dem Buchstaben b zugeordnete Programm wird angewendet, es werden neue Zwischenresultate ermittelt)

2.3. $x := xb_i$ falls $i = \delta(p(s))$ und $p = In(b)$
(die Berechnungsgeschichte wird fortgesetzt)

2.4. falls $\sigma(x) = \emptyset$, dann Ende (das Resultat ist s), sonst Übergang zu 2.1.

Die Lösungstrasse erhält man durch Anwendung einer Funktion $\varphi: A^* \to P^*$, die definiert ist als

1. $\varphi(\varepsilon) = \varepsilon$ (ε ist leeres Wort)
2. $\varphi(xb_i) = \varphi(x)\, In(b)$ für $x \in A^*$, $b_i \in A(b)$
(φ ersetzt in der Berechnungsgeschichte x jeden Ausgang b_i durch p, falls $p = In(b)$).

Es ist $\beta = \varphi(x)$ für $\sigma(x) = \emptyset$. Neben den Axiomen A1 und A2 muß natürlich noch gefordert werden, daß mit der Steuerfunktion und der Interpretation tatsächlich jede Aufgabe a gelöst wird, d. h.

$$\forall s \in D(f_a): \varphi(x) \in L(f_a, s) \leftrightarrow \sigma(x) = \emptyset\,.$$

Die Verifikation dieser Forderung sichert die richtige Arbeit der Steuerung.

Aus welchen theoretischen Erkenntnissen lassen sich Aussagen zur Steuerung von Programmsystemen ableiten?

Zunächst geht aus den bisherigen Ausführungen hervor, daß die vorgestellten Automatentypen als Modell für die Realisierung der Steuerfunktion, d. h. der Szenarien, benutzt werden können. Es wurde bereits darauf hingewiesen, daß die Sprachtypen und die zugehörigen Automatentypen eine echte Hierarchie bezüglich ihrer Leistungsfähigkeit bilden, wobei die Ebenen mit kleinerer Typ-Nummer jeweils leistungsfähiger sind, als die mit größerer Typ-Nummer. Für die Praxis entsteht nun die

Frage, welche Ebene in der Hierarchie auszuwählen ist. Die Beantwortung ist abhängig von der Ausdruckskraft der einzelnen Ebenen.

Für den Turing-Automaten ist bekannt, daß er einen „vollständigen" Algorithmenbegriff darstellt. Man kann mit ihm jede berechenbare Steuerfunktion realisieren. Allerdings ist damit der Nachteil verbunden, daß viele für die Praxis relevanten Problemstellungen (etwa das Finden minimaler äquivalenter Darstellungen) nicht effektiv lösbar sind.

Am anderen Ende der Hierarchie steht als einfachstes Modell der endliche Automat, für den eine Reihe von positiven Eigenschaften nachgewiesen wurden. So existieren Algorithmen zur Entscheidung der Äquivalenz zweier Automaten, zu jedem Automat kann ein bis auf Isomorphie eindeutig bestimmter minimaler Automat gefunden werden, es existieren Zerlegungssätze usw. Schließlich läßt sich der endliche Automat anschaulich als gerichteter Graph darstellen.

Jedoch wissen wir, daß der endliche Automat nur reguläre Sprachen akzeptiert. Ist das für eine Programmsystemsteuerung ausreichend? Wir betrachten hierfür ein Beispiel.

Die Lösung einer Aufgabe a soll erreicht sein, wenn man auf die Eingabedaten s eine Funktion g solange anwendet, bis die Daten eine Eigenschaft e erfüllen und anschließend eine Funktion h solange anwendet, wie vorher g angewendet wurde. Das heißt

$$f_a(s) = \underbrace{h(h(\dots h(}_{n\text{-mal}}\underbrace{g(g(\dots g(}_{n\text{-mal}}s)\dots)))\dots))$$

$$\text{mit } e(\underbrace{g(g(\dots g(}_{n\text{-mal}}s)\dots))) \text{ ist erfüllt.}$$

Zur Realisierung eines solchen Lösungsprozesses sollen als Programmbasis P die Programme p und q mit

$$p(s) = \begin{cases} (g(s), 1) & \textit{für } e(s) \textit{ nicht erfüllt} \\ (s, 2) & \textit{für } e(s) \textit{ erfüllt} \end{cases}$$

und

$$q(s) = (h(s), 1)$$

zur Verfügung stehen. Die Steuerung benutzt die Buchstaben b, c mit $A(b) = \{b_1, b_2\}$, $A(c) = \{c_1\}$, und es sei $In(b) = p$, $In(c) = q$. Dann muß für σ gelten:

$$\sigma(x) = \emptyset \text{ genau dann, wenn } x = \underbrace{b_1 b_1 \dots b_1}_{n\text{-mal}} b_2 \underbrace{c_1 c_1 \dots c_1}_{n\text{-mal}}, \qquad n \geqq 0 .$$

Die Sprache $L = \{\underbrace{b_1 \dots b_1}_{n\text{-mal}} b_2 \underbrace{c_1 \dots c_1}_{n\text{-mal}} \mid n \geqq 0\}$ ist aber kontextfrei und nicht regulär! Man müßte also σ mittels Kellerautomat realisieren. Durch eine einfache Veränderung in der Programmbasis kann man zur Steuerung den endlichen Automaten benutzen. Es wird die Datenbasis strukturiert, indem zwei Variable u, v eingeführt werden (s ist ja eine Funktion, die für jede Variable einen Wert bestimmt; bisher hatten wir angenommen, daß über die verwendeten Variablen keine Aussagen vorliegen). In u

sollen die Sachdaten gespeichert werden. Nun werden p und q folgendermaßen gewählt:

$$p(s) = \begin{cases} ((s(u) := g(s(u)), s(v) := s(v) + 1), 1) & \textit{falls } e(s(u)) \textit{ nicht erfüllt} \\ (s, 2) & \textit{falls } e(s(u)) \textit{ erfüllt} \end{cases}$$

Es bedeutet $(s(u) := g(s(u)), s(v) := s(v) + 1)$, daß g auf den Wert in u angewendet wird und das Ergebnis in u abgespeichert wird und daß der Wert in v um 1 erhöht wird.

$$q(s) = \begin{cases} ((s(u) := h(s(u)), s(v) := s(v) - 1), 1) & \textit{falls } s(v) \neq 0 \\ (s, 2) & \textit{falls } s(v) = 0. \end{cases}$$

Man benötigt noch ein Initialisierungsprogramm

$$r(s) = ((s(v) := 0), 1),$$

das den Wert in v auf 0 setzt. Für $B = \{b, c, d\}$ mit $A(b) = \{b_1, b_2\}$, $A(c) = \{c_1, c_2\}$, $A(d) = \{d_1\}$ und $In(d) = r$ hat man σ so zu wählen, daß

$$\sigma(x) = \emptyset \text{ genau dann, wenn } x = d_1\underbrace{b_1 \dots b_1}_{n\text{-mal}}b_2\underbrace{c_1 \dots c_1}_{m\text{-mal}}c_2, \qquad n \geqq 0, m \geqq 0.$$

Das ergibt eine reguläre Sprache, die von einem endlichen Automaten akzeptiert werden kann. Dafür, daß $n = m$ wird, sorgen die Programme r, p und q selbst; r setzt den „Zähler" v auf 0, p zählt, wie oft es den Diagnosewert 1 liefert und q liefert nur solange den Diagnosewert 1, wie der von p gesetzte Zähler angibt.

Wir erkennen: durch zusätzlichen Aufwand in der Programmbasis läßt sich der Steuerungsaufwand verringern!

Allgemeiner gilt: Durch Benutzung von Zählern, die in der Programmbasis gestellt werden, läßt sich jede „kontextfreie" Steuerung auf eine „reguläre" Steuerung reduzieren.

Es wurde sogar ganz allgemein gezeigt, daß man unter alleiniger Nutzung einer Programmbasis mit den elementaren Programmen

$$\left.\begin{array}{l} (s(u) := 0, 1) \\ (s(u) := s(u) + 1, 1) \\ (s(u) := s(u) \dot{-} 1, 1) \\ (s(u) := s(v), 1) \\ (s, \textbf{if } s(u) = 0 \textbf{ then } 1 \textbf{ else } 2) \end{array}\right\} \quad \text{für jedes } u, v \in V \text{ und es ist} \quad n \dot{-} 1 = \begin{cases} n - 1 & \textit{für } n > 0, \\ 0 & \textit{sonst} \end{cases}$$

und einer regulären Steuerung jede berechenbare Funktion über den natürlichen Zahlen realisieren kann (siehe z. B. [KOTO78]).

Dieses Ergebnis läßt die Empfehlung zu, daß man zur Realisierung der Steuerung endliche Automaten bzw. gerichtete Graphen bevorzugen soll. Eventuell muß dafür „steuerungs-spezifische" Arbeit in die Programmbasis verlagert werden.

Auch die bekannten Theorien und praktizierten Algorithmen zur Programmoptimierung benutzen vorzugsweise gerichtete Graphen zur Repräsentation der Programmsteuerung. Sie versagen meist beim Auftreten von rekursiven Prozeduren. Bei der regulären Steuerung von Programmsystemen kann man deshalb solche Optimierungsalgorithmen auch auf das Szenarium anwenden.

Die gegebene Empfehlung basiert auf theoretischen Untersuchungen, die relativ unabhängig von der Anwendung auf Programmsysteme durchgeführt wurden. Die Erkenntnisse aus solchen allgemeinen Theorien sind zwar meist fundamental — wie auch unsere obige Aussage — geben aber nur ungenügende Antwort auf spezielle problemorientierte Fragestellungen.

6.2.2. Datenflußanalyse

Wir wollen nun untersuchen, wie die Theorie der Programmschemata problemorientiert spezifiziert werden kann, um Verfahren zur Analyse von Programmsystemen zu begründen.

Sowohl für den Aufbau der Steuerung (zum Beispiel für die Optimierung und Parallelisierung) als auch für den Aufbau der Datenbasis ist der Datenfluß im Programmsystem eine wichtige Eigenschaft. Es ist deshalb notwendig, Hilfsmittel zur Analyse von Datenflußeigenschaften bereitzustellen. Mittels einer speziellen Theorie sind die Möglichkeiten und Grenzen solcher Hilfsmittel zu bestimmen. Wir gehen dabei analog zu [BACH79b] vor, wobei die ersten Schritte der Theorienbildung detailliert ausgeführt sind und anschließend nur noch die globale Vorgehensweise angedeutet wird.

Am Anfang des Aufbaus einer Theorie steht die exakte Begriffsbestimmung, hier des Datenflusses.

Wir betrachten ein Programm p als (partielle) Funktion $p\colon S \to S$, wobei $S = \{s \mid s\colon V \to W\}$, wie bereits festgelegt.

Nach Ausführung von p wird im allgemeinen die Anfangsbelegung s der Variablenmenge V in eine Belegung s' verändert ($s' = p(s)$).

Die Datenflußeigenschaften charakterisieren nun, inwieweit eine Veränderung der Werte bestimmter Variablen in der Resultatbelegung s' von der Anfangsbelegung anderer Variablen abhängt. Intuitiv sagen wir: zwischen den Variablen $a, b \in V$ liegt ein Datenfluß bezüglich p vor ($a \Rightarrow_p b$), wenn eine Veränderung des Wertes der Variablen b nach Ausführung von p durch eine Veränderung des Wertes von a vor Ausführung von p erzwungen werden kann. Ausgehend vom Begriff des Programms benutzen wir hier auch den Begriff der Variablen. Ohne Komplikationen kann man vom Programm auf den Programmodul übergehen. Dann ist die Variable durch Datenmodul zu ersetzen. Als Wert des Datenmoduls ist dann gemäß Abschnitt 3.3. der innere Zustand anzusehen. Unter Benutzung der bereits eingeführten Begriffe formalisieren wir den Sachverhalt des Datenflusses.

Definition 1

Es gilt $a \Rightarrow_p b$ genau dann, wenn es zwei Belegungen $s_1, s_2 \in D(p)$ gibt, und es gilt

(1) $s_1(a) \neq s_2(a)$

(2) $p(s_1)(b) \neq p(s_2)(b)$

(3) $\bar{s}_2 = s_2\left\langle \begin{matrix} a \\ s_1(a) \end{matrix} \right\rangle \in D(p) \quad \textit{und} \quad p(s_1)(b) = p(\bar{s}_2)(b).$

Es bedeutet:

(1) In s_1 hat die Variable a einen anderen Wert als in s_2.

(2) Die Variable b hat nach Anwendung von p auf s_1 einen anderen Wert als nach Anwendung von p auf s_2. Es ist $p(s_1) = s_1'$, also $p(s_1)(b) = s_1'(b)$.

(3) $\bar{s}_2 = s_2\left\langle \begin{matrix} a \\ s_1(a) \end{matrix} \right\rangle$ ist die Belegung, die aus s_2 entsteht, wenn der Wert von a durch $s_1(a)$ ersetzt wird. Nach Anwendung von p auf s_1 und $\bar{s}_2$ hat b jeweils den gleichen Wert.

Es ist zu untersuchen, ob mit Definition 1 der intuitive Sachverhalt getroffen wird. Man zeigt sehr leicht den

Satz 1

$a \Rightarrow_p b$ gilt genau dann, wenn es eine Belegung $s \in D(p)$ und einen Wert $w \neq s(a)$ gibt mit $\bar{s} = s\left\langle \begin{matrix} a \\ w \end{matrix} \right\rangle \in D(p)$ und es gilt:

$$p(s)(b) \neq p(\bar{s})(b) .$$

Beweis

1. Es gelte $a \Rightarrow_p b$. Nach Definition 1 gibt es zwei Belegungen $s_1, s_2 \in D(p)$, die die Bedingungen (1), (2) und (3) erfüllen. Für $s = s_2$ und $w = s_1(a) \neq s_2(a)$ ist die Aussage von Satz 1 erfüllt.
2. Es gäbe eine Belegung $s \in D(p)$ und einen Wert $w \neq s(a)$ mit $\bar{s} = s\left\langle \begin{matrix} a \\ w \end{matrix} \right\rangle \in D(p)$ und $p(s)(b) \neq p(\bar{s})(b)$. Für $s_1 = s$ und $s_2 = \bar{s}$ sind zwei Belegungen gefunden, die (1), (2) und (3) von Definition 1 erfüllen. Also gilt $a \Rightarrow_p b$.

Eine weitere intuitive Forderung zum Datenfluß ist, daß das Ergebnis in einer bestimmten Vairablen v nur von den Variablen u abhängig ist, für die ein Datenfluß $u \Rightarrow_p v$ existiert. Formal lautet diese Forderung:

Für zwei Belegungen s_1, s_2 mit der Eigenschaft, daß für alle u mit $u \Rightarrow_p v$ auch $s_1(u) = s_2(u)$; gilt

$$p(s_1)(v) = p(s_2)(v) .$$

Diese Forderung ist jedoch nicht erfüllt. Dazu das Gegenbeispiel mit den Variablen a, b, c und dem Programm p, für das gilt:

$$p(s)(b) = \begin{cases} s(a) * s(c) , & \textit{falls } s(a) = s(b) \\ \textit{undefiniert} & \textit{sonst} \end{cases}$$

$$p(s)(a) = p(s)(c) = s(a) .$$

Bezüglich b gilt nur $c \Rightarrow_p b$, aber nicht $a \Rightarrow_p b$ und nicht $b \Rightarrow_p b$, wie man sich nach Satz 1 leicht überlegen kann. Allerdings gilt für

$$s_1 = \left\langle \begin{matrix} a & b & c \\ 1 & 1 & 1 \end{matrix} \right\rangle \quad \text{und} \quad s_2 = \left\langle \begin{matrix} a & b & c \\ 2 & 2 & 1 \end{matrix} \right\rangle ,$$

daß

$$p(s_1)\,(b) = 1 \neq 2 = p(s_2)\,(b)\,,$$

obwohl

$$s_1(c) = s_2(c) = 1\,.$$

Es läßt sich folgern, daß die Relation $\Rightarrow_p$ nicht ausreichend ist. Wir schwächen ab und definieren:

Definition 2

Es gilt $a \rightarrow_p b$ genau dann, wenn es zwei Belegungen $s_1, s_2 \in D(p)$ gibt, und es gilt

(1) $s_1(a) \neq s_2(a)$

(2) $p(s_1)\,(b) \neq p(s_2)\,(b)$

(3) $\bar{s}_2 = s_2\left\langle\begin{matrix} a \\ s_1(a)\end{matrix}\right\rangle \notin D(p) \quad \textit{oder} \quad p(s_1)\,(b) = p(\bar{s}_2)\,(b)\,.$

Für diesen „bedingten" Datenfluß $a \rightarrow_p b$ ist nun obige Forderung erfüllt, wie der nachfolgende Satz zeigt:

Satz 2

Für zwei Belegungen $s_1, s_2 \in D(p)$ mit der Eigenschaft

$$\forall u\colon u \rightarrow_p v \rightarrow s_1(u) = s_2(u)$$

gilt, daß

$$p(s_1)\,(v) = p(s_2)\,(v)\,.$$

Der Beweis ist nicht trivial, er wird später mit Hilfe von Satz 6 nachgeholt.

Die Relation $\rightarrow_p$ unterscheidet sich von $\Rightarrow_p$ dadurch, daß bei $a \rightarrow_p b$ die Veränderung des Wertes in b von Nebenbedingungen abhängig sein kann. Es ist nämlich möglich, daß durch Veränderung des Wertes in a der Definitionsbereich von p verlassen wird, wenn nicht zusätzlich der Wert von weiteren Variablen verändert wird.

Das veranlaßt uns zur

Definition 3

$\boldsymbol{S}_p \subseteq V$ ist die Menge der Variablen v, für die es zwei Belegungen $s_1, s_2 \in S$ gibt, und es gilt

(1) $s_1(v) \neq s_2(v)$

(2) $s_1 \in D(p),\ s_2 \notin D(p)$

(3) $\bar{s}_2 = s_2\left\langle\begin{matrix} v \\ s_1(v)\end{matrix}\right\rangle \in D(p)\,.$

Variable aus $\boldsymbol{S}_p$ sollen sensitive Variable genannt werden. Folgende Eigenschaft kann leicht nachgewiesen werden:

Satz 3

$v \in \boldsymbol{S}_p$ genau dann, wenn es eine Belegung $s \in D(p)$ und einen Wert $w \neq s(v)$ gibt und $\bar{s} = s\left\langle\begin{matrix} v \\ w\end{matrix}\right\rangle \notin D(p)$.

Beweis

Analog zu Satz 1, indem gesetzt wird: $s_1 = s$ und $s_2 = \bar{s}$. Der Satz 4 weist die Beziehungen zwischen den drei Definitionen aus:

Satz 4

$$\rightarrow_p \setminus (\boldsymbol{S}_p \times V) \subseteq \Rightarrow_p$$

d. h., *falls* $a \rightarrow_p b$ *und* $a \notin \boldsymbol{S}_p$, *so gilt* $a \Rightarrow_p b$.

Beweis

Es gelte $a \rightarrow_p b$. Dann gibt es nach Definition 2 zwei Belegungen $s_1, s_2 \in D(p)$ mit

(1) $s_1(a) \neq s_2(a)$

und

(2) $p(s_1)(b) \neq p(s_2)(b)$.

Falls auch $a \notin \boldsymbol{S}_p$, so gilt nach Satz 3, daß $\bar{s}_2 = s_2\left\langle \begin{matrix} a \\ s_1(a) \end{matrix} \right\rangle \in D(p)$, also

(3) $p(s_1)(b) = p(\bar{s}_2)(b)$,

also gilt $a \Rightarrow_p b$.

Der Satz 4 gibt eine hinreichende Bedingung dafür, daß aus $a \rightarrow_p b$ auch $a \Rightarrow_p b$ folgt. Es gibt jedoch Programme, für die $a \Rightarrow_p b$ und $a \in \boldsymbol{S}_a$ gilt. Zum Beispiel erhält man ein solches Programm q, indem man analog zu p bildet

$$q(s)(b) = \begin{cases} s(a) * s(c), & \textit{falls } s(a) > s(b) \\ \textit{undefiniert} & \textit{sonst} \end{cases}$$

$$q(s)(a) = q(s)(c) = s(a).$$

Um eine notwendige Bedingung zu erhalten, wird der sogenannte „identische" Datenfluß $a \xrightarrow{I}_p b$ eingeführt, der aussagt, daß die Belegung von b nach Anwendung von p gleich der Belegung von a vor Anwendung von p ist.

Definition 4

Es gilt $a \xrightarrow{I}_p b$ genau dann, wenn $\forall s \in D(p)\colon s(a) = p(s)(b)$.

Unter Anwendung von $\xrightarrow{I}_p$ erhält man den folgenden

Satz 5

Aus $a \xrightarrow{I}_p c$, $b \xrightarrow{I}_p c$ und $a \neq b$ *folgt* $a \notin \boldsymbol{S}_p$ und $\neg\, a \Rightarrow_p c$.

Beweis

Angenommen, es wäre $a \in \boldsymbol{S}_p$. Dann folgt nach Satz 4, daß $a \Rightarrow_p c$, also gibt es zwei Belegungen $s_1, s_2 \in D(p)$ mit

(1) $s_1(a) \neq s_2(a)$

(2) $p(s_1)(c) \neq p(s_2)(c)$

(3) $\bar{s}_2 = s_2\left\langle \begin{matrix} a \\ s_1(a) \end{matrix} \right\rangle \in D(p)$ *und* $p(s_1)(c) = p(\bar{s}_2)(c)$.

Aus (2) und (3) folgt $p(s_2)(c) \neq p(\bar{s}_2)(c)$ mit $s_2(b) = \bar{s}_2(b)$. Das ist ein Widerspruch zu $b \xrightarrow{I} c$, wonach gelten müßte

$$p(s_2)(c) = s_2(b) = \bar{s}_2(b) = p(\bar{s}_2)(c) .$$

Die Gültigkeit von $a \xrightarrow{I}_p b$ impliziert nicht $a \rightarrow_p b$. Ein Beispiel hierfür ist

$$p(s)(b) = \begin{cases} w, & \textit{falls } s(a) = w,\ w \in W \\ \textit{undefiniert} & \textit{sonst} \end{cases}$$

Die Resultatbelegung von b ist immer konstant. Das veranlaßt zu

Definition 5

Für $C_p\colon W \rightarrow p(V)$ gilt $C_p(w) = \{v \mid \forall s \in D(p)\colon p(s)(v) = w\}$.

Satz 6

Für ein Programm p und eine Variable $b \in V$ existiert genau dann kein $w \in W$ mit $b \in C_p(w)$, wenn es ein $a \in V$ gibt mit $a \rightarrow_p b$.

Beweis

Wenn für kein w gilt, daß $b \in C_p(w)$, so gibt es zwei Belegungen $s_1, s_2 \in D(p)$ mit $p(s_1)(b) \neq p(s_2)(b)$.

Da p eine Funktion ist, muß gelten $s_1 \neq s_2$. Daraus folgt die Existenz einer Variablen a mit $s_1(a) \neq s_2(a)$, also ist $A = \{a \mid a \in V \wedge s_1(a) \neq s_2a)\} \neq \emptyset$.

Es sei a_0 ein beliebiges Element aus A und $\bar{s}_2 = s_2\left\langle \begin{matrix} a_0 \\ s_1(a_0) \end{matrix} \right\rangle$. Folgende Fallunterscheidung wird vorgenommen:

Fall 1: $p(s_1)(b) = p(\bar{s}_2)(b)$ *oder* $\bar{s}_2 \notin D(p)$.
Fall 2: $p(s_1)(b) \neq p(\bar{s}_2)(b)$.

Im Fall 1 gilt laut Definition 2 $a_0 \rightarrow_p b$, und der Satz ist bewiesen.

Im Fall 2 gilt $\bar{A} = \{a \mid a \in V \wedge s_1(a) \neq \bar{s}_2(a)\} = A \setminus \{a_0\} \neq \emptyset$ wegen der Eindeutigkeit von p. Der Beweisgang wird nun für $\bar{A}$ wiederholt, bis man entweder auf den Fall 1 stößt oder $\bar{A}$ nur aus einem Element besteht, für das der Fall 1 zutreffen muß. Da V endlich ist, endet der Beweis nach endlich vielen Schritten. Die Umkehrung ist trivial.

Der Satz 6 belegt die „Vollständigkeit" der gewählten Datenflußeigenschaften. Mit seiner Hilfe wird nun (indirekt) Satz 2 bewiesen:

Beweis zu Satz 2

Angenommen, für zwei Belegungen $s_1, s_2 \in D(p)$ und $\forall u\colon u \rightarrow_p v \rightarrow s_1(u) = s_2(u)$ gelte, daß $p(s_1)(v) \neq p(s_2)(v)$. Das bedeutet, daß es kein $w \in W$ gibt mit $v \in C_p(w)$, also gibt es nach dem Beweis zu Satz 6 ein u mit $u \rightarrow_p v$ und $s_1(u) \neq s_2(u)$.

Das ist ein Widerspruch zur Voraussetzung.

Nach der Charakterisierung der Datenflußeigenschaften ist zu klären, wie die Analyse der Eigenschaften für ein gegebenes Programmsystem erfolgen kann. Ein Szenarium σ_a legt in Verbindung mit der Programmbasis eine Funktion f_a fest. Für die

Ermittlung der Datenflußeigenschaften von f_a bietet sich also das Szenarium als Grundlage an. Indem man auf die entsprechenden Programme in der Programmbasis zurückgreift, könnte man die Datenflußeigenschaften mit den Methoden der Programmverifikation nachweisen. Allerdings hat ein solches Vorgehen einen entscheidenden Nachteil: es ist nicht konstruktiv!

Das bedeutet:

1. es können nur vorgegebene Datenflußeigenschaften verifiziert werden, und
2. die Verifikation ist im allgemeinen nicht automatisch möglich und bedarf der Hilfestellung durch den Menschen (Angabe von Assertions).

Um das Verfahren konstruktiv zu machen, müssen wir die zur Verfügung stehenden Informationen einschränken. Dazu wird der Begriff des „schwach interpretierten" Programmschemas benutzt.

In einem schwach interpretierten Programmschema werden zu jeden Befehlsbuchstaben gewisse Restriktionen (Bedingungen) zugeordnet, denen die Interpretationen genügen müssen.

Auf diese Weise werden bereits Annahmen über die möglichen Interpretationen gemacht. Aus den Restriktionen sollen dann Aussagen über Eigenschaften des gesamten Schemas gewonnen werden. In unserem Fall sind die Restriktionen Datenflußeigenschaften. Wir nehmen also an, die Datenflußeigenschaften aller Funktionen zu kennen, die bei einer beliebigen Interpretation einem Befehlsbuchstaben b zugeordnet werden können.

Als Datenflußeigenschaften DFE bezeichnen wir die Relationen und Mengen gemäß Definitionen 1 bis 5, also ein Quintupel $DFE = (\Rightarrow, \rightarrow, \xrightarrow{I}, \mathbf{S}, C)$.

Es seien

$DFE(p)$ die Datenflußeigenschaften einer Funktion p,

$DFE(b)$ die einem Befehlsbuchstaben b in einer schwachen Interpretation zugeordneten Datenflußeigenschaften,

dann muß für eine beliebige Interpretation In gelten:

$$DFE(In(b)) = DFE(b)\,.$$

Wenn ein Programmschema PS zusammen mit einer Interpretation In ein Programm p festlegt, so soll die Datenflußanalyse aus dem schwach interpretierten Programmschema SPS (d. h. aus PS und den $DFE(b)$ für $b \in B$) die Datenflußeigenschaften $DFE(SPS)$ analysieren, so daß

$$DFE(p) = DFE(SPS)\,.$$

Die theoretischen Untersuchungen zeigen, daß dies nicht möglich ist, sondern lediglich Abschätzungen der Form

$$\Rightarrow_p \subseteq \Rightarrow_{SPS}$$
$$\rightarrow_p \subseteq \rightarrow_{SPS}$$
$$\xrightarrow{I}_p \supseteq \xrightarrow{I}_{SPS}$$
$$\mathbf{S}_p \subseteq \mathbf{S}_{SPS}$$
$$\forall w \in W: C_p(w) \supseteq C_{SPS}(w)$$

gewonnen werden können.

Die Abschätzungen sagen aus, daß die durch beliebige Interpretationen erzeugten Programme „angenehmere" Datenflußeigenschaften haben, als das schwach interpretierte Programmschema. Diese Aussagen gewinnt man aus dem Studium von zwei Arten von Fortsetzungsregeln für die DFE:

1. Sequenz: Wie lassen sich für zwei Programme p_1, p_2 aus $DFE(p_1)$ und $DFE(p_2)$ die $DFE(p)$ mit $p(s) = p_2(p_1(s))$ ermitteln?
2. Alternative: Wie lassen sich für zwei Programme p_1, p_2 mit $D(p_1) \cap D(p_2) = \emptyset$ aus $DFE(p_1)$ und $DFE(p_2)$ die $DFE(p)$ mit

$$p(s) = \begin{cases} p_1(s) & \text{für} \quad s \in D(p_1)\,, \\ p_2(s) & \text{für} \quad s \in D(p_2) \end{cases}$$

ermitteln?

Für eine reguläre Programmsteuerung kann man unter iterativer Anwendung der beiden Regeln die Analyse (jedoch nur als Abschätzung) konstruktiv gestalten.

Auf der Grundlage der aus den theoretischen Untersuchungen abgeleiteten Charakterisierung von Datenflußeigenschaften und den Fortsetzungsregeln kann die Analyse des Datenflusses für ein konkretes Programmsystem erfolgen. Aus den analysierten Datenflußeigenschaften können dann Schlußfolgerungen für die Architektur und Steuerung gezogen werden.

In welchen Schritten erfolgt die Datenflußanalyse?

Die Datenflußanalyse erfolgt von „innen" nach „außen", indem die Datenflußeigenschaften *DFE* von Teilen des Programmsystems auf der Grundlage der *DFE* ihrer Komponenten ermittelt werden. Ausgangspunkt ist die Bestimmung der *DFE* der Programme der Programmbasis. Daraus werden dann die *DFE* des Programmsystems ermittelt, wobei hier natürlich die Art und Weise der Verkopplung der Programme durch das Szenarium bestimmend ist. Im Abschnitt 6.2.1. wurde bereits auf eine reguläre Steuerung orientiert. Wir nehmen auch hier an, daß das Szenarium als gerichteter Graph beschrieben werden kann. Den Knoten des Graphen seien die *DFE* der Programme zugeordnet, die an diesem Knoten aktiviert werden sollen.

Es seien $DFE(k)$ die Datenflußeigenschaften am Knoten k. Mit $f_{(k,l)}$ wird die Funktion bezeichnet, die durch σ definiert ist, wenn man die Abarbeitung von σ am Knoten k beginnt und dann stoppt, wenn der Knoten l erreicht ist. $DFE(k, l)$ seien die auf der Grundlage von σ und den $DFE(k)$ analysierten Datenflußeigenschaften, die eine Abschätzung zu $DFE(f_{(k,l)})$ liefern.

Die Abschätzung wird durch Anwendung der Regeln für Sequenz (mit $\triangle$ gekennzeichnet) und Alternative (∇) ermittelt. Dazu wird aus dem Graph des Szenariums ein rekursives Gleichungssystem aufgebaut. Wir benötigen einige Hilfsbegriffe.

Zunächst gehen wir davon aus, daß jede Kante (k, l) des Graphen mit einer (im allgemeinen einelementigen, aber nicht leeren) Menge von ganzen Zahlen markiert ist. Kanten, die vom gleichen Knoten ausgehen, müssen eine disjunkte Markierung besitzen.

Es gibt also eine Funktion

$$M: Ka \to \boldsymbol{P}(N) \qquad (Ka \text{ ist die Kantenmenge}),$$

für die gilt:

1. $M(k, l) \neq \emptyset$ für $(k, l) \in Ka$,
2. $M(k, l) \cap M(k, m) = \emptyset$ für $l \neq m$, $(k, l), (k, m) \in Ka$.

Diese Markierung fixiert die Abarbeitung der Steuerung: wenn $\delta(p_k(s)) = i$, so wird als nächstes das Programm p_l am Knoten l aktiviert, für den $(k, l) \in Ka$ und $i \in M(k, l)$. Für jeden möglichen Diagnosewert von p_k muß natürlich eine Fortsetzung definiert sein.

Deshalb wird gefordert, daß

$$\bigcup_l M(k, l) \supseteq \bigcup_{s \in D(p_k)} \{\delta(p_k(s))\} .$$

Es sei für einen Knoten k und einen Diagnosewert i

$$UNF(k, i) = l \qquad (UNF \text{ steht für „unmittelbaren Nachfolger“})$$

der Knoten l, für den $(k, l) \in Ka$ und $i \in M(k, l)$.

Als wesentlicher Begriff wird der unmittelbare Nachdominator eines Knotens k zu einem Knoten m benötigt.

Es ist

$$UND(k, m) = l$$

der Knoten l, für den jeder Pfad von k nach m über l geht und kein l' existiert, so daß $UND(k, l) = l' \neq l$.

Unter einem Pfad von k nach m wird eine Knotenfolge $k = k_0, k_1, \ldots, k_n = m$ verstanden, mit $(k_{i-1}, k_i) \in Ka$ für $i = 1, \ldots, n$. Ein Pfad geht über einen Knoten l, wenn ein i mit $1 \leq i \leq n$ existiert und $k_i = l$.

Falls $UND(k, m)$ existiert, ist er eindeutig bestimmt.

Für jedes Paar (k, m) von Knoten (es muß (k, m) keine Kante sein) läßt sich eine eindeutig bestimmte Zerlegung $ZG(k, m)$ definieren durch

$$ZG(k, m) = \begin{cases} \varepsilon \text{ (das leere Wort)}, & \textit{falls } k = m \textit{ oder } UND(k, m) \textit{ nicht definiert} \\ \langle k, l \rangle\, ZG(l, m)\,, & \textit{falls } UND(k, m) = l\,. \end{cases}$$

Wir erweitern die Definition auf Paare $(*, m)$, wobei m ein beliebiger Knoten ist, indem

$$ZG(*, m) = \varepsilon\,.$$

Sollen im Graphen die Datenflußeigenschaften $DFE(k, m)$ ermittelt werden, wird folgendes System von Gleichungen aufgestellt:

1. eine Gleichung

$$\langle k, m \rangle = ZG(k, m)$$

für das „Anfangs-Knotenpaar“ (k, m),

2. für jedes Paar $\langle k, m\rangle$, das auf der rechten Seite einer bereits aufgestellten Gleichung auftritt und für das noch keine Gleichung existiert, wird eine Gleichung

$$\langle k, m\rangle = \lessdot k, l_1 \gtrdot ZG(l_1, m) \mid \lessdot k, l_2 \gtrdot ZG(l_2, m) \mid \dots \mid \lessdot k, l_r \gtrdot ZG(l_r, m)$$

mit $r = \operatorname{card}(\bigcup_l M(k, l))$

$$l_i = \begin{cases} UNF(k, i)\,, & \textit{falls } UND(UNF(k, i), m) \textit{ existiert} \\ * & \textit{sonst} \end{cases}$$

aufgebaut.

Die Interpretation dieser Gleichungen erhält man, indem man für die erste Gleichung

$$DFE(k, m) = DFE(ZG(k, m))$$

setzt und für die anderen Gleichungen

$$DFE(k, m) = (DFE(\lessdot k, l_1 \gtrdot) \bigtriangleup DFE(ZG(l_1, m))) \bigtriangledown \dots \bigtriangledown \bigtriangledown (DFE(\lessdot k, l_r \gtrdot) \bigtriangleup DFE(ZG(l_r, m)))\,.$$

Es bleibt zu definieren:

$$DFE(ZG(k, m)) = \begin{cases} DFE(id)\,, & \textit{falls } ZG(k, m) = \varepsilon\,, \\ DFE(k, l) \bigtriangleup DFE(ZG(l, m))\,, & \textit{falls } ZG(k, m) = \langle k, l\rangle\, ZG(l, m) \end{cases}$$

und

$$DFE(\lessdot k, l \gtrdot) = \begin{cases} DFE(k)\,, & \textit{falls } k \neq *\,, \\ \circ\, DFE(k)\,, & \textit{falls } k = *\,. \end{cases}$$

Dabei sind $DFE(id)$ die Datenflußeigenschaften des identischen, überall definierten Programms, und $DFE(k)$ sind die durch die Operation $\circ$ modifizierten Datenflußeigenschaften am Knoten k. Die Operation $\circ$ berücksichtigt, daß das Auftreten eines gewissen Diagnosewertes analog zum nicht definierten Abbruch zu behandeln ist.

Die Datenflußeigenschaften $DFE(k, m)$ ergeben sich als Lösung des Gleichungssystems. Auf die Angabe der Regeln $\bigtriangleup$, $\bigtriangledown$ und $*$ wird hier verzichtet.

Zur Demonstration der Vorgehensweise betrachten wir den Graph in Abb. 6.2:

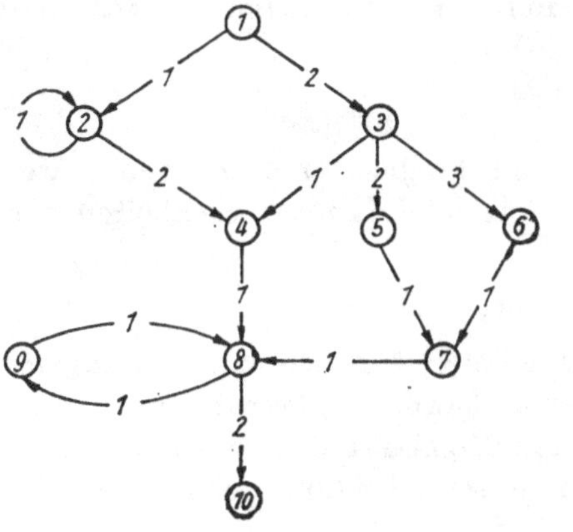

Abb. 6.2: Graph eines Szenariums

Als Knotenbezeichnung wurden der Einfachheit halber natürliche Zahlen gewählt. Es sollen die $DFE(1, 10)$ ermittelt werden. Dazu benötigen wir eine Tabelle der Nachdominatoren.

k	1	2	3	4	5	6	7	8	9
$UND(k, 10)$	8	4	8	8	7	7	8	10	8

Nun wird schrittweise das Gleichungssystem aufgebaut:

$$\begin{aligned}
\langle 1, 10\rangle &= ZG(1, 10) = \langle 1, 8\rangle \langle 8, 10\rangle \\
\langle 1, 8\rangle &= \nless 1, 2 \ngtr \langle 2, 4\rangle \langle 4, 8\rangle \mid \nless 1, 3 \ngtr \langle 3, 8\rangle \\
\langle 8, 10\rangle &= \nless 8, 9 \ngtr \langle 9, 8\rangle \langle 8, 10\rangle \mid \nless 8, 10 \ngtr \\
\langle 2, 4\rangle &= \nless 2, 2 \ngtr \langle 2, 4\rangle \mid \nless 2, 4 \ngtr \\
\langle 4, 8\rangle &= \nless 4, 8 \ngtr \\
\langle 3, 8\rangle &= \nless 3, 4 \ngtr \langle 4, 8\rangle \mid \nless 3, 5 \ngtr \langle 5, 7\rangle \langle 7, 8\rangle \mid \nless 3, 6 \ngtr \langle 6, 7\rangle \langle 7, 8\rangle \\
\langle 9, 8\rangle &= \nless 9, 8 \ngtr \\
\langle 5, 7\rangle &= \nless 5, 7 \ngtr \\
\langle 7, 8\rangle &= \nless 7, 8 \ngtr \\
\langle 6, 7\rangle &= \nless 7, 7 \ngtr
\end{aligned}$$

Nicht immer interessieren nur die Datenflußeigenschaften zum Endeknoten. Wir betrachten noch die Aufstellung eines Gleichungssystems für $DFE(1, 7)$.

k	1	2	3	4	5	6	7	8	9
$UND(k, 7)$	3	*	7	*	7	7	*	*	*

$$\begin{aligned}
\langle 1, 7\rangle &= ZG(1, 7) = \langle 1, 3\rangle \langle 3, 7\rangle \\
\langle 1, 3\rangle &= \nless 1, * \ngtr \mid \nless 1, 3 \ngtr \\
\langle 3, 7\rangle &= \nless 3, * \ngtr \mid \nless 3, 5 \ngtr \langle 5, 7\rangle \mid \nless 3, 6 \ngtr \langle 6, 7\rangle \\
\langle 5, 7\rangle &= \nless 5, 7 \ngtr \\
\langle 6, 7\rangle &= \nless 6, 7 \ngtr
\end{aligned}$$

Welche Schlußfolgerungen können nun aus den Datenflußeigenschaften gezogen werden?

Optimierung und Parallelisierung:
Für die Optimierung eines Szenariums sind die gleichen Prinzipien anwendbar wie für die globale Programmoptimierung. Folgende Hauptmöglichkeiten der Optimierung existieren:

— Elimination konstanter Programmaufrufe:

Wenn für ein Programm p, das am Knoten k des Szenariums aufgerufen wird, sämtliche Eingabedaten konstant sind, kann der Aufruf von p am Knoten k durch eine Zuweisung der konstanten Ergebnisdaten ersetzt werden. Es seien $V_{E,p}$ die Eingabevariablen von p, und es sei *1* der Anfangsknoten des Szenariums;

dann tritt eine solche Situation auf, wenn

$$\forall v \in V_{E,p}: \exists w: v \in C_{(1,k)}(w) .$$

— Elimination redundanter Programmaufrufe:

Ein Programmaufruf wird redundant genannt, wenn die Resultate im Verlauf der bisherigen Berechnungsgeschichte bereits erzeugt wurden. Dann werden diese Werte beim erstmaligen Erzeugen in Hilfsvariable zwischengespeichert, die anstelle weiterer (redundanter) Berechnungen genutzt werden.
Es sei $V_{v,p}$ die Menge der Variablen, die eine Variable v in p beeinflussen:

$$V_{v,p} = \{u \mid u \rightarrow_p v\} .$$

Dann ist die Berechnung von v am Knoten l redundant, wenn es einen Knoten k gibt, der auf jedem Pfad vom Anfangsknoten nach l liegt und

$$\forall u \in V_{v,p}: u \overset{I}{\dashrightarrow}_{(k,l)} u .$$

Ein für die Praxis wichtiger Spezialfall redundanter Programmaufrufe liegt vor, wenn keine der Variablen aus $V_{v,p}$ innerhalb einer Schleife des Szenariums verändert wird. Dann lagert man die Berechnung von v aus der Schleife aus.

— Streichung überflüssiger Programmaufrufe:

Ein Aufruf des Programms p am Knoten k wird als überflüssig bezeichnet, wenn die Ausgabevariablen keinen Einfluß auf die Ausgabevariablen des Programmsystems haben, wenn also

$$\forall u \in V_{A,p}: \textit{es gibt kein } v \in V_A: u \rightarrow_p v ,$$

wobei $V_{A,p}$ die Ausgabevariablen von p und V_A die Ausgabevariablen des Programmsystems sind.

— Parallelisierung:

Hinreichend für die Parallelisierbarkeit zweier Programmaufrufe p an k und q an l ist, daß bei Vertauschung der Aufrufreihenfolge die realisierte Funktion erhalten bleibt. Das ist gesichert, wenn sich die Ausgabevariablen beider Programmaufrufe nicht gegenseitig beeinflussen, d. h.,

$$\forall u \in V_{A,p}: \forall v \in V_{E,q}: \textit{es gilt nicht } u \rightarrow_{(k,l)} v$$

und

$$\forall u \in V_{A,q}: \forall v \in V_{E,p}: \textit{es gilt nicht } u \rightarrow_{(l,k)} v .$$

Eine solche Vertauschung ist auch dann interessant, wenn sie zum Zweck der Optimierung vorgenommen werden soll. Allerdings ist dabei zu beachten, daß auch die Vertauschbarkeit mit allen Programmaufrufen zwischen k und l gesichert sein muß.

— Optimierung von Programmen der Programmbasis:
Aus den Vorliegen spezieller Datenflußeigenschaften lassen sich auch Schlußfolgerungen zur effektiveren Gestaltung der Programmbasis ziehen. Zeigt es sich zum Beispiel, daß für einen Programmaufruf p am Knoten k und für eine Variable v gilt, daß

$$\forall u \in V: u \rightarrow_p v \rightarrow (\exists w: u \in C_{(1,k)}(w)),$$

so liegt die Konstruktion eines Programmes p' aus p nahe, in dem die Berechnung der Variablen v eliminiert ist. In vielen Fällen wird die Konstruktion von p' mit Hilfe der globalen Programmoptimierung möglich sein.
Analoge Optimierungsmöglichkeiten bieten sich beim Vorliegen redundanter Berechnungen bezüglich einzelner Variablen an.

Verifikation der Modulspezifikation:

Nach den Untersuchungen zur Architektur wurde gefolgert, daß eine Unterteilung in Eingabedaten, ($V_{E,p}$), Ausgabedaten ($V_{A,p}$) und Arbeitsdaten (oder Hilfsdaten $V_{H,p}$) für jeden Programmodul p sinnvoll ist. Es gilt $V_{E,p} \subseteq V$, $V_{A,p} \subseteq V$ und $V_{H,p} \subseteq V$. Folgende Aussagen können nun zum Beispiel mittels Datenflußanalyse verifiziert werden:

— Für die Eingabedaten wurde gefordert, daß alle Variablen $v \in V_{E,p}$ nur gelesen, also nicht verändert werden. Das ist der Fall, wenn für alle $u \in V_{E,p}$ gilt: $u \xrightarrow{I}_p u$.
— Jede Variable u der Eingabedaten muß mindestens eine Variable aus $V_{A,p}$ beeinflussen, d. h.

$$\forall u \in V_{E,p}: \exists v \in V_{A,p}: u \rightarrow_p v .$$

Falls $\exists u \notin V_{E,p}: \exists v \in V_{A,p}: u \rightarrow_p v$, so sind in $V_{E,p}$ nicht alle Eingangsvariablen erfaßt, falls $\exists u \in V_{E,p}$: *es gibt kein* $v \in V_{A,p}$: $u \rightarrow_p v$, so sind einige Variable aus signifikante Eingangsvariable.
— Für die Ausgabedaten $V_{A,p}$ muß gelten, daß alle Variablen $v \in V_{A,p}$ verändert $V_{E,p}$ nicht werden, d. h.

$$V_{A,p} \cap \{v \mid v \in V \wedge v \xrightarrow{I}_p v\} = \emptyset .$$

— Die Belegung der Hilfsdaten $V_{H,p}$ darf keinen Einfluß auf Ergebnisdaten haben, d. h., es gilt

$$\forall u \in V_{H,p}: \textit{es gibt kein } v \in V_{A,p}: u \rightarrow_p v .$$

Die Nichterfüllung dieser Forderung kann an der fehlenden Initialisierung der Hilfsdaten liegen.

Aussagen zur Datenbasis:

Aus der Verarbeitung der Daten resultieren Forderungen an die Datenbasis. Solche Anforderungen betreffen zum Beispiel:

— Inhalt und Umfang des Datenbestandes,
— Sicherung von Zugriffsrechten und Schutz vor unbefugtem Zugriff,

- Lebensdauer der Daten,
- Beziehungen zwischen den Daten wie „Reihenfolge“, „Teil von“ oder auch „Grunddaten — abgeleitete Daten“ usw.,
- Bereitstellung effektiver Zugriffsfunktionen.

Um diesen Anforderungen nachkommen zu können, sind Informationen über die gewünschten Verarbeitungsmöglichkeiten erforderlich, zum Beispiel, ob abgeleitete Daten explizit gespeichert werden oder ob bei jedem Zugriff eine Ableitung neu vorgenommen werden soll. Es leuchtet ein, daß für solche Entscheidung Informationen über

- Häufigkeit des Zugriffs zu abgeleiteten Daten,
- Ableitungsaufwand,
- Änderungshäufigkeit der Grunddaten

gebraucht werden. Voraussetzung ist die Kenntnis über die Beziehung Grunddaten — abgeleitete Daten überhaupt. Eine solche Beziehung ist gegeben, wenn für zwei Variable u, v der Datenbasis und eine Funktion f_a des Programmsystems gilt: $u \rightarrow_{f_a} v$. Das ist eine Datenflußeigenschaft, die aus dem zu f_a gehörigen Szenarium σ_a analysiert werden kann.

Oft ist die Optimierung des Zugriffs zur Datenbasis ein entscheidender Faktor für die Laufzeiteffektivität eines Programmsystems. Dabei kommt es darauf an, die Daten so abzuspeichern, daß gemeinsam benötigte Datenelemente mit wenigen Zugriffen erhalten werden. „Gemeinsam“ benötigte Daten sind die, die zum Eingabebereich eines Programmrufs gehören, oder die von mehreren, im Szenarium benachbarten Programmrufen benötigt werden. Bei der näheren Betrachtung des für die Analyse aufgestellten Gleichungssystems erkennt man, daß die Paare $\langle k, m \rangle$ auf der linken Seite der Gleichungen mit fortschreitender Detaillierung immer „engere“ Bereiche im Szenarium beschreiben. Die zu diesen Paaren gehörenden Datenflußeigenschaften liefern deshalb Beiträge zur geeigneten Strukturierung der Datenbasis. Diejenigen Variablen u der Datenbasis sind möglichst im gemeinsamen Zugriff zu realisieren, für die

$$u \rightarrow_{(k,m)} v \quad \text{für eine Variable } v \text{ gilt.}$$

Es muß natürlich beachtet werden, daß weitere (eventuell konkurrierende) Forderungen berücksichtigt werden müssen.

6.3. Modellierung des stochastischen Verhaltens

6.3.1. Stochastische Prozesse

Aufgabenlösungsprozesse, die auf einem Digitalrechner realisiert werden, laufen in der Regel deterministisch ab. Unbeachtet dessen erweist es sich häufig als recht nützlich, auch derartige Prozesse unter Zuhilfenahme stochastischer Modelle zu untersuchen. Das gilt besonders für die Leistungsanalyse von Programmsystemen. Für derartige Analysen ist es im allgemeinen nicht erforderlich, die Lösungswege jeder Aufgabenlösung im Detail zu kennen. Statt dessen sind bestimmte Kenngrößen von

Wahrscheinlichkeitsverteilungen, wie z. B. Mittelwerte, zu ermitteln. Solche Kenngrößen werden zweckmäßigerwiese unter Verwendung stochastischer Modelle berechnet.

Stochastische Modelle haben häufig die Form eines stochastischen Prozesses.

Unter einem stochastischen Prozeß wird eine Funktion verstanden, die jedem Wert $t \in T$ eine zufällige Variable $X(t)$ zuordnet.

Zwischen diesen zufälligen Variablen bestehen in der Regel statistische Abhängigkeiten, und sie haben alle den gemeinsamen Wertebereich Z. Der Definitionsbereich T der von uns betrachteten stochastischen Prozesse ist entweder die Menge der natürlichen Zahlen (getaktete Prozesse) oder das Intervall $[0, \infty)$ (kontinuierliche Prozesse). Der Wertebereich Z aller zufälligen Variablen sei bei allen weiteren Betrachtungen die endliche Menge aller Steuerzustände des Programmsystems ($Z = \{z_1, z_2, \ldots, z_N\}$). Wird die Steuerung wieder mit Hilfe eines gerichteten Graphen beschrieben, so sind die Steuerzustände gerade dessen Kanten (s. Abschn. 4.2.1.).

Eine für unsere Betrachtungen wichtige Klasse von Prozessen sind die Markov-Ketten. Dabei wird zunächst vorausgesetzt, daß ein getakteter Prozeß vorliegt ($T = \{0, 1, 2, \ldots\}$). Eine Markov-Kette ist dadurch charakterisiert, daß der Prozeß für alle Takte $t \in T$ stets nur von der Realisierung der zufälligen Variablen $X(t)$ und nicht vom davorliegenden Prozeßverlauf abhängig ist. Formalisiert läßt sich dieser Sachverhalt auf folgende Weise darstellen:

Für alle $t \in T$ und für alle Mengen

$$\{t_1, t_2, \ldots, t_n \mid 0 \leqq t_1 \leqq t_2 \leqq \ldots \leqq t_n < t\}$$

und

$$z_{i,1}, z_{i,2}, \ldots, z_{i,n} \in Z$$

gilt:

$$P(X(t+1) = z' \mid X(t) = z, X(t_1) = z_{i,1}, X(t_2) = z_{i,2}, \ldots, X(t_n) = z_{i,n})$$
$$= P(X(t+1) = z' \mid X(t) = z)\,.$$

Das bedeutet, daß die „Beobachtungen" an den Takten $t_1, \ldots, t_n$ der Prozeßvergangenheit die Prozeßzukunft nicht näher bestimmen, als es bereits durch die Prozeßgegenwart der Fall ist. Ist die Wahrscheinlichkeit des Übergangs von einem Zustand in einen anderen auch von der Zeit (dem Takt) unabhängig, so liegt eine „homogene" Markov-Kette vor.

Homogene Markov-Ketten sind durch die Übergangswahrscheinlichkeiten

$$p_{i,k} = P(X(t+1) = z_k \mid X(t) = z_i)$$

sowie eine Anfangsverteilung eindeutig definiert. Da vorausgesetzt wurde, daß die Zustandsmenge Z endlich ist, können diese Übergangswahrscheinlichkeiten zu einer Matrix zusammengefaßt werden:

$$P = \begin{pmatrix} p_{1,1} & \cdots & p_{1,N} \\ \vdots & & \\ p_{N,1} & \cdots & p_{N,N} \end{pmatrix}$$

Eine Übergangswahrscheinlichkeit $p_{i,k}$ besagt also, mit welcher Wahrscheinlichkeit der Prozeß in einem Takt vom i-ten Zustand z_i in den k-ten Zustand z_k übergeht. Da der Prozeß mit Sicherheit (d. h. mit der Wahrscheinlichkeit *1*) in jedem Takt von einem Zustand z_i in irgendeinen Zustand z_k (mit möglicherweise $i = k$) übergeht, gilt für die Matrix P, daß

$$\sum_{k=1}^{N} p_{i,k} = 1 .$$

Es sei nun $q_i(t)$ die Wahrscheinlichkeit, daß sich der Prozeß im Takt t im Zustand z befindet, und es sei

$$q(t) = (q_1(t), q_2(t), \dots , q_N(t)) .$$

Da sich der Prozeß mit Sicherheit in jedem Takt in irgendeinen seiner Zustände befindet, gilt

$$\sum_{i=1}^{N} q_i(t) = 1 .$$

Mittels den Übergangswahrscheinlichkeiten $p_{i,j}$ kann man die Wahrscheinlichkeiten $q_i(t + 1)$ berechnen, wenn der Vektor $q(t)$ bekannt ist. Es gilt dann nämlich:

$$q_i(t + 1) = \sum_{j=1}^{N} q_j(t)\, p_{j,i}$$

und allgemeiner als Vektorgleichung:

$$q(t + 1) = q(t)\, P .$$

Über mehrere Takte betrachtet erhält man:

$$\begin{aligned} q(t + r) &= q(t + r - 1)\, P = q(t + r - 2)\, PP \\ &= q(t + r - 2)\, P^2 \\ &= q(t)\, P^r \end{aligned}$$

und speziell

$$q(t) = q(0)\, P^t .$$

Angewendet auf die Steuerung von Programmsystemen bedeuten:

p_{ij} — die Wahrscheinlichkeit, mit der ein Modul (der vom Zustand z_i bestimmt wird) den Ausgang erreicht, der den Zustand z_j der Steuerung hervorruft

$q_i(0)$ — die Wahrscheinlichkeit, mit der am Anfang des Lösungsprozesses der zum i-ten Zustand gehörende Modul aktiviert wird; Wir nehmen an, daß die Zustände so numeriert sind, daß gilt: $q(0) = (1, 0, \ldots, 0)$, es wird also am Anfang immer der zu z_1 gehörende Modul aktiviert

$q_i(t)$ — die Wahrscheinlichkeit, mit der nach t-Takten des Lösungsprozesses der zum i-ten Zustand gehörende Modul aktiviert wird.

Die Berechnung von P^τ wird einfach, wenn man für P eine Umwandlung in die Jordansche Normalform vornimmt. Das ist für beliebige quadratische Matrizen möglich, und man erhält P dargestellt als Produkt

$$P = Q^{-1}JQ .$$

Für P^τ gilt dann

$$P^\tau = Q^{-1}J^\tau Q ,$$

da

$$P^2 = Q^{-1}JQQ^{-1}JQ = Q^{-1}JEJQ = Q^{-1}J^2Q .$$

Die Matrix J hat eine einfache Form. Sie besteht aus Matrizen $J_1, \ldots, J_m$

$$J = \begin{pmatrix} J_1 & & 0 \\ & J_2 & \\ & & \ddots \\ 0 & & J_m \end{pmatrix},$$

wobei die quadratischen Teilmatrizen J_i die Form

$$J_i = \begin{bmatrix} \lambda_i & & \ldots & 0 \\ 1 & \lambda_i & & \cdot \\ 0 & 1 & \ddots & \cdot \\ \vdots & & \ddots & \cdot \\ 0 & \ldots & 1 & \lambda_i \end{bmatrix}$$

haben. Die λ_i sind die Eigenwerte von P. In unserem speziellen Fall sind alle Eigenwerte kleiner oder gleich 1. Für einen Eigenwert $\lambda_i = 1$ gilt $J_i = (1)$.

Wir hatten bis jetzt immer angenommen, daß jeder Takt eine konstante Zeiteinheit benötigt. Das ist natürlich eine grobe Abstraktion. Es sei deshalb zusätzlich zu jedem Zustand z_i eine „Verweildauer" betrachtet. Dazu müssen wir von der diskreten Zeit $T = \{0, 1, \ldots\}$ zur kontinuierlichen Zeit $T = [0, \infty)$ übergehen.

Mit $v_i(t)$ bezeichnen wir die Wahrscheinlichkeit, daß der Prozeß im Zustand z_i eine Zeitdauer t verweilt. Das heißt, wenn der Prozeß zum Zeitpunkt t_0 in den Zustand z_i eingetreten ist, so geht er zum Zeitpunkt $t_i + t$ mit der Wahrscheinlichkeit $v_i(t)$ in einen anderen Zustand über.

Wir interessieren uns nun für die Wahrscheinlichkeit, daß der Prozeß innerhalb einer Zeitdauer t von einem Zustand z_i in einen Zustand z_k überwechselt; die Wahrscheinlichkeit bezeichnen wir mit $q_{i,k}(t)$, formal

$$q_{i,k}(t) = P(X(t_0 + t) = z_k \mid X(t_0) = z_i) .$$

Wie kann $q_{i,k}(t)$ bestimmt werden?

Zunächst stellen wir fest, daß $p_{i,j} \cdot v_i(t)$ die Wahrscheinlichkeit dafür ist, daß der Zustand z_i nach der Zeitdauer t verlassen wird, und zwar ein Übergang zum Zustand z_j erfolgt. Dann ist $p_{i,j} \cdot v_i(t) \cdot q_{j,k}(t')$ die Wahrscheinlichkeit, daß der Prozeß vom Zustand z_i nach der Zeitdauer t in den Zustand z_j übergeht und dann innerhalb der Zeitdauer t' in den Zustand z_k.

$$\int_0^t p_{i,j} \cdot v_i(\tau) \cdot q_{j,k}(t-\tau)\, d\tau$$

ist nun die Wahrscheinlichkeit, daß innerhalb der Zeitdauer t vom Zustand z_i über z_j nach z_k gegangen wird.

Somit ergibt sich für $i \neq k$:

$$q_{i,k}(t) = \sum_{j=1}^{N} \int_0^t p_{i,j} \cdot v_i(\tau) \cdot q_{j,k}(t-\tau)\, d\tau = \sum_{j=1}^{N} p_{i,j} \int_0^t v_i(\tau)\, q_{j,k}(t-\tau)\, d\tau\,.$$

Für $i = k$ muß dazu die Wahrscheinlichkeit addiert werden, für die der Prozeß innerhalb der Zeitdauer t nicht verlassen wird. Das ist $1 - \int_0^t v_i(\tau)\, d\tau$, da $\int_0^t v_i(\tau)\, d\tau$ die Wahrscheinlichkeit angibt, für die die Verweilzeit im Zustand z_i höchstens t beträgt. Also gilt

$$q_{i,j}(t) = (1 - \int_0^t v_i(\tau)\, d\tau) + \sum_{j=1}^{N} p_{i,j} \int_0^t v_i(\tau)\, q_{j,i}(t-\tau)\, d\tau$$

und allgemein

$$q_{i,k}(t) = \delta_{i,k}(1 - \int_0^t v_i(\tau)\, d\tau) + \sum_{j=1}^{N} p_{i,j} \int_0^t v_i(\tau)\, q_{j,k}(t-\tau)\, d\tau\,,$$

wobei

$$\delta_{i,k} = \begin{cases} 1 & \textit{für} \quad i = k\,, \\ 0 & \textit{sonst}\,. \end{cases}$$

Dieses Integralgeichungssystem besitzt eine Lösung, falls die $v_i(t)$ stetig sind.

Die Ermittlung der Lösung ist auf zwei Arten möglich:

Erstens könnte man numerisch vorgehen, indem man diskretisiert und die Funktionen $v_i(\tau)$ an n Stützstellen im Intervall $[0, t_n]$ vorgibt. Für jede dieser Stützstellen erhält man ein Gleichungssystem, wobei die Integrale in Summen übergehen. Natürlich ist mit der Diskretisierung eine zusätzliche Fehlerquelle verbunden.

Zweitens ist die analytische Bestimmung der Lösung mit der Laplace-Transformation möglich. Für die Laplace-Transformierte $\boldsymbol{L}(f(t)) = f^*(s)$ einer Funktion $f(t)$ gilt:

$$\boldsymbol{L}(f(t)) = f^*(s) = \int_0^\infty e^{-st} f(t)\, dt\,.$$

Beim Übergang zur Laplace-Transformierten hat man im Bildbereich einfachere Verknüpfungen als im Urbereich. Für uns sind folgende Gesetze interessant:

1. $L(a_1 f_1(t) + a_2 f_2(t)) = a_1 f_1^*(s) + a_2 f_2^*(s)$,

2. $L(\int_0^t f(\tau)\, d\tau) = 1/s \cdot f^*(s)$,

3. $L(\int_0^t f_1(t - \tau) f_2(\tau)\, d\tau) = f_1^*(s) \cdot f_2^*(s)$.

Damit geht unser Integralgleichungssystem über in das lineare Gleichungssystem

$$q_{i,k}^*(s) = \frac{\delta_{i,k}}{s}(1 - v_i^*(s)) + \sum_{j=1}^{N} p_{i,j} v_i^*(s) \cdot q_{j,k}^*(s) .$$

Wenn man für die $v_i(t)$ geeignete Verteilungsfunktionen hat (z. B. die Exponentialverteilung), so erhält man für die $q_{i,k}^*(s)$ rationale Funktionen, deren Rücktransformation in den Zeitbereich T analytisch möglich wird. Im nächsten Abschnitt behandeln wir dazu ein Beispiel.

Den an weiteren Einzelheiten interessierten Leser wird die Spezialliteratur, etwa [HELL78], [STÖR70], [NOLL80] und insbesondere [BERG80] empfohlen.

6.3.2. Analyse des Leistungsverhaltens

Programmsysteme können nach den unterschiedlichsten Gesichtspunkten bewertet werden. In diesem Abschnitt sollen nun solche Aspekte des Leistungsverhaltens untersucht werden, die mit mathematischen Mitteln quantifizierbar sind. Dazu gehören

- Software-Zuverlässigkeit
- Rechenzeit
- Speicherbelastung.

Der Zweck der Bewertung des Leistungsverhaltens ist die zielgerichtete Verbesserung des Programmsystems. Insbesondere können dadurch Architekturen und Steuerstrategien miteinander verglichen und die besten Möglichkeiten ausgewählt werden.

Um ausgehend von den genannten Gesichtspunkten der Bewertung eines Programmsystems zu konkreten Kennwerten für das Leistungsverhalten zu kommen, ist es zunächst erforderlich, Bedingungen für die Gültigkeit der jeweiligen Kennwerte anzugeben. So soll vorausgesetzt werden, daß sich alle ermittelten bzw. berechneten Werte auf einen konkreten Rechner mit zugehörigem allgemeinen Betriebssystem beziehen. Weiterhin sind derartige Kennwerte natürlich von der konkret vorliegenden Aufgabenstellung abhängig.

Deshalb muß bei allen Kennwerten mit angegeben werden, für welche Aufgabenstellung bzw. für welche Verteilung (im Sinne der Wahrscheinlichkeitsrechnung) von Aufgabenstellungen sie gültig sind.

In der Regel wird es unmöglich sein, die gesuchten Kennwerte für alle mit dem Programmsystem zu lösenden Aufgaben zu ermitteln. Andererseits werden sich die Aufgabenstellungen in vielen Fällen so klassifizieren lassen, daß die Aufgaben aus einer Klasse bezüglich eines bestimmten Kennwertes einander ähnlich sind. Wenn $\{A_i\}$ die Menge aller Aufgabenklassen, W_i der mittlere Wert eines Kennwertes bezüglich der Elemente aus einer Klasse A_i und p_i die Wahrscheinlichkeit für das Auftreten einer Aufgabenstellung aus der Klasse A_i ist, dann gilt:

$$W = \sum_i W_i \cdot p_i .$$

Die Summe ist dabei über alle Klassen A_i zu bilden. W ist der Mittelwert des gesuchten Kennwertes, bezogen auf die durch die Werte p_i definierte Verteilung der Aufgabenstellungen.

Die Ermittlung der Kennwerte wird analog zur Datenflußanalyse (s. Abschn. 6.2.2.) so vor sich gehen, daß man ausgehend von „inneren" Kennwerten die äußeren bestimmt, Antwort auf die Frage, welche inneren Kennwerte als Ausgangspunkt zu nehmen sind, liefert die Modellbildung.

Wenn für ein Programmsystem entsprechende Modelle vorliegen, dann wird es möglich, interne Meßstellen des Systems auszuwerten und ausgehend von solchen inneren Informationen globale Kennwerte zu bestimmen. Wenn nun der gesamte Aufgabenlösungsprozeß hierarchisch gegliedert ist, so folgt daraus auch eine hierarchische Gliederung der jeweiligen Modelle.

Nun könnte vermutet werden, daß die Beschreibung des Gesamtprozesses umso besser wird, je tiefer diese Hierarchie untergliedert ist, d. h., je mehr interne Meßstellen ausgewertet werden können. Eine solche Annahme ist jedoch nicht richtig. Das liegt daran, daß in jedem Modellansatz ein gewisser Fehler steckt. So ist z. B. die geforderte Markov-Eigenschaft streng genommen fast nie erfüllt, was zu einer gewissen Verfälschung der Ergebnisse führt.

Man muß also auch die Modellbildung der Zielstellung anpassen. Mit einem groben Modellansatz kann man keine detaillierten Informationen erhalten, aber andererseits ist ein detaillierter Modellansatz für globale Aussagen auch nicht zweckmäßig. Will man zum Beispiel wissen, ob nach unendlich vielen Takten jeder Endknoten erreicht werden kann, so braucht man kein stochastisches Modell aufzustellen. Die Erreichbarkeit von Zuständen kann bereits im endlichen Automaten oder im Petri-Netz untersucht werden. Zu einem stochastischen Modell muß man übergehen, wenn man wissen will, mit welcher Wahrscheinlichkeit ein gewisser Endzustand angenommen wird. Diese Fragestellung berührt den Aspekt der Software-Zuverlässigkeit. Die meisten komplexen Programme versagen bei bestimmten Aufgaben, die eigentlich mit Hilfe dieser Programme zu lösen sein müßten. Dabei ist im voraus in der Regel nicht zu entscheiden, ob eine bestimmte Aufgabe lösbar ist oder nicht. Eine Ursache für derartige Erscheinungen kann sein, daß das Programm falsch erstellt wurde. Viel häufiger tritt jedoch der Fall ein, daß der zugrundeliegende Algorithmus unter den gegebenen Randbedingungen (Wortlänge des Rechners) für bestimmte Aufgabenstellungen nicht geeignet ist. Charakteristisch für den zweiten Fall sind z. B. bestimmte numerische Verfahren, wie Inversion von Matrizen, Lösen von Differentialgleichungen usw.

Unter Software-Zuverlässigkeit eines Programms soll analog zur Zuverlässigkeit eines technischen Produkts die Eigenschaft verstanden werden, daß dieses Programm bei fehlerfrei arbeitender Hardware die Aufgaben aus einer definierten Aufgabenklasse korrekt löst. Als Maß der Zuverlässigkeit kann die Wahrscheinlichkeit für das richtige Lösen einer Aufgabe aus der definierten Aufgabenklasse betrachtet werden. Für das Auftreten der einzelnen Aufgabenstellungen muß dabei eine A-priori-Verteilung bekannt sein.

Im weiteren soll nun untersucht werden, wie unter Benutzung der anfangs beschriebenen Modellvorstellungen die Zuverlässigkeit eines Programms bestimmt werden kann. Vorausgesetzt wird dabei, daß die Zuverlässigkeitsmaße aller Teilprogramme bekannt sind. Außerdem sei der Steuergraph des Programms gegeben. Dieser beschreibt einen endlichen Automaten mit Markov-Eigenschaft.

Zu jedem Knoten des Steuergraphen gehört dabei ein Teilprogramm, dessen Diagnosedaten den Nachfolgezustand festlegen. Der Steuergraph eines Programms muß einen oder mehrere Endknoten besitzen, die dadurch charakterisiert sind, daß von ihnen keine Kante wegführt. Für das Modell zur Beschreibung der Zuverlässigkeit wird nun zu jedem dieser Endknoten eine Kante hinzugefügt, die den Übergang vom Endknoten zu sich selbst mit der Wahrscheinlichkeit *1* darstellt.

Ein Knoten aus einer definierten Teilmenge aller Endknoten soll genau dann erreicht werden, wenn die Abarbeitung der Aufgabenstellung korrekt erfolgte, andernfalls soll einer der restlichen Endknoten erreicht werden, die ein Fehlverhalten signalisieren.

Die Übergangswahrscheinlichkeiten des Steuergraphen lassen sich in Form einer stochastischen Matrix P (vgl. 6.3.1.) angeben. Gesucht ist die Wahrscheinlichkeitsverteilung für das Erreichen der verschiedenen Endzustände nach beliebig vielen Schritten. Wenn als Startknoten der 1. Knoten festgelegt wird, so sind die gesuchten Wahrscheinlichkeiten aus dem Vektor:

$$q_\infty = \lim_{t \to \infty} (1, 0, \dots, 0) \, P^t$$

abzulesen. Das i-te Element dieses Vektors ist die Wahrscheinlichkeit dafür, daß sich die Steuerung nach unendlich vielen Schritten im Knoten mit der Nummer i befindet. Wenn der Steuergraph zusammenhängend ist und alle Kanten mit positiven Übergangswahrscheinlichkeiten bewertet sind, existiert dieser Grenzwert.

Unter Benutzung der Jordanschen Normalform kann der Grenzwert in folgender Form angegeben werden:

$$q_\infty = \lim_{t \to \infty} (1, 0, \dots, 0) \, Q^{-1} \begin{pmatrix} J_1 & & 0 \\ & \ddots & \\ 0 & & Jm \end{pmatrix}^t Q$$

mit

$$P = Q^{-1} \begin{pmatrix} J_1 & & 0 \\ & \ddots & \\ 0 & & Jm \end{pmatrix} Q$$

Es kann gezeigt werden, daß beim Grenzübergang $t \to \infty$ alle Untermatrizen J_i, die zu Eigenwerten $\lambda_i < 1$ gehören, verschwinden.

Beispiel:

Gegeben sei der in Abb. 6.3a dargestellte Steuergraph. Endzustände sind z_3 und z_4. Zu diesen Zuständen werden Kanten hinzugefügt, die wieder zu den Endzuständen führen (Abb. 6.3b). Zu diesem Beispiel gehört die stochastische Matrix

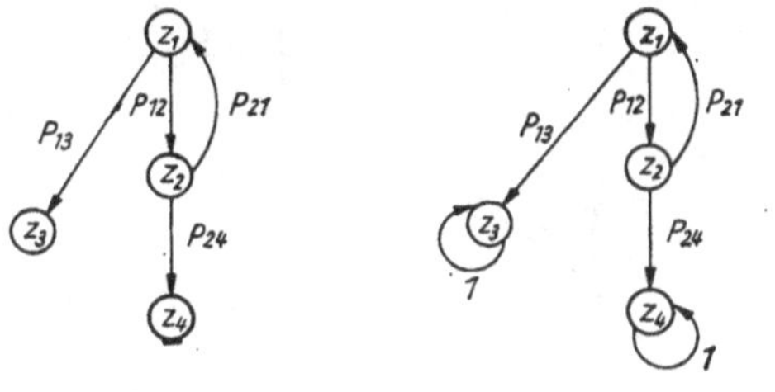

Abb. 6.3: Steuergraph des Beispiels vor und nach dem Hinzufügen von Kanten zu den Endknoten

$$P = \begin{pmatrix} 0 & p_{12} & p_{13} & 0 \\ p_{21} & 0 & 0 & p_{24} \\ 0 & 0 & 1 & 0 \\ 0 & 0 & 0 & 1 \end{pmatrix}$$

Diese Matrix kann in der Form

$$P = Q^{-1} \begin{pmatrix} \sqrt{p_{12}p_{21}} & 0 & 0 & 0 \\ 0 & -\sqrt{p_{12}p_{21}} & 0 & 0 \\ 0 & 0 & 1 & 0 \\ 0 & 0 & 0 & 1 \end{pmatrix} Q$$

mit

$$Q^{-1} = \begin{pmatrix} \sqrt{p_{12}} & \sqrt{p_{12}} & p_{12}p_{24} & p_{13} \\ \sqrt{p_{21}} & -\sqrt{p_{21}} & p_{24} & p_{21}p_{13} \\ 0 & 0 & 0 & 1 - p_{12}p_{21} \\ 0 & 0 & 1 - p_{21}p_{12} & 0 \end{pmatrix}$$

bzw.

$$Q = \begin{pmatrix} \dfrac{1}{2\sqrt{p_{12}}} & \dfrac{1}{2\sqrt{p_{21}}} & -\dfrac{p_{13}}{2\sqrt{p_{12}}\,(1-\sqrt{p_{12}p_{21}})} & -\dfrac{p_{24}}{2\sqrt{p_{21}}\,(1-\sqrt{p_{12}p_{21}})} \\ \dfrac{1}{2\sqrt{p_{12}}} & \dfrac{-1}{2\sqrt{p_{21}}} & \dfrac{-p_{13}}{2\sqrt{p_{12}}\,(1+\sqrt{p_{12}p_{21}})} & \dfrac{p_{24}}{2\sqrt{p_{21}}\,(1+\sqrt{p_{12}p_{21}})} \\ 0 & 0 & 0 & \dfrac{1}{(1-p_{12}p_{21})} \\ 0 & 0 & \dfrac{1}{(1-p_{12}p_{21})} & 0 \end{pmatrix}$$

dargestellt werden. Dann gilt:

$$g_\infty = \lim_{t\to\infty} (1, 0, \dots, 0)\, Q^{-1} \begin{pmatrix} (\sqrt{p_{12}p_{21}})^t & 0 & 0 & 0 \\ 0 & (-\sqrt{p_{12}p_{21}})^t & & \\ 0 & 0 & 1^t & 0 \\ 0 & 0 & 0 & 1^t \end{pmatrix} Q$$

$$= (1, 0, 0, 0) \cdot Q^{-1} \cdot \begin{pmatrix} 0 & 0 & 0 & 0 \\ 0 & 0 & 0 & 0 \\ 0 & 0 & 1 & 0 \\ 0 & 0 & 0 & 1 \end{pmatrix} \cdot Q$$

$$= \left(0, 0, \frac{p_{13}}{1 - p_{12}p_{21}}, \frac{p_{12}p_{24}}{1 - p_{12}p_{21}}\right).$$

Wird nun z. B. angenommen, daß der Endzustand z_3 bei korrekter Lösung der entsprechenden Aufgabe erreicht wird, dann kann dafür die Wahrscheinlichkeit $p_{13}/(1 - p_{12}p_{21})$ angegeben werden. Es ist leicht nachzurechnen, daß die Summe der Elemente des Vektors q_∞ gerade 1 ist.

In welcher Weise können nun Aussagen zur Rechenzeit abgeleitet werden?

Es ist $q(t) = q(0) \cdot P^t$ der Vektor, dessen Komponenten q_i die Wahrscheinlichkeit dafür angeben, daß im t-ten Takt der entsprechende Zustand z_i angenommen wird. Es sei nun d_i die Zeit, die der Prozeß im Mittel im Zustand z_i verweilt, oder anders gesagt: d_i ist die Zeitdauer, die der zum Zustand z_i gehörende Modul im Mittel zur Abarbeitung benötigt. Der Mittelwert wird deshalb betrachtet, weil die Abarbeitungszeiten in der Regel nicht konstant sind, sondern von den Eingabedaten abhängen. Es sei $d = (d_1, \dots, d_N)$ der Vektor der Verweilzeiten, wobei angenommen wird, daß $d_i = 0$, falls z_i ein Endzustand ist. Diese Zuordnung der Verweilzeit Null zu jedem Endzustand ist erforderlich, da ja beim Erreichen eines Endzustandes in jeden weiteren Takt wieder in diesen übergegangen wird.

Nun ist

$$(1, 0, 0, \dots, 0)\, P^t d^T$$

die Zeit, die im Mittel im t-ten Takt benötigt wird (mit d^T bezeichnen wir den transponierten Vektor d). Den Mittelwert $\overline{d_g}$ für die gesamte Rechenzeit unseres Systems erhalten wir als Grenzwert

$$\overline{d_g} = \lim_{t\to\infty} \sum_{\tau=1}^{t} (1, 0, \dots, 0)\, P^\tau d^T .$$

Dieser Grenzwert existiert unter den gegebenen Voraussetzungen. Die Existenz des Grenzwertes kann man sich dadurch erklären, daß die stochastische Matrix P in der Darstellung der Jordan'schen Normalform $Q^{-1}JQ$ für die Potenzen die Form $P^\tau = Q^{-1}J^\tau Q$ hat.

Damit gilt

$$\lim_{t\to\infty} \sum_{r=1}^{t} (1, 0, \dots, 0)\, Q^{-1} J^r Q d^T = \lim_{t\to\infty} ((1, 0, \dots, 0)\, Q^{-1} (\sum_{r=1}^{t} J^r)\, Q d^T) .$$

Im Term $\sum J^r$ existiert für alle Komponenten, die keinen Endzuständen entsprechen, der Grenzwert. Für die Endzustände sind die entsprechenden Komponenten in d Null, so daß insgesamt die Existenz des Grenzwertes gesichert ist. Für interessierte Leser empfehlen wir die im Abschnitt 6.3.1. zitierte Literatur, in der die Motivation exakter ausgeführt ist. Wir betrachten hierzu noch unser Beispiel:

$$\overline{d}_g = \lim_{t\to\infty} ((1, 0, \dots, 0)\, Q^{-1} (\sum_{r=1}^{t} J^r)\, Q d^T = \lim_{t\to\infty} (\sqrt{p_{12}}, \sqrt{p_{12}}, p_{12}p_{24}, p_{13}) \cdot$$

$$\cdot \sum_{r=1}^{t} \begin{pmatrix} \sqrt{p_{12}p_{21}}^{\,r} & 0 & 0 & 0 \\ 0 & -\sqrt{p_{12}p_{21}}^{\,r} & 0 & 0 \\ 0 & 0 & 1 & 0 \\ 0 & 0 & 0 & 1 \end{pmatrix} \cdot$$

$$\cdot \left(\frac{d_1}{2\sqrt{p_{12}}} + \frac{d_2}{2\sqrt{p_{21}}}, \quad \frac{d_1}{2\sqrt{p_{12}}} - \frac{d_2}{2\sqrt{p_{21}}}, 0, 0 \right)^T .$$

Beachtet man, daß $\lim_{t\to\infty} x^t = 1/(1-x)$ für $|x| < 1$, so erhält man für die mittlere Rechenzeit

$$\overline{d}_g = \frac{d_1 + p_{12}d_2}{1 - p_{12}p_{12}} .$$

Wenn wir uns nicht nur für den Mittelwert der Rechenzeit, sondern für die Wahrscheinlichkeitsverteilung der gesamten Rechenzeit $v_g(t)$ interessieren, so müssen wir unser Modell verfeinern. Wir benötigen dafür als Grundlage die Verteilungsfunktionen $v_i(t)$ für die Verweilzeiten an allen Zuständen. Da in unserem Beispiel z_3 und z_4 Endzustände sind, soll gelten:

$$v_3(t) = v_4(t) = 0 .$$

Für die gesamte Rechenzeitverteilung $v_g(t)$ gilt:

$$v_g(t) = q_{1,3}(t) + q_{1,4}(t) .$$

Die $q_{i,j}(t)$ werden entsprechend Abschnitt 6.3.1. durch folgendes Integralgleichungssystem bestimmt:

$$q_{1,3}(t) = p_{12} \int_0^t v_1(\tau)\, q_{2,3}(t-\tau)\, d\tau + p_{1,3} \int_0^t v_1(\tau)\, d\tau$$

$$q_{1,4}(t) = p_{1,2} \int_0^t v_1(\tau)\, q_{2,4}(t-\tau)\, d\tau$$

$$q_{2,3}(t) = p_{2,1} \int_0^t v_2(\tau)\, q_{1,3}(t-\tau)\, d\tau$$

$$q_{2,4}(t) = p_{2,1} \int_0^t v_2(\tau)\, q_{1,4}(t-\tau)\, d\tau + p_{2,4} \int_0^t v_2(\tau)\, d\tau$$

Wie bereits im vorigen Abschnitt ausgeführt, kann man nun entweder eine numerische Auswertung durchführen, oder man geht auf die Laplace-Transformierten über und erhält

$$q_{1,3}^*(s) = p_{1,2} v_1^*(s)\, q_{2,3}^*(s) + p_{1,3} v_1^*(s)$$

$$q_{1,4}^*(s) = p_{1,2} v_1^*(s)\, q_{2,4}^*(s)$$

$$q_{2,3}^*(s) = p_{2,1} v_2^*(s)\, q_{1,3}^*(s)$$

$$q_{2,4}^*(s) = p_{2,1} v_2^*(s)\, q_{1,4}^*(s) + p_{2,4} v_2^*(s)\,.$$

Jetzt kann man die Laplace-Transformierte der Rechenzeitverteilung analytisch berechnen:

$$v_g^*(s) = q_{1,3}^*(s) + q_{1,4}^*(s) = \frac{p_{1,3} v_1^*(s) + p_{1,2} p_{2,4} v_1^*(s)\, v_2^*(s)}{(1 - p_{1,2} p_{2,1} v_1^*(s)\, v_2^*(s)}\,.$$

Wir setzen für $v_1(t)$ und $v_2(t)$ jeweils Esponentialverteilungen mit dem Erwartungswert d_1 bzw. d_2 an. Dann gilt

$$v_i(t) = \lambda_i\, e^{-\lambda_i t} \quad \text{mit} \quad \lambda_i = \frac{1}{d_i} \quad \text{und} \quad i \in \{1, 2\}\,.$$

Für die Laplace-Transformierten gilt dann

$$v_i^*(s) = \frac{\lambda_i}{s + \lambda_i}$$

und demzufolge

$$v_g^*(s) = \frac{p_{1,3}\left(\dfrac{\lambda_1}{1 + \lambda_1}\right) + p_{1,2} p_{2,4} \cdot \dfrac{\lambda_1 \cdot \lambda_2}{(s + \lambda_1)\,(s + \lambda_2)}}{1 - p_{1,2} p_{2,1} \cdot \dfrac{\lambda_1 \lambda_2}{(s + \lambda_1)\,(s + \lambda_2)}}\,.$$

Nach einiger Vereinfachung und unter Berücksichtigung der Beziehungen $p_{1,3} = (1 - p_{1,2})$ und $p_{2,4} = (1 - p_{2,1})$ erhält man:

$$v_g^*(s) = \frac{s\lambda_1(1 - p_{1,2}) + \lambda_1 \lambda_2 (1 - p_{1,2} p_{2,1})}{s^2 + s(\lambda_1 + \lambda_2) + \lambda_1 \lambda_2 (1 - p_{1,2} p_{2,1})}\,.$$

Die Rücktransformation in den Zeitbereich T liefert eine analytische Darstellung für $v_G(t)$:

$$v_G(t) = \lambda_1(1 - p_{1,2}) \cdot e^{-bt}\left(\cos at - \frac{b}{a}\sin at\right) + \\ + \lambda_1\lambda_2(1 - p_{1,2}p_{2,1})\frac{1}{a}e^{-bt}\sin at\,,$$

wobei

$$a = \sqrt{\lambda_1\lambda_2(1 - p_{1,2}p_{2,1}) - \left(\frac{\lambda_1 + \lambda_2}{2}\right)^2}\,,$$

$$b = \frac{\lambda_1 + \lambda_2}{2}.$$

Man kann nun auch für $v_G(t)$ den Erwartungswert $d = \int\limits_0^\infty t v_G(t)\,dt$ berechnen. Zunächst erhält man

$$\overline{d} = \lambda_1(1 - p_{1,2})\int\limits_0^\infty t\,e^{-bt}\left(\cos at - \frac{b}{a}\sin at\right)dt + \\ + \lambda_1\lambda_2(1 - p_{1,2}p_{2,1})\frac{1}{a}\int\limits_0^\infty t\,e^{-bt}\sin at\,dt\,.$$

Für die Integrale gilt:

$$\int\limits_0^\infty t\,e^{-bt}\cos at\,dt = \frac{b^2 - a^2}{(a^2 + b^2)^2}\,,$$

$$\int\limits_0^\infty t\,e^{-bt}\sin at\,dt = \frac{2ab}{(a^2 + b^2)^2}\,.$$

Damit erhalten wir:

$$\overline{d}_G = \lambda_1(1 - p_{1,2})\left(\frac{(b^2 - a^2)}{(a^2 + b^2)^2} - \frac{b}{a}\cdot\frac{2ab}{(a^2 + b^2)^2}\right) + \lambda_1\lambda_2(1 - p_{1,2}p_{2,1})\frac{2ab}{a(a^2 + b^2)^2}$$

$$= -\lambda_1(1 - p_{1,2})\frac{a^2 + b^2}{(a^2 + b^2)^2} + \lambda_1\lambda_2(1 - p_{1,2}p_{2,1})\frac{2b}{(a^2 + b^2)^2}$$

$$= \frac{-\lambda_1(1 - p_{1,2}) + \lambda_1 + \lambda_2}{\lambda_1\lambda_2(1 - p_{1,2}p_{2,1})} = \frac{+\lambda_2 + p_{1,2}\lambda_1}{\lambda_1\lambda_2(1 - p_{1,2}p_{2,1})} = \frac{d_1 + p_{1,2}d_2}{1 - p_{1,2}p_{2,1}}\,.$$

Bei der Umformung wurde die Beziehung

$$a^2 + b^2 = \lambda_1 \cdot \lambda_2(1 - p_{1,2}p_{2,1})$$

ausgenutzt.

An diesem Beispiel wird klar, welche Vorteile eine einfachere Modellbildung haben kann, wenn man nur einen globalen Kennwert (wie hier den Mittelwert) benötigt.

Zum Abschluß dieser Betrachtungen sollen noch Aussagen zur Speicherbelastung, und zwar Mittelwert B und Streuung $\sigma^2(B)$, abgeleitet werden. Die Grundlage bilden

— die Matrix P der Übergangswahrscheinlichkeiten
— der Vektor $d = (d_1, \ldots, d_N)$ der mittleren Verweilzeiten
— der Vektor $b = (b_1, \ldots, b_N)$ der mittleren Speicherbelastung für jeden Zustand.

Den gewünschten Mittelwert B erhält man als Skalarprodukt

$$B = \sum_{i=1}^{N} b_i \cdot a_i ,$$

wobei a_i angibt, welchen „Anteil" der Zustand z_i an der gesamten Rechenzeit hat. Dieser Anteil berechnet sich zu

$$a_i = \frac{q_i \cdot d_i}{\sum_{i=1}^{N} d_i} ,$$

wobei q_i die Wahrscheinlichkeit ist, mit der der Zustand z_i am gesamten Prozeßverlauf beteiligt ist. Der Vektor $q = (q_1, \ldots, q_N)$ ergibt sich als sogenannte „stationäre Verteilung". Man streicht im Modell sämtliche Endezustände und führt alle Kanten, die ursprünglich zu einem Endeknoten gingen, zum Anfangsknoten. Wenn P die jetzt erhaltene Überführungsmatrix ist, so gilt für die stationäre Verteilung:

$$q = q \cdot P .$$

In diese Verteilung „pegelt" sich der modifizierte Prozeß allmählich ein. Ein solches q ist aber gerade Eigenvektor zum Eigenwert *1* der Matrix P^T, denn

$$P^T q^T = q^T ,$$

also

$$P^T q^T - q^T = (P^T - E)\, q^T = 0 .$$

Mit Hilfe unserer Größen können also B und $\sigma^2(B)$ errechnet werden. Wir demonstrieren dies an unserem Beispiel. In Abb. 6.4 ist der modifizierte Steuergraph angegeben.

Die Übergangsmatrix P lautet nun

$$P = \begin{pmatrix} p_{1,3} & p_{1,2} \\ 1 & 0 \end{pmatrix},$$

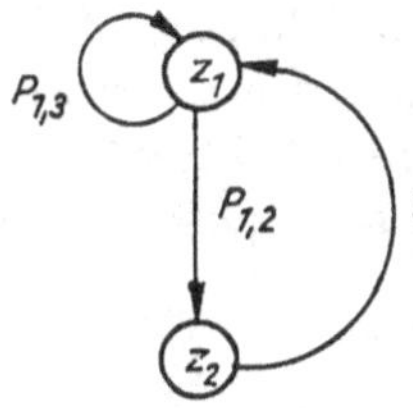

Abb. 6.4: Modifizierter Steuergraph

Eigenvektor von P^T zum Eigenwert *1* ist

$$q = \left(\frac{1}{1 + p_{1,2}}, \frac{p_{1,2}}{1 + p_{1,2}}\right).$$

Damit erhalten wir

$$B = \frac{b_1 \cdot d_1 + b_2 \cdot d_2 \cdot p_{1,2}}{(d_1 + d_2)(1 + p_{1,2})}$$

und

$$\sigma^2(B) = \frac{b_1^2 \cdot d_1 + b_2^2 \cdot d_2 \cdot p_{1,2}}{(d_1 + d_2)(1 + p_{1,2})} - B^2 .$$

6.4. Beschreibungsformen

6.4.1. Abstrakte Objekte

Ein interessantes Hilfsmittel zur Beschreibung zustandsorientierter Strukturen sind die sogenannten Abstrakten Objekte (auch Vienna Definition Language VDL oder Wiener Methode) [ZEMA68]. Die Entwicklung der VDL erfolgte ursprünglich zur formalen Beschreibung der Syntax und Semantik von Programmiersprachen und sie diente auch tatsächlich der Beschreibung realer Programmiersprachen (Beschreibung von PL1 [LUCA69]). In [SCHM79] wird die VDL zur Beschreibung von Programmsystemen genutzt.

Wir wollen beispielhaft die Struktur und die Abarbeitung von Programmoduln zur Auswahlsteuerung mittels VDL demonstrieren. Dabei wird von der im Abschnitt 4.2.3. gegebenen informalen Beschreibung ausgegangen.

Zunächst einige allgemeine Bemerkungen zur VDL.

Die VDL gestattet die Definition von elementaren und kompositen Objekten, den „Abstrakten Objekten". Ein elementares Objekt ist nicht weiter zerlegbar. Es kann eine Zeichenfolge, ein numerischer Wert, ein Ausdruck u. a. m. sein und einen Namen besitzen. Ein spezielles elementares Objekt ist das Leerobjekt *co-Ω*. Ein komposites Objekt besteht aus einer Menge von Komponenten. Eine gekennzeichnete Komponente ist ein Objekt *co*, das durch einen Selektor *s* identifiziert werden kann, geschrieben $\langle s : co \rangle$. Selektoren bestimmen die Komponenten eindeutig und können als Funktionen aufgefaßt werden, deren Definitionsbereich die definierten Objekte und deren Wertebereich Teilmengen der mit Selektoren gekennzeichneten Objekte, d. h. gekennzeichnete Komponenten, sind. Sei *co* ein Objekt, so liefert der Selektor *s-1* durch *s-1(co)* die mit *s-1* gekennzeichnete Komponente von *co*. Gibt es eine derartige Komponente nicht, wird *co-Ω* geliefert. Selektoren können superpositioniert werden. Man schreibt

$$s\text{-}1(s\text{-}2(\dots s\text{-}n(co)\dots)) \quad \text{oder} \quad s\text{-}1\cdot s\text{-}2\cdot \dots \cdot s\text{-}n(co)\,.$$

Zur praktischen Unterscheidung von Objekten und Selektoren werden die Bezeichnungen der Objekte mit dem Präfix *co* und die Bezeichnungen der Selektoren mit dem Präfix *s* versehen. Zur Manipulation abstrakter Objekte gibt es die Operation α (Umbau). Das Objekt *co-2* mit

$$co\text{-}2 = \alpha(co\text{-}1;\ \langle s\text{-}k : co\text{-}3\rangle)$$

entsteht aus *co-1* dadurch, daß die durch *s-k* gekennzeichnete Komponente in *co-1* durch das Objekt *co-3* ersetzt wird. Für $\langle s\text{-}k : co\text{-}3\rangle$ kann auch eine Liste von Komponenten angegeben werden.

Aus der Umbaufunktion α kann eine Aufbaufunktion μ und eine Abbaufunktion δ abgeleitet werden.

Für μ gilt: $co\text{-}2 = \mu(\langle s\text{-}k : co\text{-}1\rangle) = \alpha(co\text{-}\Omega;\ \langle s\text{-}k : co\text{-}1\rangle)$. Das Objekt *co-2* besteht aus dem mit *s-k* gekennzeichneten Objekt *co-1*.

Für δ gilt: $co\text{-}2 = \delta(co\text{-}1;\ s\text{-}k) = \alpha(co\text{-}1;\ \langle s\text{-}k : co\text{-}\Omega\rangle)$. Das Objekt *co-2* entsteht aus *co-1* durch Streichung der mit *s-k* gekennzeichneten Komponente.

Durch weitere Möglichkeiten erhöht sich die Flexibilität bei der Definition von Objekten:

- Die Verwendung von Operationen der Arithmetik ($+$, $-$, $*$, $/$), von Vergleichsoperationen ($=$, $\neq$, $<$, $>$, $\leqq$, $\geqq$), von logischen Operationen ($\neg$, $\wedge$, $\vee$, $\supset$, $\equiv$, $\not\equiv$) und Mengenoperationen ($\in$, $\notin$, $\subseteq$, $\subset$, $\cap$, $\cup$, $\setminus$) in der üblichen Bedeutung ist erlaubt.
- Arithmetische und Boolesche Variable und Ausdrücke sowie Prädikate der Prädikatenlogik sind verwendbar.

Die Namen von Prädikaten werden allgemein mit dem Präfix „*is*" versehen. Prädikate dienen insbesondere zur Definition von Klassen von Objekten, die auf das entsprechende Prädikat zutreffen. Mittels

$$is\text{-}o = \pi(\langle s\text{-}i : is\text{-}oi\rangle)$$

wird die Menge aller der Objekte *co-o* beschrieben, die genau aus den Komponenten *co-oi* bestehen. Jede Komponente *co-oi* hat die Eigenschaft *is-oi* und ist mit *s-i* gekennzeichnet. Für die Darstellung bedingter Ausdrücke, Definitionen und Aussagen bedient man sich der Schreibweise von McCarthy.

Durch

$$(is\text{-}1(co\text{-}b1) \to co\text{-}1,\ is\text{-}2(co\text{-}b2) \to co\text{-}2,\ \dots,\ is\text{-}n(co\text{-}bn) \to co\text{-}n)$$

wird das Objekt *co-i* mit $1 \leqq i \leqq n$ ausgewählt, falls *is-i(co-bi)* wahr ist und alle *is-j(co-bj)* für $1 \leqq j < i$ falsch sind. Anderenfalls wird das Leerobjekt *co-Ω* geliefert.

Die Prädikate *is-i* können natürlich auch zu „*wahr*“ (*true*) und „*falsch*“ (*false*) ausarten.

An einem Beispiel wird nun die Benutzung der VDL demonstriert. Als erstes sollen zwei Prädikate zur Beschreibung der Ein- und Ausgabedaten angegeben werden:

$$is\text{-}eingabe = \pi(\langle s\text{-}sd : is\text{-}sachdaten\rangle, \langle s\text{-}st : is\text{-}steuerdaten\rangle)\ .$$

Ein Objekt mit der Eigenschaft *is-eingabe* besteht aus der mit dem Selektor *s-sd* versehenen Komponente mit der Eigenschaft *is-sachdaten* und der mit dem Selektor *s-st* versehenen Komponente mit der Eigenschaft *is-steuerdaten*. Das Prädikat *is-sachdaten* wird hier nicht weiter spezifiziert, es wird als bekannt vorausgesetzt.

$$is\text{-}steuerdaten = co\text{-}\Omega \vee \pi(\langle s\text{-}sz : is\text{-}steuerzeichen\rangle, \langle s\text{-}st : is\text{-}steuerdaten\rangle)$$

$$is\text{-}steuerzeichen = is\text{-}T \vee is\text{-}F$$

Steuerdaten sind entweder leer oder bestehen aus zwei Komponenten, deren erste ein Steuerzeichen (*T* oder *F*) und deren zweite die Steuerdaten sind. Die Abb. 6.5 zeigt

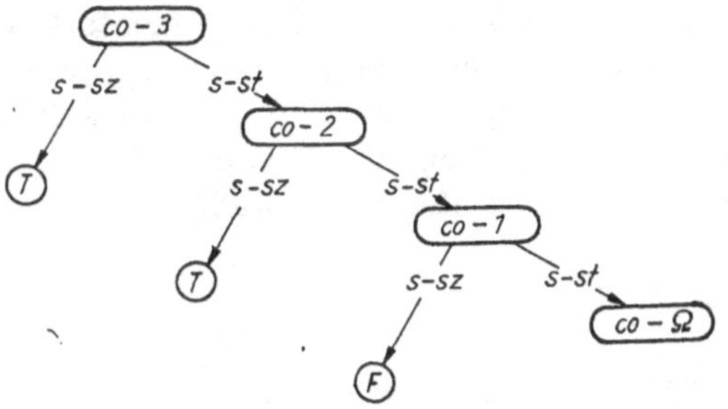

Abb. 6.5: Struktur eines Steuerdaten-Objektes

die Struktur eines speziellen Objektes *co-3* der Klasse Steuerdaten. Es gilt

$$is\text{-}F\ (s\text{-}sz\cdot s\text{-}st\cdot s\text{-}st(co\text{-}3)) = true$$

$$is\text{-}ausgabe = \pi(\langle s\text{-}sd : is\text{-}sachdaten\rangle, \langle s\text{-}dd : is\text{-}diagnosedaten\rangle);$$

is-diagnosedaten — nicht weiter spezifiziert.

Ein- und Ausgabedaten existieren global (extern zum Modul). Bei der Modellierung des Moduls ist gemäß Abschnitt 5.3. von der funktionellen Spezifikation auszugehen. Daraus werden dann schrittweise Aussagen zur Struktur abgeleitet.

Die Abarbeitung eines Moduls ist zunächst an die Erfüllung von Systembedingungen gebunden, die durch eine Systemfehlerbehandlung geprüft werden. Sind die Systembedingungen nicht erfüllt, wird eine Funktion aktiviert, die eine abnormale Beendigung veranlaßt. Dieses Verhalten wird durch folgende Definition ausgedrückt:

aktivierung(*co-modul*,*co-eingabe*) =

(*systemfehlerbehandlung*(*s-sbg*(*co-modul*),*s-st*(*co-eingabe*))

→ *abarbeitung*(*co-modul*,*co-eingabe*),

true → *abende*(*co-modul*)).

Hierbei wird vorausgesetzt, daß *co-modul* eine mit dem Selektor *s-sbg* versehene Komponente besitzt, die wir als Systembedingung interpretieren.

Die Funktion „*systemfehlerbehandlung*“ soll auf der Grundlage der Systembedingung und der Steuerdaten der Eingabe einen logischen Wert (*true, false*) liefern. Auf die exakte Definition wird verzichtet.

In der Praxis wird mittels der Systemfehlerbehandlung eine Beeinflussung des Systemzustandes versucht werden. Solche Feinheiten sollen aus Platzgründen nicht in die Modellierung einbezogen werden.

Die Abarbeitung unterteilt sich in Vorbereitung, Durchführung und Nachbereitung. Wir definieren zunächst die Vorbereitung.

$$\begin{aligned} \textit{vorb}(\textit{co-modul},\textit{co-eingabe}) = \mu(&\langle \textit{s-eb} : \textit{s-sd}(\textit{co-eingabe})\rangle,\\ &\langle \textit{s-hb} : \textit{s-in}(\textit{co-modul})\rangle,\\ &\langle \textit{s-ab} : \textit{co-}\Omega\rangle,\\ &\langle \textit{s-db} : \textit{s-st}(\textit{co-eingabe})\rangle). \end{aligned}$$

Es wird ein Objekt mit vier Komponenten aufgebaut. Die Komponente *s-eb* (Eingabebereich) ergibt sich aus den Sachdaten der Eingabe, die Komponente *s-hb* (Bereich der Hilfsdaten) aus der Komponente *s-in* (Initialisierungsdaten) des Moduls die Komponente *s-ab* (Ausgabebereich) ist zunächst leer, und die Komponente *s-db* (Diagnosebereich) ergibt sich aus den Steuerdaten der Eingabe. Das durch *vorb* aufgebaute Objekt soll zur Klasse der lokalen Daten des Modul gehören, die definiert ist als

$$\begin{aligned} \textit{is-lokdaten} = \pi(&\langle \textit{s-eb} : \textit{is-sachdaten}\rangle,\\ &\langle \textit{s-hb} : \textit{is-sachdaten}\rangle,\\ &\langle \textit{s-ab} : \textit{is-sachdaten}\rangle,\\ &\langle \textit{s-db} : \textit{is-steuerdaten}\rangle). \end{aligned}$$

Auf die Vorbereitung folgt die eigentliche Durchführung. Diese wird durch den Tätigkeitsteil des Moduls definiert, einer Liste, deren Elemente aus einer Regel und einer Aktion bestehen. Jede Regel ist eine Folge von Elementen der Menge $\{T, F, B\}$, wobei B für „beliebig“ steht.

$$\begin{aligned} \textit{is-tätigkeitsteil} &= \textit{co-}\Omega \vee \pi(\langle \textit{s-tk} : \textit{is-tätigkeit}\rangle,\\ &\qquad\qquad\qquad \langle \textit{s-tt} : \textit{is-tätigkeitsteil}\rangle),\\ \textit{is-tätigkeit} &= \pi(\langle \textit{s-reg} : \textit{is-regel}\rangle, \langle \textit{s-akt} : \textit{is-aktion}\rangle),\\ \textit{is-regel} &= \textit{co-}\Omega \vee \pi(\langle \textit{s-rz} : \textit{is-regelzeichen}\rangle,\\ &\qquad\qquad\qquad \langle \textit{s-reg} : \textit{is-regel}\rangle),\\ \textit{is-regelzeichen} &= \textit{is-T} \vee \textit{is-F} \vee \textit{is-B},\\ \textit{is-aktion} &\text{ — nicht weiter spezifiziert.} \end{aligned}$$

Nun läßt sich die Durchführung definieren als

durchf(*co-lokdaten*,*co-tätigkeitsteil*) =
(*co-tätigkeitsteil* = *co*-Ω → *co-lokdaten*,
is-pr(*s-reg*·*s-tk*(*co-tätigkeitsteil*),*s-db*(*co-lokdaten*))
→
durchf(λ(*s-akt*·*s-tk*(*co-tätigkeitsteil*),*co-lokdaten*),
s-tt(*co-tätigkeitsteil*)),
true →
durchf(*co-lokdaten*,*s-tt*(*co-tätigkeitsteil*))).

Wenn der Tätigkeitsteil leer ist, wird durch die Durchführung lediglich das als Parameter übermittelte Objekt der lokalen Daten unverändert bereitgestellt. Ansonsten wird mit dem Prädikat *is-pr* geprüft, ob die Regel der ersten Tätigkeit im Tätigkeitsteil durch die Diagnosedaten erfüllt wird. Ist das der Fall, werden in Abhängigkeit der Aktion der ersten Tätigkeit im Tätigkeitsteil und der lokalen Daten mittels λ neue lokale Daten erzeugt. Der Aufruf von λ entspricht der Interpretation der entsprechenden Aktion. Anschließend wird mit diesen neuen lokalen Daten und einem Tätigkeitsteil, der aus der *s-tt*-Komponente des alten besteht (das entspricht der Elimination der ersten Tätigkeit), die Durchführung wiederholt aufgerufen.

Ist jedoch die Regel nicht erfüllt, so wird die zugehörige Aktion übergangen, d. h., die Durchführung wird mit den unveränderten lokalen Daten und den um die erste Tätigkeit reduzierten Tätigkeitsteil aufgerufen.

Auf die Definition von λ wird verzichtet. Wir bemerken nur, daß λ neue lokale Daten erzeugt. Die Definition von *is-pr* lautet:

is-pr(*co-regel*,*co-steuerdaten*) =
(*co-regel* = *co*-Ω → *true*,
co-steuerdaten $\neq$ *co*-Ω $\wedge$ (*is-B*(*s-rz*(*co-regel*)) $\vee$
s-rz(*co-regel*) = *s-sz*(*co-steuerdaten*))
→
is-pr(*s-reg*(*co-regel*),*s-st*(*co-steuerdaten*)),
true → *false*).

Das Prädikat *is-pr* liefert den Wert *true*, wenn die Bedingung und die Steuerdaten komponentenweise übereinstimmen oder die entsprechende Komponente der Bedingung dem Prädikat *is-B* genügt. Ansonsten liefert *is-pr* den Wert *false*.

Die hier beschriebene Durchführung entspricht dem Prinzip nach der Abarbeitung einer Entscheidungstabelle mit der Vereinfachung, daß die Steuerdaten als Vektor von Wahrheitswerten bereits vorliegen und der Tätigkeitsteil nicht iterativ abgearbeitet wird. Dieses Prinzip wurde im Programmsystem INTKOS (s. Abschn. 7.2.) realisiert.

Die Nachbereitung soll ein Objekt der Klasse *is-ausgabe* aus den lokalen Daten erzeugen. Dazu stehen die Daten des Ausgabebereiches und des Diagnosebereiches zur Verfügung:

$$\begin{aligned}&\textit{nachb}(\textit{co-modul},\textit{co-lokdaten}) =\\ &\quad \mu(\langle \textit{s-sd} : \textit{s-ab}(\textit{co-lokdaten})\rangle,\\ &\qquad \langle \textit{s-dd} : \textit{diag}(\textit{s-db}(\textit{co-lokdaten}),\textit{s-abg}(\textit{co-modul})\rangle)).\end{aligned}$$

Mittels der Funktion *diag* werden Diagnosedaten generiert, wobei *s-abg*(*co-modul*) die hier nicht weiter definierten Abschlußbedingungen des Moduls sind. Nun kann die Abarbeitung definiert werden:

$$\begin{aligned}&\textit{abarbeitung}(\textit{co-modul},\textit{co-eingabe}) =\\ &\qquad \textit{nachb}(\textit{co-modul},\textit{durchf}(\textit{vorb}(\textit{co-modul},\textit{co-eingabe}),\\ &\qquad\qquad\qquad\qquad \textit{s-tt}(\textit{co-modul}))).\end{aligned}$$

Als Struktur eines Moduls erhält man zusammenfassend

$$\begin{aligned}\textit{is-modul} = \mu(&\langle \textit{s-sbg} : \textit{is-systembedingung}\rangle,\\ &\langle \textit{s-in} : \textit{is-sachdaten}\rangle,\\ &\langle \textit{s-tt} : \textit{is-tätigkeitsteil}\rangle,\\ &\langle \textit{s-abg} : \textit{is-abschlußbedingung}\rangle).\end{aligned}$$

Aus dieser Struktur kann man nun implementierungstechnische Schlußfolgerungen ziehen. Eine solche Folgerung ist zum Beispiel, daß in einem Modul ein Vereinbarungsteil zur Beschreibung der für die lokalen Daten erforderlichen Bereiche existieren muß. Man erhält die im Abschnitt 3.3., Abb. 3.7 beschriebene Struktur.

Was sind die Vorteile der Modellierung mit der VDL?

Wegen der eingeschränkten Ausdrucksmittel der VDL wird man beim Modellieren auf die Beschreibung der wesentlichen und vor allem der funktionellen Zusammenhänge orientiert. Das entspricht den Forderungen nach der funktionellen Spezifikation unabhängig von implementierungstechnischen Details. Es lassen sich so leichter Fehler und Unzulänglichkeiten im Entwurf erkennen. Als Nachteil muß jedoch genannt werden, daß keine Hilfsmittel zur Verifikation und Optimierung des in VDL beschriebenen Modells existieren bzw. bekannt sind.

6.4.2. Endliche Automaten

Im Abschnitt 6.2.1. wurde die Begründung dafür gegeben, daß der endliche Automat eine ausreichende und geeignete Modellklasse für die Beschreibung der Steuerung von Programmsystemen ist. Die nachfolgenden Betrachtungen liefern ein Beispiel für die prinzipielle Vorgehensweise bei der mathematischen Modellierung im Zusammenhang mit dem Entwurf der Steuerung für eine Klasse von Dialogsystemen (s. auch [BACH76a]).

Mit der Wahl des endlichen Automaten als Modell unterlegen wir einen sequentiellen Ablauf der Abarbeitung. Liegen jedoch parallele Steuerungsprozesse vor, empfehlen sich Petri-Netze als Modelle (6.4.3.). Die prinzipielle Vorgehensweise braucht sich dabei nicht zu ändern.

Die Anwendung eines mathematischen Modells, hier des endlichen Automaten für den Entwurf, kann naturgemäß nur von bestimmten Voraussetzungen und einem fixierten Ausgangspunkt geschehen. Als Ausgangspunkt wählen wir die Aufgabe, für immer neue Problemklassen Dialogsysteme zu entwickeln. Wir setzen voraus:

— Die Analyse des Problems, die Problemdekomposition, führte zu einer Zerlegung in Teilprobleme. Für jedes Teilproblem existiert ein Programmodul, der das Teilproblem löst.
— Eine bestimmte prinzipielle Struktur und Arbeitsweise des Dialogsystems ist vorgegeben.

Aus der ersten Voraussetzung ergibt sich das Vorhandensein einer Menge P von Verarbeitungsmoduln $P = \{p_1, p_2, \dots, p_n\}$, und es entsteht die Aufgabe, nach der Arbeit eines Moduls $p_i \in P$ die Arbeit eines weiteren Moduls $p_k \in P$ zu veranlassen. Für den Dialog bedeutet diese Aufgabe, in Abhängigkeit von den Eingabesignalen des Nutzers den Aufruf der Verarbeitungsmoduln zu organisieren (vgl. [KUTS78a]).

Als zweite Voraussetzung legen wir fest, daß die Menge der Verarbeitungsmoduln strukturell und funktionell von dem Kommunikationsteil D für den Dialog Nutzer-Rechner unterschieden wird. Über den Kommunikationsteil wird der Aufruf der Moduln aus P gewährleistet. Diese Grundstruktur, dargestellt in Abb. 6.6, ist der Ausgangspunkt für die Bestimmung eines endlichen Automaten, der die Steuerung des Aufrufs der Moduln widerspiegelt.

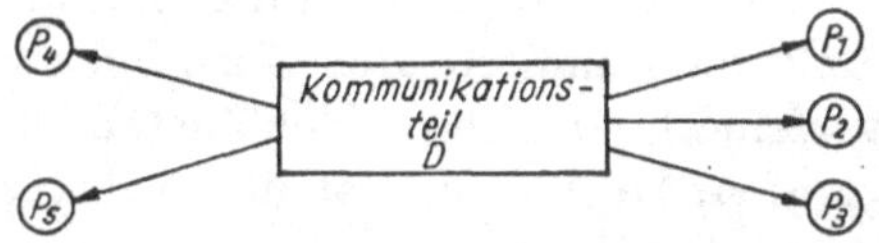

Abb. 6.6: Kommunikationsteil mit Verarbeitungsmoduln

Dieser Automat wird anschließend verfeinert, so daß weitere Details erfaßbar werden. Über mehrere Stufen der Verfeinerung ist eine Anpassung an Hard- und Softwarebedingungen zur Steuerung der Terminals möglich. Wir wollen hier einige Prinzipien der Verfeinerung erläutern und denken bei der praktischen Realisierung an aktive graphische Bildschirme mit einer Grundsoftware, wie sie durch das System GIPS [GIPS75] gegeben ist. Liegt eine derartige Software nicht vor, ist weiter zu verfeinern, so daß eine Anpassung erreicht wird. Über weitere Voraussetzungen bezüglich der Struktur von Dialogsystemen wird an entsprechender Stelle eingegangen. Sie bezieht sich auf die Organisation der modulspezifischen Aktionen des Nutzers.

Der Anwendung des abstrakten endlichen Automaten zur Widerspiegelung der Steuerung liegt die Tatsache zugrunde, daß es prinzipiell einfach ist, ein Steuerprogramm zu schreiben, das die Funktionstafel des Automaten und damit die Steuerung realisiert. Außerdem liefert die Sprache des endlichen Automaten zusätzlich die Kommandosprache des Dialogsystems ([KUTS78b]).

Wie sieht nun ein Automat für den Aufruf von Verarbeitungsmoduln aus?

Entsprechend der Grundstruktur des Dialogsystems nach Abb. 6.6 wird das Zustandsdiagramm eines (partiellen) Automaten, des Aufrufautomaten AM, konstruiert.

Jedem Programmodul $p_i \in P$ ordnen wir einen Zustand $z_i = z(p_i)$ zu, dem Kommunikationsteil D den Zustand z_D. Führen wir weiter einen speziellen Endezustand z_E ein, so erhalten wir eine Zustandsmenge $ZM = \{z_1, z_2, \dots, z_n, z_D, z_E\}$. Mit dem Eingabealphabet $EM = \{e_1, \dots, e_n, e_D, e_E\}$ kann ein Zustandsdiagramm laut Abb. 6.7 angegeben werden, das dem Strukturschema von Abb. 6.6 entspricht.

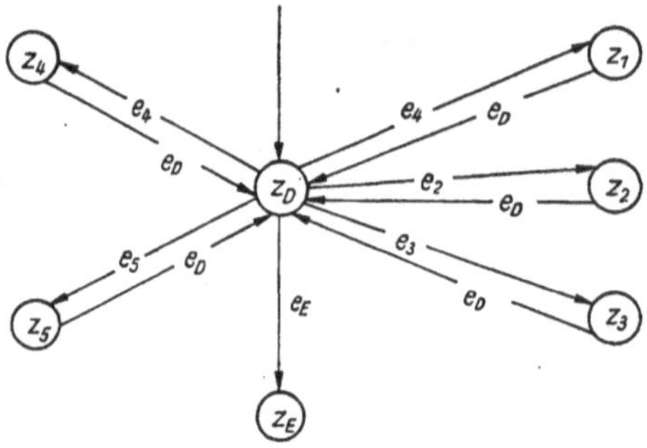

Abb. 6.7: Zustandsdiagramm von AM

Es wurden nur die Kanten eingezeichnet, die zur Sprache von AM gehören und die für die Steuerung relevanten Übergänge darstellen. Durch Hinzufügen eines zusätzlichen Zustandes läßt sich der vorgegebene partielle Automat zu einem vollständigen Automaten erweitern. Dem hinzugefügten Zustand kann beispielsweise ein Fehlerprogramm zugeordnet sein.

Die programmtechnische Realisierung von AM erfolgt durch ein znetrales Steuerprogramm ZSP, das die Überführungsfunktion simuliert. Dem Zustand z_D wird ein „Analysator" A zugeordnet, der später verfeinert wird. Die zu den Zuständen gehörenden Programme werden von ZSP aufgerufen. In Abb. 6.8 ist der Aufrufgraph mit ZSP als Wurzel angegeben.

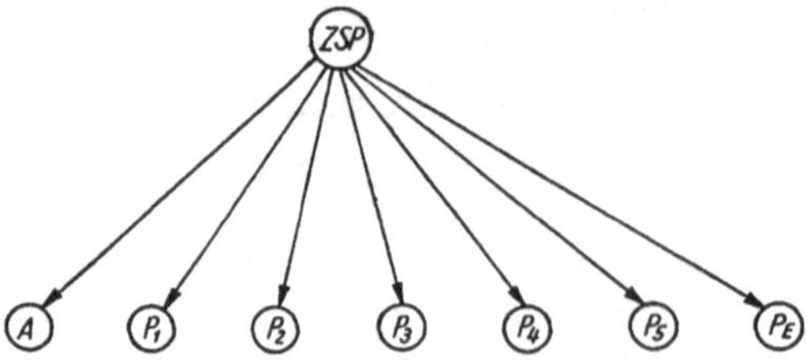

Abb. 6.8: Graph der Programmaufrufe

Der Graph der Programmaufrufe gibt nur an, daß Programme von Programmen aufgerufen werden. Das Zustandsdiagramm von AM gibt die Art und Weise des Aufrufs an. Der Übergang von einem Zustand z zum Zustand z' entspricht dem Aufruf des Programms p' mit $z' = z'(p')$, wenn die Arbeit des Programms p mit $z = z(p)$ beendet

Tabelle 6.1: Zustandstafel von AM

			EM					
				E				
			e_D	e_1	e_2	$\dots$	e_n	e_E
ZM	Z	z_1	z_D					
		z_2	z_D					
		.	.			—		—
		.	.					
		.	.					
		z_n	z_D					
		z_D	—	z_1	z_2	$\dots$	z_n	z_E
		z_B	—			—		—

ist und das Eingabesignal e vorliegt. In Tab. 6.1 ist die Zustandstafel von AM als Matrix (ZM, EM) angegeben. Hier wird die Unterteilung in Teilmatrizen entsprechend der Zerlegung von $ZM = (Z, \{z_D\}, \{z_E\})$ mit $Z = \{z_1, \dots, z_n\}$ und $EM = (E, \{e_D\}, \{e_E\})$ mit $E = \{e_1, \dots, e_n\}$ deutlich.

Die relevanten Teilmatrizen sind (Z, e_D) und (z_D, E). Nur für diese Teile sind weitere Betrachtungen erforderlich.

Wie verfeinert man den Kommunikationsteil zur Kommunikationsstruktur?

Mit dem Automaten AM wurde eine erste Schicht der Steuerung beschrieben und eine Basis für die Realisierung der Steuerung der Aufrufe geliefert. Im Zustand z_D erfolgen die Eingaben durch den Nutzer. Im Modell AM wird aber nur berücksichtigt, daß der Nutzer den Aufruf eines Verarbeitungsmoduls veranlassen kann, die Bereitstellung von Parametern ist noch nicht vorgesehen. Dazu wird zunächst die Wechselwirkung zwischen der Arbeit des Analysators und einem Verarbeitungsprogramm betrachtet. Wir ordnen jedem Verarbeitungsmodul eine dem Modul angepaßte sogenannte Kommunikationseinrichtung zu ([KUTS77]). Eine K-Einrichtung faßt z. B. die Menüs, die einem Teilproblem zugeordnet sind, und weitere Hilfsmittel der Kommunikation zusammen. Wir erhalten für Paare (PK-Paare genannt) von Verarbeitungsmoduln p und K-Einrichtungen k ein entsprechendes Zustandsdiagramm (Abb. 6.9).

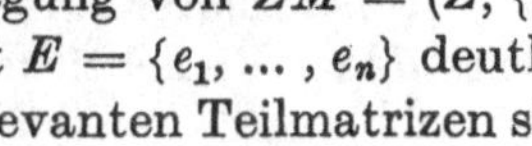

Abb. 6.9: Zustandsdiagramm eines PK-Paares

Dabei ordnen wir jeder K-Einrichtung $k = k(p)$ einen Zustand $\bar{z}_p$ zu und wählen als Eingabesignal für den Übergang von z_p nach $\bar{z}_p$ wie im Modell AM e_D, für den Übergang von $\bar{z}_p$ nach z_p das Signal e_p.

Führen wir diesen Prozeß des Aufbaus von PK-Zustandspaaren für alle $p \in P$ aus, so erhalten wir eine Menge von Zustandspaaren, die noch zu einer Kommunikationsstruktur zu verbinden sind (Abb. 6.10).

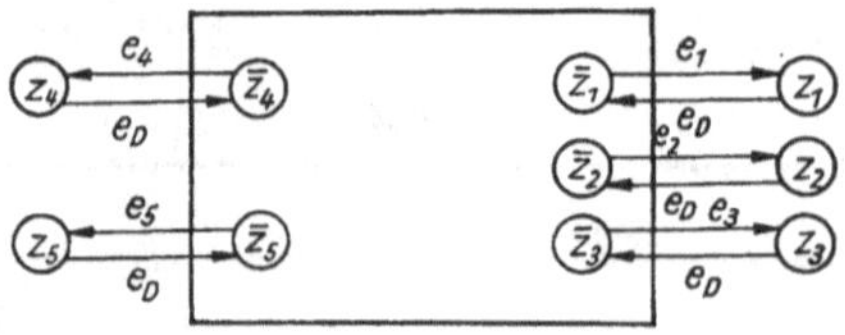

Abb. 6.10: Menge von *PK*-Zustandspaaren

Die Kommunikationsstruktur repräsentiert das Problemlösungsszenarium. Es werden nicht die Verarbeitungsmoduln, sondern die entsprechenden *K*-Einrichtungen verbunden. Das wird durch die Hinzunahme von weiteren *K*-Einrichtungen mit reinen Verteilerfunktionen erreicht. Wir bezeichnen die dafür erforderlichen neuen Zustände mit $\hat{z}_i$ (i ist Element einer Indexmenge). Mit der Menge $ZV = \{\bar{z}_1, \dots, \bar{z}_n, \hat{z}_1, \dots, \hat{z}_r\}$ von Zuständen, die den *K*-Einrichtungen zugeordnet sind, der Menge $EV = \{e_1, \dots, e_n, \hat{e}_1, \dots, \hat{e}_s\}$ von Eingabesignalen und einer partiellen Überführungsfunktion δ_v: $EV \times ZV \to ZV$ ist der Verbindungsautomat festgelegt. AV wird anstelle des Zustandes z_D in AM eingesetzt. Dabei ist eine ordnungsgemäße Kopplung mit der Umgebung zu beachten. Aus Tabelle 6.2 geht diese Kopplung anschaulich hervor.

Abb. 6.11 zeigt ein Beispiel für ein Zustandsdiagramm eines Verbindungsautomaten.

Mit dem Aufbau eines Verbindungsautomaten wurden modulabhängige Zustände eingerichtet. Jeder dieser Zustände ist bezüglich der Eingabeparameter zu verfeinern. Dazu führen wir sogenannte Eingabe-Automaten AE ein. Jeder Verarbeitungsmodul

Tabelle 6.2: Zustandstafel eines (partiellen) Verbindungsautomaten

			EV	E	
		e_D	e_1 e_2 ... e_s	e_1 e_2 ... e_n	e_E
	z_1	$\bar{z}_1$			
	z_2	$\bar{z}_2$			
	.	.	—	—	—
	z_n	$\bar{z}_n$			
	$\bar{z}_1$			z_1	
	$\bar{z}_2$	—	$\delta_v(e_j, z_i)$	z_2 —	$\delta_v(e_E, \bar{z}_i)$
	.			— . . .	
ZV	$\bar{z}_n$			z_n	
	z_1				
	z_2		$\delta_v(e_j, z_i)$	—	$\delta_v(e_E, z_i)$
	.				
	z_r				
	z_E	—	—	—	—

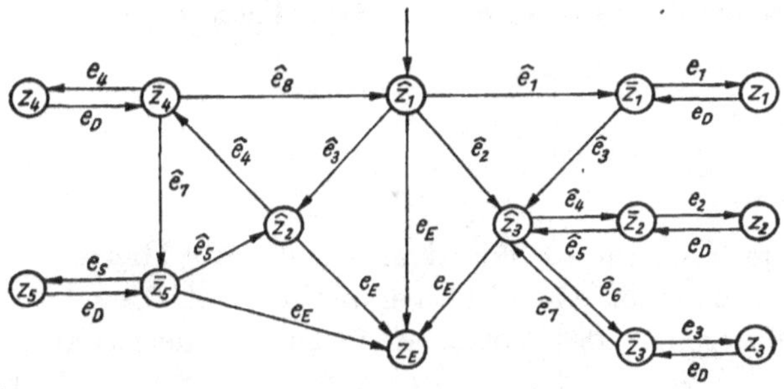

Abb. 6.11: Zustandsdiagramm eines Verbindungsautomaten

benötigt eine Liste von Eingabeparametern, die die K-Einrichtung bereitzustellen hat. Ein Parameter besteht aus einer Parameterbezeichnung und dem Parameterwert. Die Parameterbezeichnung identifiziert den Parameter. Sie kann als Schlüsselwort aufgefaßt werden, das Element des Eingabealphabets von AE ist. Gibt der Nutzer ein solches Schlüsselwort ein, so geht der Eingabeautomat in den Zustand, der das Akzeptieren des zugehörigen Parameterwertes erlaubt. Der Eingabeautomat muß nun so aufgebaut werden, daß nur die Parameterwerte akzeptiert werden, die zum zugehörigen Verarbeitungsautomaten gehören. Dabei sind selbstverständlich auch die Typen der Parameter zu berücksichtigen.

Als Beispiel betrachten wir eine Parameterliste

$$e_1 : w_1 , \qquad e_2 : w_2 , \qquad e_3 : w_3 .$$

Der zugehörige Eingabeautomat ist in Abb. 6.12 skizziert.

Der Nutzer kann durch Angabe des Schlüssels e_i den „Einstieg" in die i-te Position der Parameterliste erzwingen. Der Eingabeautomat geht dabei aus dem Anfangszustand z_0 in den Zustand z_i $(i = 1, 2, 3)$ über. Nun kann entweder der zugehörige Parameterwert w_i eingegeben werden — in diesem Falle würde der Eingabeautomat in den Zustand z_{i+1} übergehen, was einem automatischen Übergang auf die nächste Parameterposition entspricht — oder durch Eingabe eines Schlüssels e_i mit $j \leqq i$ wird in den Zustand z_j zurückgegangen. Letzteres ist in der Praxis dann erforderlich, wenn eine Eingabe widerrufen werden soll.

Zwischen den Eingabeautomaten bzw. zwischen der K-Einrichtung und den Eingabeautomaten sind wiederum Kopplungen notwendig. Auf diese Weise erhält man

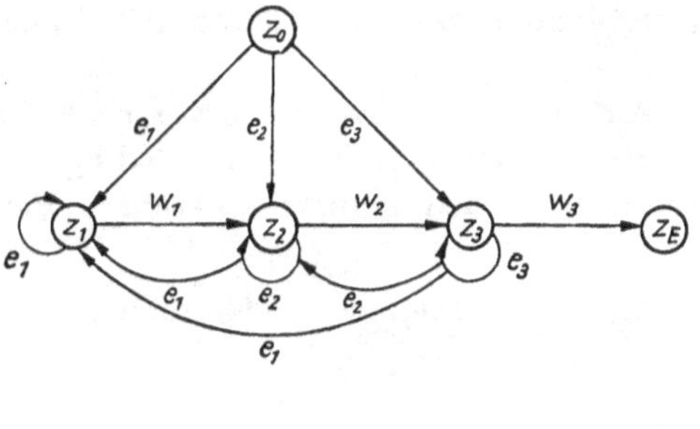

Abb. 6.12: Beispiel eines Eingabeautomaten

eine Hierarchie von unterschiedlichen Automaten. Diese Hierarchie besteht aus den drei Ebenen

- Aufrufautomat,
- Verbindungsautomat,
- Kommunikationsautomat.

Jeder Ebene entspricht eine bestimmte Steuerstruktur, die wir Makro-1-, Makro-2- und Makro-3-Steuerstruktur nennen. Abb. 6.13 veranschaulicht die Übergänge von einer Steuerstruktur zur anderen. Jedes Absteigen in eine Steuerstruktur bedeutet die Übergabe der Steuerung an einen anderen Automaten, der für den entsprechenden Zustand eingesetzt wurde. Jedes Aufsteigen bedeutet ein Verlassen des einen Automaten und Fortsetzen der Arbeit in der übergeordneten Steuerstruktur.

Abb. 6.13: Steuerstrukturen und Automaten

In der programmtechnischen Realisierung entsprechen die Zustände der einzelnen Automaten folgender Zuordnung:

- Aufrufautomat: Verarbeitungsmodul und Analysator,
- *K*-Verbindungsautomat: Kommunikationshilfsmittel, wie z. B. Menüs,
- Eingabeautomaten: Unterprogramme des Analysators.

Der jeweilige aktuelle Zustand in der Makro-*i*-Steuerstruktur ist durch ein Zustandsstatuswort eindeutig bestimmt. Damit sind ein schichtweiser, klar strukturierter Aufbau und eine exakte Beschreibung der Steuerung gegeben, Veränderungen in einer Schicht beeinflussen die Steuerung in anderen Schichten nicht. Die Automaten, speziell deren Zustandsdiagramme, geben die Kommandosprache exakt an.

6.4.3. Petri-Netze

Der Kalkül der Petri-Netze wurde geschaffen, um insbesondere asynchron ablaufende Vorgänge formal zu beschreiben und damit mathematischen Untersuchungen zugänglich zu machen [PETR73].

Damit eignen sie sich auch gut, zeitliche Parallelitäten und Abhängigkeiten in Programmsystemen zu modellieren.

Wir machen uns zunächst mit dem Aufbau von Petri-Netzen vertraut. Die Grundbestandteile sind Ereignisse (auch Transitionen genannt) und Bedingungen (auch Plätze genannt). Zwischen Ereignissen und Bedingungen bestehen Beziehungen (Relationen) der folgenden Art:

- Eine Bedingung kann Vorbedingung eines Ereignisses oder mehrerer Ereignisse sein.

— Eine Bedingung kann Nachbedingung eines Ereignisses oder mehrerer Ereignisse sein.

Grafisch werden Ereignisse durch Striche, Bedingungen durch Kreise und die Beziehungen zwischen beiden durch Pfeile veranschaulicht. In Abb. 6.14 ist ein einfaches Petri-Netz skizziert:

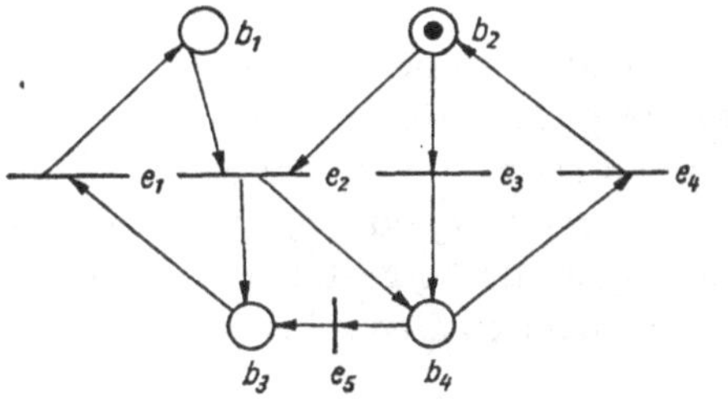

Abb. 6.14: Einfaches Petri-Netz

Man erkennt:

— b_1 ist Vorbedingung für e_2 und Nachbedingung für e_1
— b_2 ist Vorbedingung für e_2, e_3 und Nachbedingung für e_4
— b_3 ist Vorbedingung für e_1 und Nachbedingung für e_2, e_5
— b_4 ist Vorbedingung für e_4, e_5 und Nachbedingung für e_2, e_3.

Ein Ereignis kann eintreten (eine Transition kann feuern), wenn sämtliche Vorbedingungen erfüllt sind und sämtliche Nachbedingungen nicht erfüllt sind.

Beim Eintreten eines Ereignisses wird eine Veränderung der Bedingung durchgeführt: die Vorbedingungen sind nicht mehr erfüllt, und die Nachbedingungen sind erfüllt. Da die Nachbedingungen meist gleichzeitig Vorbedingungen anderer Ereignisse sind, können nun diese eintreten usw. Bei der grafischen Darstellung wird die Erfüllung von Bedingungen durch das Einzeichnen einer schwarzen Markierung angedeutet. In Abb. 6.14 ist nur die Bedingung b_2 erfüllt. Demzufolge kann nur das Ereignis e_3 eintreten (für e_2 müßte b_1 und b_2 erfüllt sein). Danach ist b_4 erfüllt (Abb. 6.15).

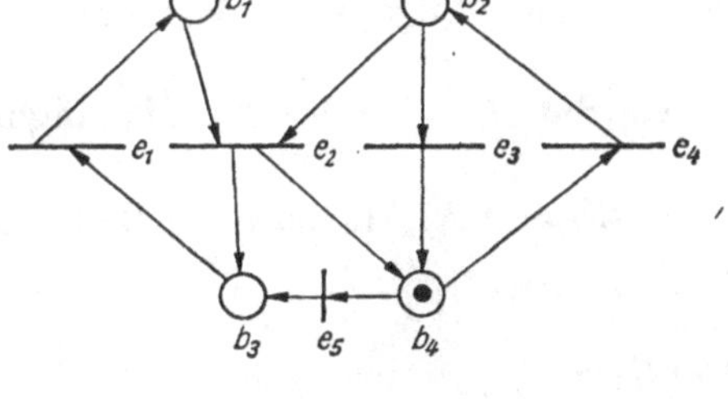

Abb. 6.15: Ereignis e_3 war eingetreten

Nunmehr kann e_4 oder e_5 eintreten (aber nicht beide gleichzeitig, da nur ein Ereignis die Vorbedingung b_4 nutzen darf). Beim Eintreten von e_4 wird die alte Situation hergestellt, beim Eintreten von e_5 wird b_3 erfüllt, danach kann e_1 eintreten, und es ist b_1 erfüllt. Das ist aber ein „Endzustand", denn e_2 kann ja nicht eintreten, da b_2 nicht erfüllt ist. Ausgehend von der Markierung in Abb. 6.14 können also folgende Ereignisfolgen eintreten:

$$e_3e_4e_3e_4 \ldots e_3e_4e_3e_5e_1$$

bzw.

$$e_3e_5e_1 .$$

Das ist natürlich ein rein sequentieller Ablauf. Parallelität kommt zustande, wenn nicht nur eine Bedingung, sondern mehrere gleichzeitig erfüllt sind, etwa b_1 und b_2 (Abb. 6.16). Nun kann e_2 oder e_3 eintreten. Lassen wir e_2 eintreten, dann sind anschließend b_3 und b_4 erfüllt. Jetzt können eintreten: e_1 oder e_4 oder beide gleichzeitig. Im letzteren Fall wäre die Anfangssituation wiederhergestellt. Der Leser kann sich selbst über die Vielfalt der gegebenen Möglichkeiten Gedanken machen.

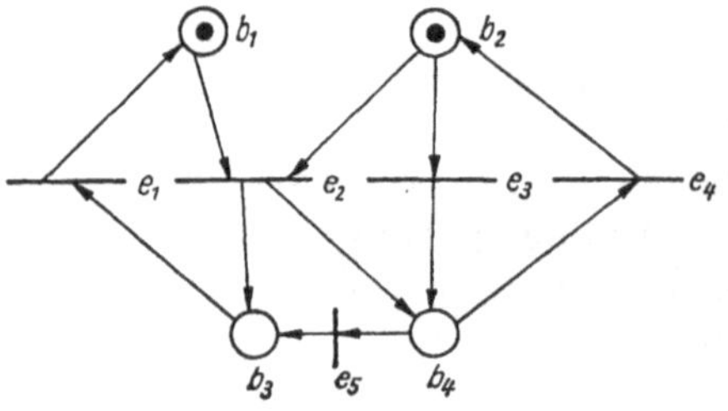

Abb. 6.16: Gleichzeitige Erfüllung von b_1 und b_2

Wir wollen jetzt Petri-Netze und ihr Verhalten mathematisch fassen, beschränken uns dabei auf eine einfache Variante von Petri-Netzen und verzichten auf mathematische Formalisierung in allen Details.

Ein (endliches) Petri-Netz wird als Tripel (B, E, F) aufgefaßt, wobei

- B eine (endliche) Menge ist (Bedingungen),
- E eine (endliche) Menge ist (Ereignisse),
- $B \cap E = \emptyset$ und $B \cup E \neq \emptyset$ und
- $F \subseteq (B \times E) \cup (E \times B)$.

Mit $Fe = \{b \mid (b, e) \in F\}$ bezeichnen wir die Menge aller Vorbedingungen des Ereignisses e,

mit $eF = \{b \mid (e, b) \in F\}$ bezeichnen wir die Menge aller Nachbedingungen des Ereignisses e.

Eine Markierung m ist eine Funktion $m\colon B \to \{0, 1\}$, die zu jeder Bedingung deren Erfüllung angibt. Es bedeutet:

$$m(b) = \begin{cases} 1 & \textit{die Bedingung } b \textit{ ist erfüllt,} \\ 0 & \textit{die Bedingung } b \textit{ ist nicht erfüllt.} \end{cases}$$

Das Eintreten von Ereignissen ist von m abhängig und verändert m. Es sei $T \subseteq E$ eine Menge von Ereignissen.

Wir schreiben $m \underset{T}{\mapsto} m'$, wenn bei der Markierung m alle Ereignisse aus T eintreten und die neue Markierung m' erzeugen.

Es gilt

$$m \underset{T}{\mapsto} m'$$

genau dann, wenn

1. $e_1, e_2 \in T \Rightarrow Fe_1 \cap Fe_2 = e_1F \cap e_2F = \emptyset$ und

   (d. h., je zwei Ereignisse aus T haben keine gemeinsamen Vorbedingungen und keine gemeinsamen Nachbedingungen)

2. $b \in Fe \wedge e \in T \Rightarrow m(b) = 1 \wedge m'(b) = 0$ und

   (d. h., alle Vorbedingungen von Ereignissen aus T sind vor Eintritt der Ereignisse erfüllt und danach nicht erfüllt)

3. $b \in eF \wedge e \in T \Rightarrow m(b) = 0 \wedge m'(b) = 1$ und

   (d. h., alle Nachbedingungen von Ereignissen aus T sind vor Eintritt der Ereignisse nicht erfüllt und danach erfüllt)

4. $b \in B \setminus (TF \cup FT) \Rightarrow m(b) = m'(b)$

   (d. h., bei allen Bedingungen, die nicht Vorbedingung oder Nachbedingung von Ereignissen aus T sind, bleibt die Erfüllung bzw. Nichterfüllung unverändert).

Man überzeugt sich leicht, daß das am Beispiel demonstrierte Verhalten den angegebenen Bedingungen entspricht.

Die theoretischen Untersuchungen zu Petri-Netzen betreffen zum Beispiel:

— Äquivalenz:
  Welche Petri-Netze zeigen äquivalentes Verhalten?
— Strukturfragen:
  Gibt es zu jedem Petri-Netz ein äquivalentes, das eine besonders einfache Struktur aufweist?
— Ausdruckskraft:
  Wie ist die „Beschreibungskraft" im Verhältnis zu anderen Kalkülen?
— Verhaltenseigenschaften:
  Kann man aus der Struktur eines Petri-Netzes Vorhersagen zu seinem Verhalten machen?

Wir können auf die vielfältigen Fragestellungen nicht im einzelnen eingehen, nur zwei Aspekte werden beleuchtet. Es ist leicht einzusehen, daß eine Isomorphie zwischen (endlichen) Petri-Netzen und endlichen Automaten besteht. Es gibt für ein Petri-Netz offensichtlich nur endlich viele verschiedene Markierungen und endlich viele Teilmengen $T \subseteq E$. Damit kann man jede Markierung als einen Zustand und jede Teilmenge von Ereignissen T als ein Zeichen des Eingabealphabets eines endlichen Automaten ansehen. Die Überführungsfunktion ist dann definiert als

$$\delta(T, m) = m' \quad \text{genau dann, wenn } m \underset{T}{\mapsto} m' .$$

Die Ausdruckskraft der Petri-Netze ist also gleich der der endlichen Automaten. Dabei darf allerdings nicht übersehen werden, daß mittels Petri-Netzen viele Sachverhalte problemnäher beschrieben werden können. Prinzipielle theoretische Erkenntnisse wie

Entscheidung der Äquivalenz lassen sich aber von der Theorie der endlichen Automaten auf Petri-Netze übertragen.

Interessante Aspekte zum Verhalten von Petri-Netzen sind die Lebendigkeit und Erreichbarkeit. Ein Petri-Netz heißt lebendig, wenn stets irgendwelche Ereignisse eintreten können. Die Lebendigkeit ist allerdings nicht nur von der Struktur des Netzes, sondern auch von der Markierung abhängig. Wenn in unserem Beispiel ausgehend von der Markierung $(0, 1, 0, 0)$, d. h. nur b_2 ist erfüllt, die Ereignisse e_3, e_5, e_1 in dieser Reihenfolge eintreten, so erhält man die Markierung $(1, 0, 0, 0)$, bei der kein Ereignis eintreten kann. Geht man von der Markierung $(1, 1, 0, 0)$ (Abb. 6.16) aus, so kann man etwa durch

$$(1, 1, 0, 0) \underset{e_2}{\mapsto} (0, 0, 1, 1) \underset{e_1}{\mapsto} (1, 0, 0, 1) \underset{e_6}{\mapsto} (1, 0, 1, 0)$$

ebenfalls eine Markierung erreichen, für die kein Ereignis eintreten kann. Geht man aber von $(1, 1, 1, 0)$ aus, so ist das Petri-Netz lebendig, denn es sind ja stets die Übergänge

$$(1, 1, 1, 0) \underset{e_3}{\mapsto} (1, 0, 1, 1) \underset{e_4}{\mapsto} (1, 1, 1, 0) \underset{e_3}{\mapsto} \ldots$$

möglich.

Die Lebendigkeit hängt stark davon ab, ob ausgehend von einer Anfangsmarkierung m_0 eine gewisse Endmarkierung m_e, für die kein Ereignis mehr eintreten kann, erreichbar ist. Die Erreichbarkeit von ausgezeichneten Endmarkierungen ist eine wesentliche Voraussetzung für die ordnungsgemäße Arbeit von Programmsystemen.

Petri-Netze eignen sich für die Modellierung der Steuerung, wenn die Lösungsvorschrift parallele Alternativen (s. Abschn. 4.2.1.) enthält. Man kann die datenflußorientierten Szenarien gut als Petri-Netze darstellen, wenn man die Bedingungen als Datenbestände und die Ereignisse als Modulaufrufe interpretiert.

Ein Modulaufruf kann als Ereignis eintreten, wenn sämtliche Vorbedingungen erfüllt, d. h. sämtliche seine Eingabedaten erzeugt wurden. In Abb. 6.17 ist das Petri-Netz zum datenflußorientierten Szenarium nach Abb. 4.6 angegeben.

Zu beachten ist, daß die von einem Modul erzeugten Datenbestände als Nachbedingung des entsprechenden Ereignisses mehrfach auftreten müssen, wenn sie Vorbedingung mehrerer Ereignisse sind, die sich in einer parallelen Alternative befinden. Zum Beispiel sind die beiden Bedingungen 4 und 5 dem Datenbestand D1 zugeordnet. Wäre dafür nur eine Bedingung vorhanden, könnten die Ereignisse M2 und M7 nie gleichzeitig auftreten. Diese Tatsache ist richtig bei M5, M6 zum Ausdruck gebracht: die Bedingung 9 läßt entweder M5 oder M6 eintreten. Nicht modelliert werden kann, unter welchen Kriterien M5 oder M6 gewählt wird. Dazu ist das Abstraktionsniveau der Petri-Netze zu hoch. Die Modellierung mittels Petri-Netzen soll ja auch nicht dazu dienen, die Lösungsvorschrift direkt zu beschreiben, sondern durch die Abstraktion Verhaltensvorhersagen zu ermöglichen. Zum Beispiel könnte verifiziert werden, daß, ausgehend von der Anfangsmarkierung $(1, 1, 1, 0, 0, 0, 0, 0, 0, 0, 0, 0)$ (d. h., die Anfangsdatenbestände liegen vor), die erwünschte Endmarkierung $(0, 0, 0, 0, 0, 0, 0, 0,$

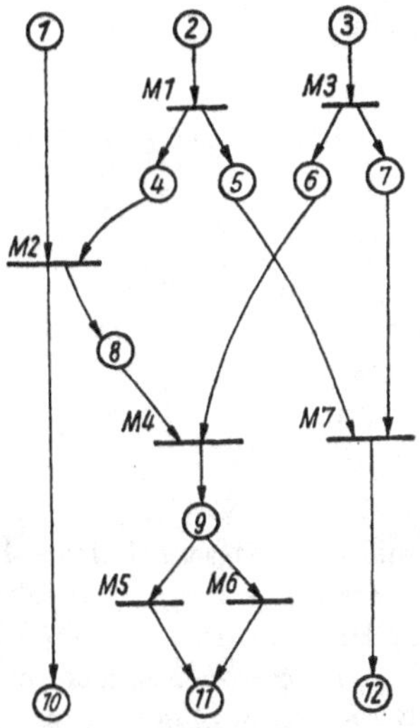

Abb. 6.17: Petri-Netz zum Szenarium nach Abb. 4.6

0, 1, 1, 1) (d. h. die Resultatsdaten sind erzeugt) erreichbar ist. Am gewählten Beispiel ist das natürlich einfach zu erkennen. Kompliziertere Szenarien bedürfen aber einer rechnerischen Analyse. Neben der Verifikation erwünschter Sachverhalte lassen sich am Modell auch Hinweise zum programmtechnischen Entwurf ableiten, z. B. über die minimale Ressourcenbenutzung in Abhängigkeit vom Grad der parallelen Verarbeitung.

7. Spezielle Systeme

In diesem Kapitel werden einige in der DDR (Akademie der Wissenschaften der DDR, Universitäten und Hochschulen sowie Kombinat Datenverarbeitung) entwickelte Programmsysteme beschrieben. Ziel dieser Darstellung ist die Illustration der in den Kapiteln 1 bis 6 behandelten Grundlagen und Hinweise zur Entwicklung von Programmsystemen. Die Gliederung der Systembeschreibungen ist deshalb der Kapiteleinteilung angepaßt. Eine Anwenderbeschreibung soll und kann nicht ersetzt werden. Jedem Programmsystem ist eine Kurzcharakteristik beigegeben, in der seine wesentlichen Eigenschaften bezüglich des Inhaltes, der Form und des Umfangs zusammengefaßt sind (s. Kap. 1).

7.1. Programmsystem DIGRA 73

7.1.1. Einsatzgebiet

Das System DIGRA 73 (Programmsystem zur digitalen Verarbeitung und Darstellung grafischer Informationen) wurde an der Wilhelm-Pieck-Universität Rostock entwickelt und 1974 zur Nutzung freigegeben [DIGR73]. Die Zielstellung bei Entwurf und Realisierung des DIGRA-73-Systems war die Schaffung eines Programmsystems zur Bearbeitung räumlicher grafischer Daten und zur Ausgabe dieser Daten auf Bildschirm und Zeichenmaschine. Dabei wurden die Möglichkeiten des grafisch darstellenden Bildschirms für den Dialog zwischen Nutzer und EDVA zur Beeinflussung der Verarbeitungsprozesse, zur Findung der Lösungstrasse genutzt. Die Objekte, deren Daten im DIGRA-73-System bearbeitet werden, sind grafische Gebilde, die sich als sogenannte grafische Konstanten, Variable oder eindimensionale grafische Felder sowie als FORTRAN-Variable oder -Felder vereinbaren lassen. Für die Formulierung von Programmen zur Vereinbarung, Manipulation und Ausgabe von Daten steht eine Spracherweiterung von FORTRAN zur Verfügung. Die grafischen Gebilde können mit typabhängigen Operationen verknüpft werden. Tab. 7.1 gibt Auskunft über die grafischen Gebilde und ihre Verknüpfung im DIGRA-73-System. Tab. 7.2 enthält die Kurzcharakteristik des Systems.

Die wesentlichen Komponenten des DIGRA-73-Systems sind:

- Implementation der grafischen Programmiersprache DIGRA als Erweiterung von FORTRAN,
- Programme zur Darstellung räumlicher grafischer Gebilde ohne und mit Vermeidung verdeckter Kurven,

Tabelle 7.1: Gebilde und Operationen im DIGRA-73-System

Gebildeklasse	Grundgebilde	Gebilde	Operation
Graphen	Punkt	Graph, Polygon	Verbinden Anreihen grafischer Faktor
Flecken	Coons-Flecken	Flecken	Vereinigung grafischer Faktor
Körper	Ebene bzw. Fläche zweiter Ordnung	Körper	Durchschnitt Vereinigung grafischer Faktor

- Programme zur Ausgabe grafischer Daten auf Zeichenmaschine und Bildschirm,
- Programme zur Steuerung des Dialogs und der Bearbeitung grafischer Daten von Gebilden des Typs Graph.

Einsatzgebiete des DIGRA-73-Systems sind:

- Forschung und Entwicklung, insbesondere zur Durchführung von Experimenten für die grafische Datenverarbeitung und der Schaffung von Pilotlösungen,
- Entwurf der äußeren Geometrie von Schiffen,
- Unterstützung der Kontrolle und des Entwurfs von Rohrleitungen,
- Bauwesen, Anfertigung perspektivischer Zeichnungen, Gestaltung von Stadt- und Straßenteilen,
- Nutzung von bestimmten Systemteilen in unterschiedlichen Bereichen und speziellen Erweiterungen.

7.1.2. Nutzungstechnologie

Die wesentliche Form der Nutzung des Systems ist aus der prinzipiellen Arbeitsweise ableitbar. Abb. 7.1 zeigt den Arbeitsablauf im System. Die Bearbeitung der grafischen Daten im DIGRA-73-System erfolgt durch einen Job, der nach den Organisationsprinzipien des Betriebssystems MASTER des Rechners CD 3300 abgearbeitet wird.

Die Abarbeitung des Jobs zerfällt in zwei Teile:

- Bereitstellung und Manipulation grafischer Daten nach einem DIGRA-Programm sowie die Ausgabe grafischer Daten ohne Dialogmöglichkeiten (Aktivitäten A bis 3).
- Bearbeitung grafischer Daten vom Typ Graph im Dialog (Aktivitäten 4 bis 8).

Der erste Teil entspricht der Bearbeitung einer Aufgabe im Monologbetrieb. Die Bearbeitung grafischer Daten im Dialog wird im Zusammenhang mit einer Ausgabeanweisung der Sprache DIGRA initialisiert und setzt grundsätzlich grafische Daten in bestimmter Weise gespeichert voraus. Für die Dialogarbeit wird ein Standarddialog angeboten, der die Möglichkeit des Aufrufs beliebig bereitgestellter Programme einschließt. Es ist die Nutzung des vollen Systems und auch bestimmter Teile mög-

Tabelle 7.2: Charakteristik von DIGRA

Komponenten im Arbeitsprozeß	1 Inhalt	2 Form	3 Umfang
1 Arbeitsprozeß	1.1 Definition, Bearbeitung und Darstellung grafischer Objekte	1.2 monologisch oder dialogisch; aufgaben- oder trassengesteuert	1.3 Erarbeitung und Bearbeitung
2 Arbeitsgegenstand	2.1 Grafische Objekte (Punkt, Graph, Fläche, Körper und Kombinationen dieser Objekte)	2.2 schriftlich und grafisch formal	2.3 viele Objekte, verfahrensorientiert
3 Arbeitsmittel	3.1 Hardwarerahmen: CD 3300 Softwarerahmen: – Betriebssystem: MASTER – Szenenbasis: DIGRA – Programmbasis: DIGRA, GIPS	3.2 Szenarium: Netz in Menütechnik Programmbasis: FORTRAN Datenbasis: Dateisystem	3.3 Szenarium: offen oder abgeschlossen
4 Arbeitskraft	4.1 passiv oder aktiv	4.2 direkt oder indirekt	4.3 Erarbeiter des DIGRA-Programms Bearbeiter der Aufgabenlösung

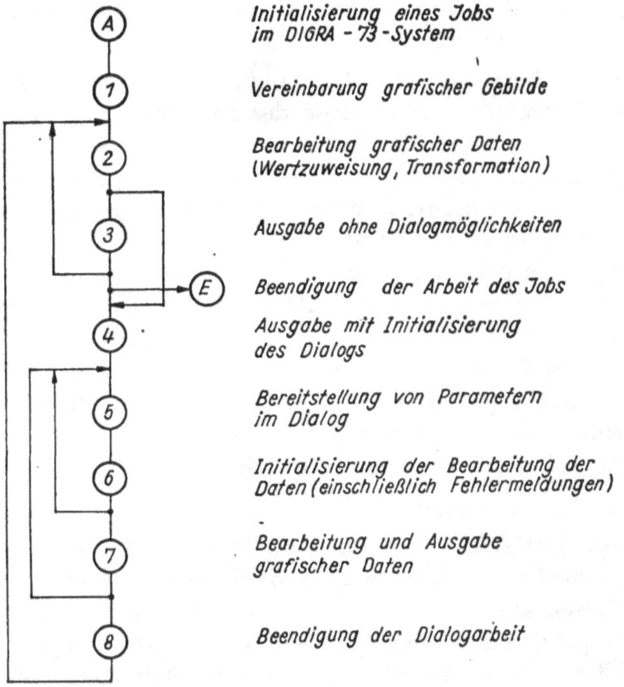

Abb. 7.1: Prinzipielle Arbeitsweise im DIGRA-73-System

lich. Dazu seien nachfolgend die Hauptnutzungsarten angegeben:

— DIGRA-Programm im Teilnehmerbetrieb
  Die Nutzung des DIGRA-Programms im Teilnehmerbetrieb stellt als aktiver und direkter Dialog die Standardvariante dar. Sie besteht aus einem Erarbeitungs- und einem Bearbeitungsprozeß:
  - Der Erarbeitungsprozeß dient dem Schreiben und Austesten des DIGRA-Programms.
  - Der Bearbeitungsprozeß ist durch die Tätigkeit des Nutzers im Dialog gekennzeichnet. Seine Vorbereitungsphase umfaßt die Bereitstellung der Daten und dient der weiteren Verbesserung der nutzbaren Ergebnisse im Dialog. Die Durchführungsphase wird durch die Abarbeitung der Aktivitäten A, 1 und 4 (Abb. 7.1) des ausgetesteten DIGRA-Programms eingeleitet. Sie wird in der Regel mit dem Archivieren der Resultatdaten oder dem Aufbau von Ausgabedateien für die Zeichenmaschine abgeschlossen. Über die Durchführungsphase wird ein Protokoll geführt.
    Die Nachbereitungsphase ist bestimmt durch die Ausgabe der Dateien und deren Auswertung.

— DIGRA-Programme im Teilhaberbetrieb
  Die Nutzung des DIGRA-Systems im Teilhaberbetrieb (passiver direkter Dialog) geht davon aus, daß durch Vorbereitungsprogramme Dateien für den Dialog bereitgestellt wurden und ein spezielles Programm vorliegt, das anstelle der Ak-

tivitäten A, 1, 2, 3, 4 in Abb. 7.1 eine Aktivität zur Initialisierung des Dialogs garantiert (ähnlich der Aktivität 4).

- Der Erarbeitungsprozeß besteht in der Bereitstellung der Dateien (1. Vorbereitungsphase) und im Schreiben sowie Testen des speziellen Initialisierungsprogrammes.
- Der Bearbeitungsprozeß ist durch die Abarbeitung des Initialisierungsprogramms und durch die Dialogarbeit festgelegt. Ihre Ausführungsphasen unterscheiden sich von den anderen Nutzungsformen nicht.
- Diese Hauptnutzungsform setzt wesentliche Kenntnisse über Architektur und Steuerung des DIGRA-73-Systems voraus. Bezüglich der Erhöhung der Effektivität der Nutzung bietet sie größere Variationsmöglichkeiten. Das System ist jetzt in Komplexe unterteilt. Jeder Komplex des Systems bzw. jedes Teilsystem besitzt „seine" Ein- und Ausgabedateien. Es ist möglich, die Eingabedatei eines Komplexes durch ein beliebiges Programm aufzubauen und dann die Arbeit des entsprechenden oder weiterer Komplexe zu initialisieren.

— DIGRA-Programm in Stapelverarbeitung

Bei der Nutzung eines DIGRA-Programms im Stapelbetrieb (aktiver direkter Monolog), ist der Erarbeitungsprozeß ähnlich dem vorher beschriebenen. Der Bearbeitungsprozeß beschränkt sich auf die Ausführung der getesteten Programme mit den entsprechenden Eingabedaten. Die Ergebnisse können sein: Druckergebnisse, Zeichnungen oder Dateien für weitere Arbeiten, u. a. auch für eine spätere Dialogarbeit.

7.1.3. Architektur

Nachfolgend werden die Prinzipien der Systemarchitektur dargelegt. Jeder Anwenderjob im DIGRA-73-System besitzt eine Architektur, die sich aus den Architekturprinzipien ableitet. Die Strukturen, die die Architekturprinzipien bestimmen, werden durch zwei Relationen auf der Menge aller Tasks definiert. Jeder Anwenderjob hat seine eigene Struktur, die ein Element aller im DIGRA-System erzeugbaren Strukturen ist.

Im DIGRA-73-System gibt es vier Komplexe von Tasks:

— DIGRA-Grundtask (DG-TASK) umfaßt 50 Tasks, die in der DIGRA-Systembibliothek bereitgestellt sind. Die Sprachelemente der Sprache DIGRA sind Elementen aus DG-TASK zugeordnet. Analog bestimmten Aktionen des Nutzers erfolgt im Dialog die Abarbeitung von Tasks aus DG-TASK.

— GIPS-Task (GI-TASK) nimmt die zu Tasks zusammengestellte Grundsoftware GIPS [GIPS75] auf. Sie dient zum Betreiben von Bildschirm und Zeichenmaschine. Tasks aus GI-TASK werden von anderen Tasks aufgerufen.

— DIGRA-Nutzertask (DN-TASK) enthält die vom Nutzer in der Sprache DIGRA vereinbarten Nutzertasks.

— FORTRAN-Nutzertask (FN-TASK) ist eine Menge von FORTRAN-Tasks, die vom Nutzer bereitgestellt wurden und von DIGRA-Programmen aufgerufen werden können. Ein als Hauptprogramm vereinbartes DIGRA-Programm wird DIGRA-Hauptsteuertask genannt und ist die Wurzel der Taskaufrufstruktur.

DN- und FN-TASK sind Mengen von variablen Programmen, die vom Problem abhängig aufgebaut wurden und Elemente aus DS- und GI-TASK aufrufen können.

Die Architektur des DIGRA-73-Systems läßt sich in zwei Strukturen darstellen: Aufrufstruktur und Datenflußstruktur. Die Aufrufstruktur ist durch eine Relation AUF auf der Menge aller verfügbaren Tasks, vereinigt mit der Menge aller Hauptsteuertasks, festgelegt. Die Tasks T_1 und T_2 stehen in Relation AUF, wenn T_1 T_2 aufruft. Die Datenflußstruktur ist durch eine Relation DF auf der Menge aller verfügbaren Task definiert. Zwei Tasks T_1 und T_2 stehen in Relation DF, wenn die Eingabedaten von T_2 durch T_1 bereitgestellt werden. In der Relation AUF können nur Task aus bestimmten Teilmengen stehen. Abb. 7.2 stellt die Möglichkeiten der Aufrufstruk-

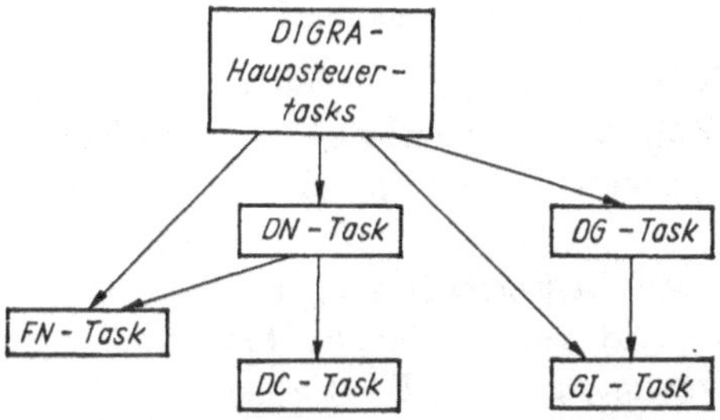

Abb. 7.2: DIGRA-Aufrufstruktur

tur von Tasks im DIGRA-System dar. Die Aufruftiefe (maximale Astlänge) ist dabei bestimmt durch die Organisationsform im Betriebssystem MASTER und Speicherplatzbeschränkungen. Aus den Anwendungen heraus wurden spezielle Überlagerungsstrukturen entwickelt, auf die hier nicht eingegangen wird. Andere Aufrufstrukturen sind möglich, die angegebene wird jedoch empfohlen.

Die Relation DF wird im wesentlichen durch bestimmte Dateien für die Objektdaten in den einzelnen Bearbeitungsphasen festgelegt. Wir unterscheiden folgende Dateien

- Aufbaustruktur ABS,
- Ausgabestruktur AGS,
- Zwischenstruktur ZS,
- GI-Dateien DB,
- BS-Dateien BSD,
- ZM-Dateien ZMS.

Die Bedeutung und Verwendung der genannten Dateien kann wie folgt charakterisiert werden:

- ABS ist eine Datenstruktur für den Aufbau und die Manipulation von dreidimensionalen grafischen Gebilden, die durch die Sprache DIGRA erzeugt und manipuliert werden,
- AGS ist eine Datenstruktur für die Manipulation dreidimensionaler Gebilde vom Typ GRAPH im Dialog,
- ZS sind Dateien zur Zwischenspeicherung projizierter grafischer Daten ohne Beachtung spezieller Software für die Darstellung auf Bildschirm und mittels Zeichenmaschine,

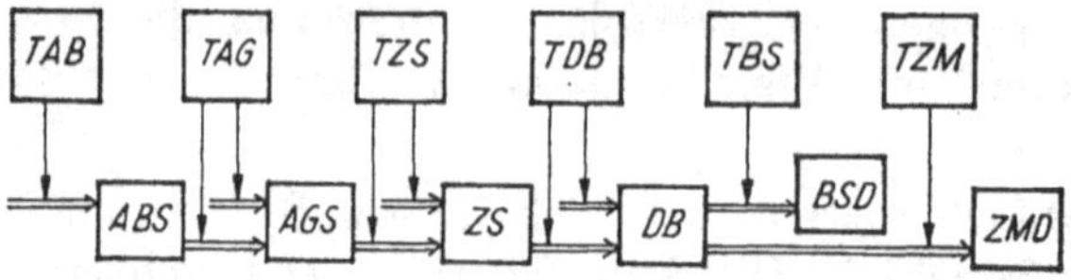

Abb. 7.3: Datenfluß und datenbeeinflussende Taskmengen

— DS sind Dateien des GIPS zur Bilderzeugung und -ausgabe; sie gestatten günstig den Anschluß von Postprozessoren für die Erzeugung von Ausgaben auf Bildschirm und Zeichenmaschine,
— BSD ist der Displayfile,
— ZMD ist die Datei für die Steuerung der Zeichenmaschine (z. B. Lochband).

Unter Beachtung dieser Dateien zerfällt die Menge der verfügbaren Tasks in die Teilmengen TAB, TAG, TZS, TSB, TZM. Die Elemente einer jeden Teilmenge enthalten die Tasks, die (wie in Abb. 7.3 gezeigt) die entsprechenden Dateien erzeugen oder manipulieren.

Jede dieser Teilmengen (außer TAB) zerfällt weiter in zwei Klassen. Die eine Klasse faßt diejenigen Tasks zusammen, die die Dateien aus der im Datenfluß nach Abb. 7.3 unmittelbar vorangegangenen Datei erzeugen. Diese Klasse sei mit *, z. B. TAG*, markiert, das Komplement mit ′, z. B. TAG′. Mit diesen Markierungen ergibt sich eine Datenflußstruktur der Teilmengen von Tasks, wie sie Abb. 7.4 wiedergibt. Die mit Eingangspfeilen markierten Teilmengen enthalten Tasks, die ihre Eingabedaten von außen, d. h. von Inputfiles, erhalten.

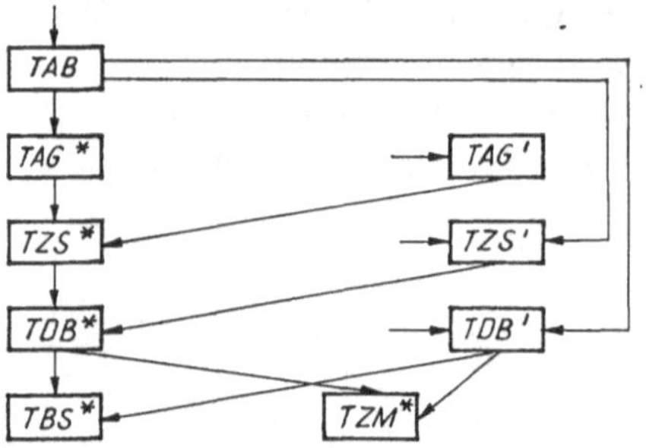

Abb. 7.4: Datenflußstruktur von Taskteilmengen

Die beiden durch die Relation AUF und DF gegebenen Strukturen bestimmen die Architektur des DIGRA-Systems und damit die Architektur eines jeden Jobs. Beide Strukturen legen der Nutzungstechnologie und der Steuerung Bedingungen auf.

7.1.4. Steuerung

Die Steuerung der Arbeit im DIGRA-73-System wird durch folgende Faktoren geprägt:

— prinzipielle Arbeitsweise nach Abb. 7.1,
— Aufrufstruktur von Tasks nach Abb. 7.2,

— Datenflußstruktur von Tasks nach Abb. 7.3 und 7.4,
— Aufgabenlösungsprozesse.

Dazu sind die Tasks aus DG-TASK problemorientiert in fünf Klassen geteilt:

— DG-Operationstasks
— DG-Darstellungstasks für Graphen
— DG-Darstellungstasks für Flecken
— DG-Darstellungstasks für Körper
— DG-Dialogtasks.

Für jede dieser Klasesn gibt es bestimmte, aber unterschiedliche Zuordnungen zu den Teilmengen der Datenflußstruktur nach den Abb. 7.3 und 7.4, so daß für jede Klasse eine spezielle Relation AUF und DF (d. h. spezielle Teilmengen der Relationen) existiert. In einigen Fällen ist DF leer, z. B. für DG-Operationstasks. Damit gibt es für die Menge der verfügbaren Tasks drei Einteilungen in Teilmengen:

— nach der Aufrufrelation (Abb. 7.2),
— nach der Datenflußrelation (Abb. 7.3),
— nach der Aufgabenklassifizierung, die die Steuerung zu berücksichtigen hat.

Es sind zwei Hilfsmittel der Steuerung im DIGRA-73-System vorhanden:

— Subroutinen der Steuerung, die sich auf Einteilungen in Teilmengen beziehen,
— Tasks zur Steuerung des Dialogs (Elemente von DG-TASK).

Während die Steuerung der Aktivitäten von A bis 3 (siehe Abb. 7.1) in der prinzipiellen Arbeitsweise des Systems durch den Compiler aufgrund der verwendeten Sprachelemente und unter Einsatz der Subroutinen der Steuerung in der Hauptsteuertask festgelegt wird, erfolgt die Steuerung der Aktivitäten 4 bis 8 der prinzipiellen Arbeitsweise durch die Tasks der Steuerung des Dialogs. Zu den Subroutinen der Steuerung gehören:

— Subroutinen für die Organisation des Aufrufs von Tasks und bestimmter Unterprogramme für das Eröffnen und Freigeben von Datenbeständen,
— Subroutinen für die Steuerung der einzelnen Darstellungstasks und ihrer Folgeprozesse,
— eine Subroutine für die Steuerung des Dialogs,
— Subroutinen für weitere Prozesse, die hier nicht weiter aufgeführt werden (z. B. Fehlerbehandlung).

Jede Subroutine ist prinzipiell aus jeder Task aufrufbar, wobei die Aufrufstruktur zu beachten ist. Damit sind der Programmierung von Systemvarianten viele Möglichkeiten gegeben, wodurch der Einsatz bestimmter Systemteile in anderen Systemen relativ flexibel möglich wird.

7.1.5. Implementierung

Das DIGRA-73-System wurde auf dem Anlagensystem CD 3300 — Kleinrechner — grafischer Bildschirm im Betriebssystem MASTER auf der Grundlage von FORTRAN implementiert. Alle Tasks und Unterprogramme wurden mit geringen Ausnahmen in FORTRAN realisiert. Die Programmiersprache DIGRA ist als FORTRAN-Erweiterung implementiert, wobei ein Pre-Compiler die DIGRA-Sprachelemente übersetzt. Der Pre-Compiler ist in FORTRAN geschrieben. Für die Nutzung von Bildschirm und Zeichenmaschine wurde die Grundsoftware GIPS (s. [GIPS75]) verwendet. Die Dialogarbeit erfolgt auf der Basis der Menütechnik. Die Menüstruktur wurde als Baum implementiert, dessen Wurzel ein Hauptmenü ist. Jedem Element des Hauptmenüs ist ein problemorientierter Teilkomplex des DIGRA-Systems, eine sogenannte Hauptmenüfunktion, zugeordnet. Durch Wahl eines Menüelementes erfolgt eine weitere Spezifizierung durch Menüs bis zur Eingabe von Parametern und zum Auslösen der gewünschten Verarbeitungsprozesse. Über die Dialogarbeit wird ein Protokoll geführt. In einem besonderen Zweig des Menübaums lassen sich beliebige, auf Dateien bereitgestellte Programme mit Parametern versorgen und aufrufen. Der Dialogteil ist ein erweiterungsfähiges Untersystem des DIGRA-73-Systems, das nach Prinzipien arbeitet, die ähnlich denen im Abschnitt 6.4.2. sind. Gewisse Systemunterstützungen zur Erweiterung und Veränderung sind vorhanden.

7.2. Programmsystem INTKOS

7.2.1. Einsatzgebiet

Das Programmsystem INTKOS (**Interkos**mos) wurde für die Bearbeitung von Meßdaten unbemannter kosmischer Flugkörper im Zentrum für Rechentechnik der Akademie der Wissenschaften, Berlin, entwickelt [SCHM79]. Es soll eine durchgehende automatisierte Technologie der rechentechnischen Bearbeitung von Massendaten vom Empfang der telemetrischen Informationen des Flugkörpers über die Primärbearbeitung bis zur wissenschaftlichen Auswertung einschließlich der Archivierung von Arbeitsergebnissen ermöglichen. INTKOS ist auch für eine Vielzahl volkswirtschaftlich relevanter Aufgabenstellungen der Meßwertverarbeitung und Massendatenverarbeitung auf ähnlicher technologischer Basis anwendbar.

Damit umfaßt die Aufgabenstellung des Programmsystems INTKOS die Erfassung, Aufbereitung und wissenschaftliche Auswertung von diskreten Meßfunktionen physikalischer (Fernmeß-)Abtastsysteme auf einheitlicher informationstechnologischer Basis. Tab. 7.3 enthält eine Kurzcharakteristik des Systems.

7.2.2. Nutzungstechnologie

Die nutzungstechnologischen Aspekte für das Programmsystem INTKOS resultieren einerseits aus dem Massencharakter der zu erfassenden und zu verarbeitenden Meßdatenfolgen und andererseits aus den spezifischen Eigenschaften der einzubeziehenden Meßsysteme. Der erste Aspekt erfordert eine überwiegend monologische Arbeitsweise in einem Stapelverarbeitungsbetriebssystem, wobei die Erfassung der Meßdaten bei Fernmeßabtastsystemen eine „real-time“-Technologie verlangt. Der zweite Aspekt orientiert auf ein offenes Programmsystem, das direkt und aktiv genutzt wird. Die Offenheit des Programmsystems resultiert aus der Voraussetzung, daß beliebige Abtastsysteme bearbeitbar sein sollen.

Tabelle 7.3: Charakteristik von INTKOS

Komponenten im Arbeitsprozeß	1 Inhalt	2 Form	3 Umfang
1 Arbeitsprozeß	1.1 Textwandlung, Erfassung und Bearbeitung von Massendaten	1.2 monologisch trassengesteuert	1.3 Erarbeitung und Bearbeitung
2 Arbeits-gegenstand	2.1 Meßdaten physikalischer Objekte	2.2 schriftlich formal algorithmisch	2.3 wenige (oder viele) Objekte viele Operationen, objektorientiert (sachgebietsorientiert)
3 Arbeitsmittel	3.1 Hardwarerahmen: BESM 6 Softwarerahmen: – Betriebssystem: BAMOS – Szenenbasis: INTKOS	3.2 Szenarium: Pool Programmbasis: ALGOL 60 FORTRAN AL-BESM Datenbasis: Datei	3.3 Szenenbasis: offen Programmbasis: offen (oder abge-schlossen) Datenbasis: offen
4 Arbeitskraft	4.1 aktiv im Lösungsprozeß	4.2 direkt bei Textformulierung	4.3 Erarbeiter neuer Elemente, Bearbeiter der Aufgabenlösung

Hinsichtlich der Aufgabenbearbeitung ergeben sich die folgenden nutzungstechnologischen Aspekte:

- Die Aufgabenbeschreibung erfolgt durch eine Kommandosprache meßfolgenorientiert.
- Das Programmsystem verfügt über eine automatische Ablaufprotokollierung, eine Ressourcenüberwachung, eine automatische Fehlerreaktion auf vier verschiedenen Ebenen und eine Restartorganisation.
- Für die Bearbeitung von Dienst- und Havariebeseitigungsaufgaben im Rahmen der Aufgabenstellung des Programmsystems wurde eine spezialisierte Systemkomponente geschaffen.
- Die lokale Datenbasis des Programmsystems wird in drei virtuellen Adreßräumen verwaltet.
- Die laufenden Testarbeiten werden durch über externe Schalter aktivierbare Dumproutinen der lokalen Datenbasis, durch das automatische Ablaufprotokoll und durch externe aktivierbare Protokollroutinen unterstützt.

Die laufende Wartung, Pflege und Erweiterung des Programmsystems wird nutzungstechnologisch durch Systemelemente unterstützt:

- Eine Reihe von Makros für die Programmiersprache ALGOL-60, FORTRAN und ASSEMBLER erlauben eine einheitliche Entwicklung von neuen Programmkomponenten für das Programmsystem. Dazu gehören folgende Gruppen von Makros:

  - Strukturierung und Nutzung der virtuellen Adreßräume,
  - Aufbau von hierarchischen Speicherstrukturen,
  - Nutzung des Prinzips der konzentrierten Logik,
  - architektonische Gestaltung eines Steuerprogramms,
  - Poolorganisation,
  - Präzisierung einer Protokollroutine,
  - Präzisierung einer Dumproutine,
  - Dokumentation von Programmen,
  - Anwendung der Grundelemente der strukturierten Programmierung,
  - architektonische Gestaltung von Arbeitsmodulen.

- Im Rahmen der Dienstaufgaben des Programmsystems INTKOS existiert ein Programmkomplex für die Erstellung und Verwaltung von Programmdokumentationen. Damit ist es einerseits in Verbindung mit den oben erwähnten Dokumentationsmakros möglich, aus Kommentaren von Programmen Programmbeschreibungen automatisch zu erstellen, andererseits können diese Programmbeschreibungen neben anderen Informationen (wie zum Beispiel Nutzungsinformationen, Bedienungsinformationen usw.) automatisch verwaltet, klassifiziert und für bestimmte Nutzergruppen gezielt zur Verfügung gestellt werden. Dadurch wird sowohl für Erstnutzer als auch für Programmentwickler eine bedarfsgerechte „programmierte“ Information möglich, ohne gleichzeitig den gesamten Informationsbestand in Form von „Handbüchern“ bereitstellen zu müssen.

7.2.3. Architektur

Das Programmsystem INTKOS besitzt eine hierarchische Modularchitektur.

In dem Struktogramm Abb. 7.5 wurde auf drei Ebenen Details der Programmstruktur zusammengefaßt. Es ist ersichtlich, daß sich die Programmstruktur aus einer Reihe von hierarchisch angeordneten Steuermoduln zusammensetzt. In den Blättern der auf diese Weise erzeugten Baumstruktur sind die eigentlichen Arbeitsmoduln des Programmsystems angeordnet.

Die lokale Datenbasis des Programmsystems gliedert sich in fünf Bereiche:

- Steuerdatenbereich,
- Eingabedatenbereich,
- Ausgabedatenbereich,
- Bereich der globalen Zwischenergebnisse,
- Bereich der lokalen Zwischenergebnisse.

Diese Komponenten setzen sich aus gewissen abstrakten Datenstrukturen zusammen. Darüber hinaus wurden die Bereiche der globalen und lokalen Zwischenergebnisse entsprechend der Programmstruktur hierarchisch gegliedert. Ausgabedatenbereich und Bereich der globalen Zwischenergebnisse werden dabei physisch über drei unabhängige virtuelle Adreßräume verwaltet. Der Zugriff zur Datenbasis erfolgt innerhalb jeder Programmsystemkomponente lokal mit einem Satz von standardisierten Deklarations- und Zugriffsfunktionen.

Das Programmsystem INTKOS verfügt über eine Reihe von Elementen, die als Parameter fungieren, deren konkrete Belegung erst zum Zeitpunkt des Programmlaufes aus einer vorgegebenen Menge von möglichen Parameterbelegungen (Pool) ausgewählt wird, und die damit die Flexibilität und innere Anpassungsfähigkeit des Programmsystems an die unterschiedlichen Anforderungen kosmischer Flugexperimente ausmachen. Solche Parameterpools sind beispielsweise:

- Textpools in unterschiedlichen Sprachen für Drucktexte, Protokolltexte, Mitteilungen usw.,
- Konstanten- und Funktionspools von physikalischen Parametern von Himmelskörpern für die Flugbahnberechnung,
- Darstellungstransformationen für Zeit- und Winkelangaben,
- Koordinatentransformationen.

7.2.4. Steuerung

Entsprechend dem offenen Charakter des Programmsystems INTKOS ergibt sich die Steuerstruktur unmittelbar aus seiner Architektur (Abb. 7.5). Diese Hierarchie ist auch in der Steuerstruktur vorhanden:

- das Steuerprogramm INT001 ist dem PS INTKOS untergeordnet,
- dem Steuerprogramm INT001 ist wiederum der Steuermodul INTFOS untergeordnet.

Die möglichen Steuerversionen liegen in der Szenenbasis vor. Die Szenenbasis des Programmsystems wird durch einen Pool von Entscheidungstabellen gebildet. Sie setzt sich aus einer Folge von Entscheidungen über die Existenz von Steuerkomman-

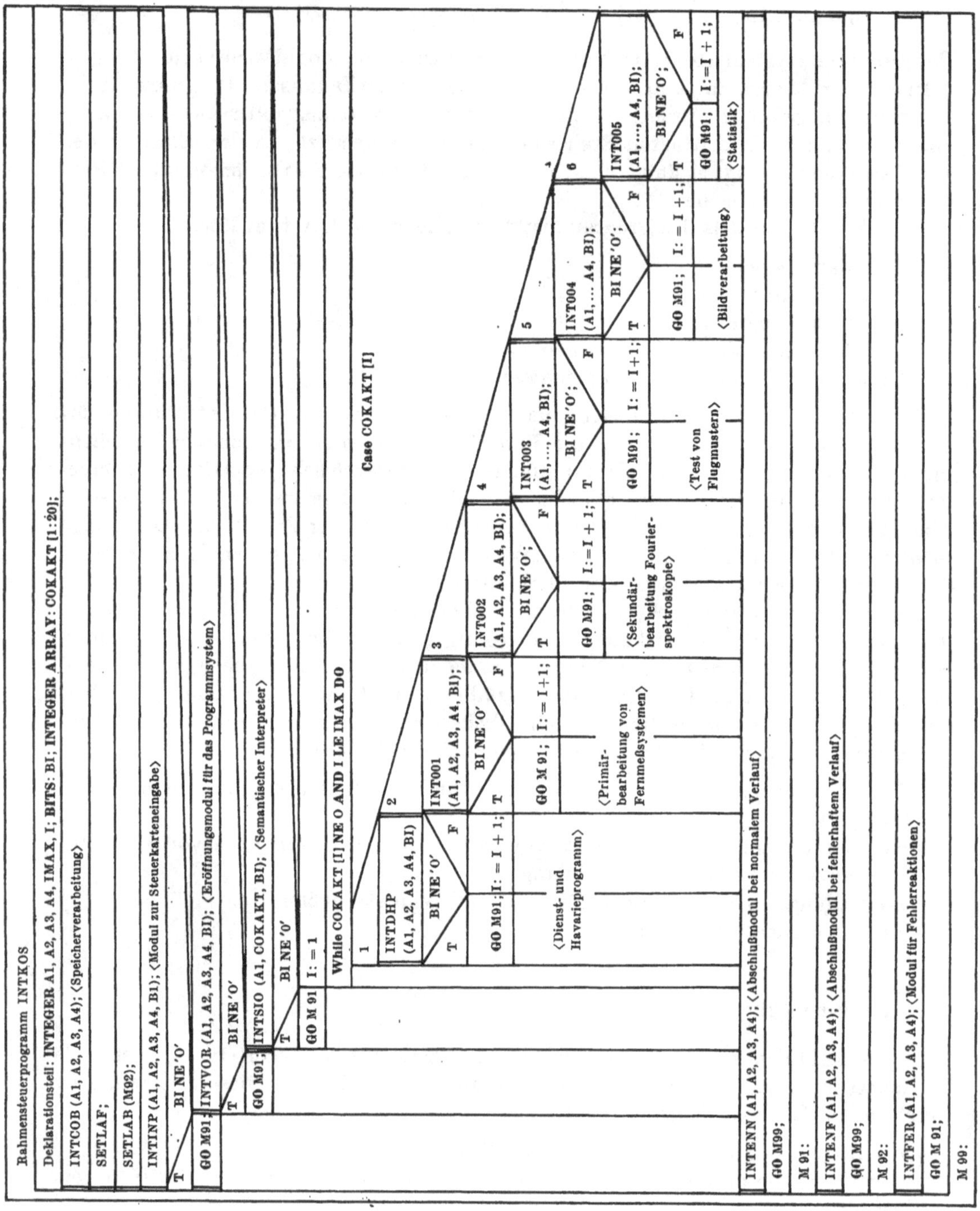

Abb. 7.5: Struktogramm für INTKOS

dos in der vorgegebenen Kommandofolge zusammen (Bedingungseintritt einer Regel), die, falls sie äquivalent „true“ ist, zu einer Folge von Aktionen im Aktionseintritt der Regel führen. Eine derartige Konzentration der Steuerlogik des Programmsystems INTKOS bildet eine wesentliche Grundlage für seine laufenden Veränderungen. Darüber hinaus läßt sich mit Hilfe eines zentralen Entscheidungstabellenauswertungsprogrammes eine weitgehende Standardisierung in der Strukturierung von Steuerprogrammen erreichen. Die in einer Entscheidungstabelle dargestellten booleanschen Funktionen werden unmittelbar ausgewertet. Beim Funktionswert „true“ wird die in der Tabelle angegebene zugehörige Aktionsfolge zu einer aktuellen Aktionsfolge zusammengestellt. Das wird ermöglicht, weil die Steuerkommandofolge bereits im Rahmen einer Vorverarbeitung auf einen mit der Entscheidungstabelle strukturell abgestimmten booleanschen Vektor abgebildet wurde.

7.2.5. Implementierung

Die Implementierung des Programmsystems INTKOS erfolgte überwiegend in der Sprache BESM-ALGOL, zu einem kleineren Teil in ASSEMBLER und FORTRAN IV für die sowjetische Großrechenanlage BESM6. Sie realisierte streng die Grundsätze der modularen und strukturierten Programmierung. Das Programmsystem umfaßt in der gegenwärtigen dritten Ausbaustufe ca. 215000 Maschinenbefehle übersetztes Programm.

Die Testarbeiten konnten durch die Top-down-Entwicklung des Programmsystems wesentlich intensiviert werden. Als vorteilhaft erwies sich dabei die Tatsache, daß die bereits ausgetesteten Zweige der Programmstruktur für den praktischen Einsatz genutzt werden konnten, während sich parallel dazu andere Zweige noch in der Testphase befanden. Unterstützt wurden die Testarbeiten weiterhin durch die zentralisierten Arbeitsspeicher des Programmsystems INTKOS, indem ein speicherstrukturabhängiges Dumpprogramm entworfen und eingesetzt wurde. An wichtigen Punkten des Systems wurden seine Aufrufe über das Betriebssystem steuerbar beibehalten und unterstützen die Pflege- und Wartungsarbeiten bei den permanenten Systemerweiterungen und bei Ausnahme- und Havariesituationen.

Gegenüber einer traditionellen Einzelprogrammbearbeitung derartiger kosmischer Flugexperimente hat sich mit dem Einsatz des Programmsystems INTKOS die durchschnittliche Bearbeitungszeit für eine Meßfolge absolut erhöht. Bezogen auf das gesamte Leistungsspektrum ist jedoch eine relative Abnahme der durchschnittlichen Bearbeitungszeit zu beobachten, die bei langen Laufzeiten des Programmsystems, das heißt bei vielen gleichzeitig zu bearbeitenden Meßfolgen, besonders deutlich wird.

7.3. Programmsystem PSITAS

7.3.1. Einsatzgebiet

PSITAS ist ein anpassungsfähiges Programmsystem zur Lösung ingenieurtechnischer Aufgabenstellungen [PSIT81]. Sein Hauptziel ist die Generierung von anwendungsorientierten Betriebssystemen für Mikrorechner.

Tabelle 7.4: Charakteristik von PSITAS

Komponenten im Arbeitsprozeß	1 Inhalt	2 Form	3 Umfang
1 Arbeitsprozeß	1.1 Bearbeitung schriftlicher Texte	1.2 monologisch oder dialogisch, aufgaben- oder trassengesteuert	1.3 Erarbeitung und Bearbeitung
2 Arbeitsgegenstand	2.1 Modelle aus Kybernetik und Technik	2.2 schriftlich, formal und informal	2.3 viele Objekte, einige Operationen, verfahrensorientiert
3 Arbeitsmittel	3.1 Hardwarerahmen: ESER, K 1520, K 1600 Softwarerahmen: OS/ES, MOOS	3.2 Szenenbasis: linear PASCAL-MOD Programmbasis: AL Datenbasis: möglich	3.3 Szenarium: implizit offen
4 Arbeitskraft	4.1 passiv oder aktiv im Lösungsprozeß	4.2 direkt oder indirekt bei Lösungsfindung	4.3 Erarbeiter von Erweiterungen, Bearbeiter der Lösung

Es wurde an der Ingenieurhochschule Dresden entwickelt und kommt in einer ersten Version seit 1982 zum Einsatz. Das Anwendungsgebiet des Systems PSITAS ist durch solche Objekte abgesteckt, die sich mittels gerichteter Graphen beschreiben lassen. Es ist von konkreten Problemkreisen unabhängig und verfahrensorientiert. Das System ist auch für Anwendungen auf dem Gebiet der Elektrotechnik, der Kybernetik, des Maschinenbaues und ähnlicher Bereiche gedacht. Eine Anwendung für die Lösung von ökonomischen Massendatenverarbeitungsaufgaben ist möglich. Auch die Beschreibung von Rechnersystemen selbst ist denkbar, ist aber wahrscheinlich ein Umweg gegenüber der Beschreibung mittels des Befehlssystems. Tabelle 7.4 enthält die Kurzcharakteristik des Systems.

7.3.2. Nutzungstechnologie

Die Modellbeschreibung in PSITAS beruht auf dem Prinzip der Strukturbeschreibung kybernetischer Objekte. Diese Strukturdarstellung entspricht der Beschreibung von Verhaltensstrukturen auf der Basis rückwirkungsfreier Elemente. Diese Beschreibungsform ist gleichbedeutend mit der Abbildung der Verhaltensweise auf einem gerichteten Graph. Damit ist nicht nur die Strukturbeschreibung, sondern auch eine algorithmische Beschreibung von Lösungsprozessen möglich. Beschrieben werden kann das Objektverhalten ohne Kenntnis der spezifischen Verarbeitungsform innerhalb des Rechners.

Das System PSITAS besitzt eine Aufgabenformulierungssprache zur Formulierung des einzugebenden Modells. Sie legt die Gestaltung des Eingabedatenträgers fest. Die Eingabesprache (Aufgabenformulierungssprache der realen Rechnerebene) abstrahiert allgemeine Eigenschaften von Tätigkeitsmerkmalen unterschiedlicher Prozeßklassen. Sie bedarf keinerlei Kenntnis des inneren Aufbaus und der Arbeitsweise konkreter Rechner. Für die Formulierung des Aufgabenlösungsprozesses sind folgende Klassen von Sprachelementen vorhanden:

- Verhaltenselemente des zu beschreibenden Objekts der Aufgabenstellung,
- Kommunikationselemente zwischen Nutzer und Aufgabenlösungsprozeß,
- Verhaltenselemente zur Fehlerbehandlung.

Die verwendete Aufgabenformulierungssprache PASCAL-MOD ist eine Modifikation der Programmiersprache PASCAL. Sie ist erweiterungsfähig durch die Sprachelemente von PASCAL-MOD.S (z. B. eine Gleichungsanweisung) für die Strukturbeschreibung. Sie kann auch durch Abrüstung der spezifischen rechnerbezogenen Sprachelemente von PASCAL vereinfacht werden. Eine damit generierte Aufgabenformulierungssprache ist relativ einfach, so daß sie jeder Nutzer erlernen kann; sie ist also vor allem für „rechnerferne" Nutzer praktikabel.

Die interne Darstellung erfolgt durch Aufbau einer Zwischensprache, die eine Rekonstruktion des eingegebenen Modells zuläßt. Der Interpretationsalgorithmus ermöglicht die Simulation oder Wurzelbestimmung des eingespeicherten Modells im aktiven oder passiven, direkten Monolog oder im Dialog.

Eine weitere Ausbaustufe betrifft die Strukturoptimierung des eingespeicherten Modells auf der Ebene der Zwischensprache. Eine Generierungssteuersprache gibt dem Nutzer die Möglichkeit, maschinenspezifische Konstanten zur Erzeugung eines Objektprogramms für den Zielrechner einzugeben. Die Steueranweisungen gestatten, sowohl Modifikationsangaben zur Hardware als auch zum Betriebssystem einzugeben. Auf der Basis dieser eingegebenen Informationen und der aus der Aufgabenbeschreibung ersichtlichen systemtechnischen Anforderungen wird vom Nachübersetzer das Zielprogramm einschließlich der für seine Abarbeitung erforderlichen Routinen des Basisbetriebssystems generiert. Die Beschreibung des Zielrechners beginnt mit der Festlegung der Hardwareressourcen (Rechnertyp, Typ und Anzahl der Prozessoren, Hauptspeichergrößen, periphere Speicher, E/A-Geräte). Sie wird fortgesetzt mit der Beschreibung der Softwarekomponenten (Betriebssystemkonfiguration, Speicherzuordnung, Datenzuordnung, Dateizuordnung).

Quellbefehls- sowie Generierungssteuerbefehlssystem sind erweiterungsfähig gehalten, um das System an neue Quellsprache- und Zielrechnerbedingungen anpassen zu können.

7.3.3. Architektur

Die Architektur führt auf ein hierarchisch aufgebautes Modulsystem von Elementar- und Steuerfunktionen. Es ist aus drei Hauptbestandteilen aufgebaut:

- einer Aufgabenformulierungssprache (Quellsprache) zur Darstellung des Verhaltens des Beschreibungsgegenstandes (Objekt) und dem zugehörigen Vorübersetzer,
- einer Zwischensprache zur Testung des Verhaltens des mit der Quellsprache beschriebenen Modells sowie dem zur Testung erforderlichen Interpreter,
- einer Generierungssteuersprache zur Erzeugung von Objektmoduln für vorgegebene Zielrechner einschließlich des notwendigen Nachübersetzers.

Das Funktions- und Modulsystem ist erweiterungsfähig und kann durch spezielle Funktionen an konkrete Anwendungsgebiete angepaßt werden.

Seinem Aufbau sind die Regeln der modularen und strukturierten Programmierung zugrunde gelegt.

Der Aufbau des Modularsystems erfolgt hierarchisch mit einem einheitlichen Modulinterface. Die Hierarchie umfaßt mehrere Stufen, wobei von den höheren Stufen aus auch durch mehrere Ebenen nach unten „hindurchgegriffen" werden kann. Zur Realisierung der Kopplungsbeziehungen ist ein einheitliches Register-, Lokal- und Globalspeichersystem festgelegt. Die Realisierung des Systems hängt natürlich von den Implementierungsbedingungen auf dem jeweiligen Rechner ab. Das System besteht aus einem Direktormodul (STRT), der den gesamten Programmablauf zu organisieren hat (Abb. 7.6).

Die Eingabe und Aufbereitung des zu bearbeitenden Modells wird durch die Modelleingaberoutine (MERT) organisiert. Sie besteht aus einem lexikalischen Analysator (LXAN) zum Einlesen und Überprüfen der Eingabedaten. Der Lister (LIST) ordnet bei symbolischer Positionierung die Variablen den Matrixpositionen zu. Auf der Basis der Variablenzuordnung baut der Tabellengenerator (TABG) das innere Tabellensystem auf. Der Strukturanalysator (STAN) ermittelt die Kopplungsstruktur des Tabellensystems, um daraus die Steuerinformationen für die Verarbeitung zu gewinnen. Er bestimmt die linearen und zyklischen Abschnitte und definiert den Typ der einzelnen Tabellenzeilen. Ein Sortierprogramm (SORT) dient der optimalen Tabellensortierung zur Beseitigung von Pseudorückkopplungen.

Ein Bibliothekar (BIBT) ermöglicht die Katalogisierung und Einführung von neuen Funktionselementen in das System, sowie die Wartung der vorhandenen Routinen.

Zur Verarbeitung von Texten der Zwischensprache steht ein Interpreter (INPR) zur Verfügung. Die Erzeugung eines Objektprogramms übernimmt ein Generator (GENR).

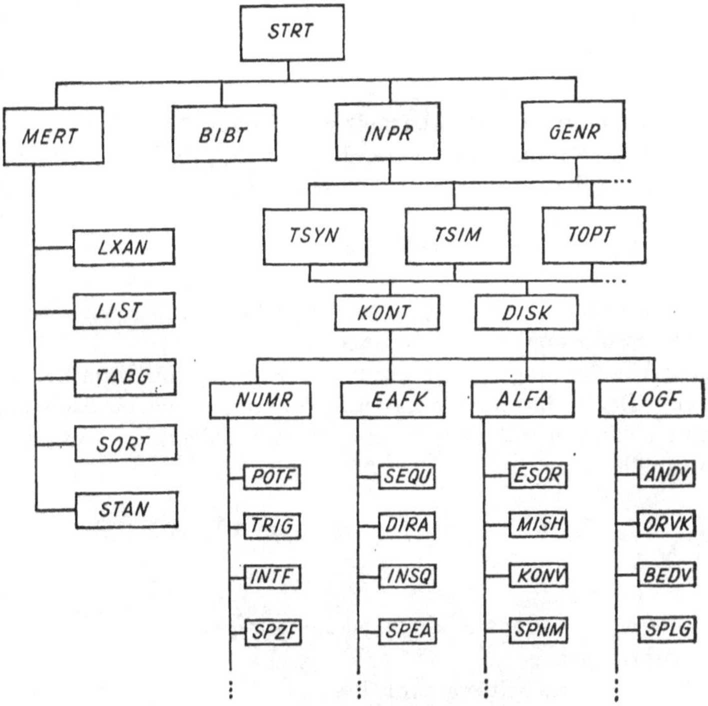

Abb. 7.6: Architektur von PSITAS

Die Bearbeitung konkreter Aufgaben setzt das Vorhandensein einer Reihe von Grundfunktionen numerischer (NUMR) und nichtnumerischer Art (ALFA), logischer (LOGF) und externer (EAFK) Operationen voraus. Numerische Funktionen werden dem System hinzugefügt als Potenzfunktion (POT), trigonometrische Grundfunktionen (TRIG), Integral- und Differentialfunktionen (INTF) sowie als Spezialfunktionen (SPZF). Zur Ausführung von E/A-Operationen enthält das System Ankopplungsroutinen an das Betriebssystem des jeweiligen Rechners. Damit lassen sich die in diesem Betriebssystem definierten Dateien verarbeiten. Für PSITAS-ESER sind die Dateitypen sequentiell (SEQU), direkt (DIRA) und indexsequentiell verarbeitbar. Zu den nichtnumerischen Funktionen gehören im wesentlichen Misch-, Sortier- und Konventierungsfunktionen. Die logischen Funktionen werden repräsentiert durch die AND-, OR- und Bedingungsverknüpfung.

Die Realisierung der einzelnen Steuer- und Verarbeitungsroutinen sowie der Funktionen erfolgt im Befehlssystem der jeweiligen Zielrechner.

Die Probleminformationen zur Generierung des Zielprogramms entnimmt der Nachübersetzer aus

- den Tabellen des Zwischenprogramms,
- Macros zur Generierung der Funktionen,
- Macros des Basisbetriebssystems,
- Steueranweisungen zur Gerätebeschreibung des Zielrechners.

7.3.4. Steuerung

Alle Handlungen zur Erzeugung eines abarbeitungsfähigen Algorithmus werden vom Verarbeitungssystem selbständig ausgeführt. Das Grundprinzip ist die Simulation eines Objektes durch Ausführung der Funktionaltransformation des Systems

$$\boldsymbol{X}_{[a]} = \boldsymbol{F}\tau_1\boldsymbol{K}\tau_2\boldsymbol{X}_{[e]} .$$

Inhaltlich sind die Vektoren $\boldsymbol{X}_{[a]}$ und $\boldsymbol{X}_{[e]}$ gleich, so daß dem Modellaufbau die Darstellung als explizites Funktional zugrunde liegt.

Die Steuerung der Abarbeitung erfolgt durch Auswertung des Inhaltes der Steuertabellen (Steuerpool). Der konkrete Aufbau der inneren Steuertabellen hängt vom verwendeten Rechner ab. Grundsätzlich sind immer folgende Pools vorhanden:
- Die Funktionaltabelle lautet:

$$\boldsymbol{F} = \mathrm{M}\{(\mathrm{ft}, \mathrm{it}, \mathrm{f}_{\mathrm{ze}}, \mathrm{f}_{\mathrm{sp}}, \mathrm{wdhlg}, \mathrm{sw}_{\mathrm{z}}, \mathrm{par}_1, \mathrm{par}_2, \mathrm{ref}(\mathrm{x}_t), \mathrm{ref}(\mathrm{k}_{\mathrm{ip}}))_i\}$$

mit

ft — nutzerabhängige Zeilenausführungsbedingungen,
it — Zeilenstrukturtyp,
f_{ze} — (äußere) Zeilenverarbeitungsfunktion,
f_{sp} — Spaltenelementverbindungsfunktion,
wdhlg — Zeilenwiederholungsfaktor,
sw_z — Schrittweite des Spaltenfortschritts,
$par_{1,2}$ — Parameter zur Funktionsmodifikation,
ref(x) — Zeiger zum Zielelement.
ref(k_{ip}) — Zeiger zum zugehörigen Spaltenelement, da die Speicherung reduziert erfolgt (nur die Elemente $\neq \emptyset$).

Sie gibt die Verarbeitungsregeln für eine Tabellenzeile an.
- Die in die Verknüpfung einzubeziehenden Variablen werden in der Kopplungstabelle

$$\boldsymbol{K} = \mathrm{M}\{(\mathrm{opm}, \mathrm{k}_{ij}, \mathrm{ref}(\mathrm{x}_j), \mathrm{wdh}, \mathrm{sw}_s)_j\}$$

mit

opm — Operationsart bzw. Operationsmodifikation,
k_{ij} — Wert oder Zeiger zum Wert des Spaltenelements,
ref(x_j) — Zeiger zur Variablen, die in die Verknüpfung einzubeziehen ist,

wdh — Spaltenwiederholungsfaktor,
sw_s — Spaltenschrittweite,

angegeben.

Die Variablentabelle

$$X = M\{(x, ds[, abw, reduz, abwmax])_i\}$$

enthält für jedes Element

x — Momentanwert der Variablen,
d_x — Variablenwert für den letzten Abszissenwert

und wahlfrei für die iterativen Elemente

abw — Wert des letzten Iterationsschritts,
reduz — Produktsumme der Transformationsgrößen,
abwmax — Streuung der Abweichungen.

Die Steuerstruktur von PSITAS ist in der Modellbeschreibung implizit enthalten. Sie hat einen linearen Kern, von dem aus die einzelnen Module hierarchisch angesprochen werden. Die Abarbeitungsreihenfolge ist im wesentlichen durch folgenden Grundalgorithmus gegeben (Abb. 7.7):

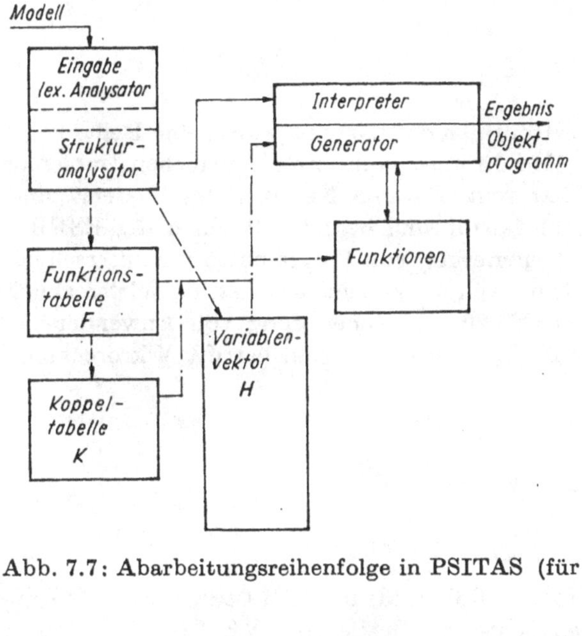

Abb. 7.7: Abarbeitungsreihenfolge in PSITAS (für Variablenvektor lies X)

Das Eingabeprogramm des lexikalischen Analysators liest das in der Eingabesprache vorliegende Modell ein und führt die Testung auf lexikalische Fehler durch. Da in der Eingabesprache symbolische Variablenbezeichnungen zugelassen sind, erfolgt durch den Lister eine Positionsanordnung. Daraufhin baut der Modellgenerator den Text der Zwischensprache auf. Er besteht aus Tabellen zur Speicherung der Funktions- und der Kopplungsmodelle sowie aus dem Variablenvektor. Ist im System ein Tabellensortierer vorhanden, wird eine solche Reihenfolge der Modellstruktur aufgebaut, daß keine fehlerhaften Zeilenfolgen mehr vorhanden sind und eine günstige Abarbeitungsreihenfolge entsteht. Das Verarbeitungsprogramm wertet unter Benutzung der Funktionsroutinen interpretativ oder generierend (unter Auswertung der Generierungsanweisungen) das abgespeicherte Tabellensystem aus. Die Funktionstabellen werden daher unter Berücksichtigung vorhandener zyklischer Abschnitte von oben nach unten abgearbeitet. Diese Vorgehensweise entspricht der Abarbeitung einer Matrixstruktur von links oben zeilen- und spaltenweise nach rechts unten, wobei in zyklischen Abschnitten die einbezogenen Zeilen mehrfach abgearbeitet werden.

Für die Abarbeitung der Tabellen stehen drei Verarbeitungsprinzipien zur Verfügung:

- Abarbeitung definierter Tabellen nach dem Simulationsprinzip (TSIM); als Lösungsverfahren finden direkte oder iterative Methoden Anwendung,
- Aufbau (Synthese) nicht oder nur teilweise bekannter Systemstrukturen nach vorgegebenen Zielkriterien (TSYN),
- Optimierung von Systemen nach vorgegebenen Optimierungskriterien (TOPT).

Diese Grundverfahren werden für kontinuierliche und diskontinuierliche Systeme realisiert. Ihre Ausführung erfolgt in Anpassung an das Betriebssystem des jeweiligen Rechners.

7.3.5. Implementierung

Für die Implementierung der Routinen des Systems wurde eine Reihe von Standardbedingungen festgelegt. Die Moduln müssen in unterschiedlichen Implementierungsversionen logisch austauschbar sein. Für die Nutzung des Systems sind mehrere Rechner vorgesehen. Die erste Ausführung liegt für Rechner des ESER unter OS-Steuerung vor. Sie kann zur Generierung von Programmen für unterschiedliche Zielrechner verwendet werden. Eine weitere Version benutzt als Wirtsrechner das Programmentwicklungssystem MRES 20 zur Generierung von Anwendersystemen für Steuerrechner vom Typ K1520. Eine dritte Version betrifft Mikrorechner vom Typ K1600.

7.4. Rahmendialogsystem RADIOS

7.4.1. Einsatzgebiet

RADIOS (**Ra**hmen**di**alogsystem im **OS**) wurde im VEB Leitzentrum für Anwendungsforschung Berlin, Betriebsteil Schwerin, Betrieb des VE Kombinat Datenverarbeitung, entwickelt. Es ist in einer Experimentalversion seit 1977 im Einsatz [HKLO76]. Eine erweiterte Version wurde 1981 freigegeben.

RADIOS ist ein Programmsystem für den Mensch-Maschine-Dialog. Es eignet sich für viele Anwendungsgebiete, und zwar als Softwarerahmen für Aufbau und Anwendung von Programmsystemen. RADIOS ist also ein spezielles Betriebssystem zur Verwaltung der Szenen-, Programm- und Datenbasis von Anwendersystemen.

Tabelle 7.5: Charakteristik von RADIOS

Komponenten im Arbeitsprozeß	1 Inhalt	2 Form	3 Umfang
1 Arbeitsprozeß	1.1 Textvorbereitung Textverwaltung Textwandlung	1.2 dialogisch oder monologisch, aufgaben- oder trassen-gesteuert	1.3 Erarbeitung und Bearbeitung
2 Arbeits-gegenstand	2.1 Texte aus beliebigen Gebieten, vorwiegend aus der Technik	2.2 Eingabe: schriftlich Ausgabe: schriftlich oder grafisch formal-deskriptiv	2.3 viele Objekte einige Operationen verfahrensorientiert
3 Arbeitsmittel	3.1 Hardwarerahmen: ESER Softwarerahmen: OS/ES DLS, PL/I	3.2 Szenarium: Netz	3.3 RADIOS-Szenarium: abge-schlossen Nutzerprogramme: offen
4 Arbeitskraft	4.1 aktiv bei Erarbeitung, aktiv oder passiv bei Bearbeitung	4.2 direkt oder indirekt durch Textpräzisierung	4.3 Erarbeiter und Bearbeiter

Dieses Unterstützungssystem

- akzeptiert Aufgaben und Lösungswege, die vom Benutzer formuliert wurden,
- aktiviert Lösungsschritte, die vom Erarbeiter formuliert und programmiert wurden,
- selektiert Lösungselemente, die vom Erarbeiter aufbereitet und erfaßt wurden,
- generiert Lösungen für den Benutzer.

Das System RADIOS unterstützt im Erarbeitungsprozeß das Füllen der Szenen-, Programm- und Datenbasen sowie das Verknüpfen der Szenen zu einem Szenarium. Es unterstützt im Bearbeitungsprozeß das Auswählen von Szenenfolgen aus einem Szenarium, also das Trassieren. Tabelle 7.5 enthält die Kurzcharakteristik von RADIOS.

7.4.2. Nutzungstechnologie

Das Rahmendialogsystem RADIOS ermöglicht den Dialog zwischen Rechner und Nutzer, und zwar:

- datenverarbeitungstechnologisch durch Direktiven (Kommandos zum Trassieren, Markieren einer Trassenstelle, Wiederholen ab Trassenmarkierung usw.),
- lösungsprozeßtechnologisch durch Daten (Menüauswahl zum Präzisieren der Trasse, Datensatzeingabe zur Informationsversorgung der Moduln), (s. Tab. 7.6).

Tabelle 7.6: Wirkung von Daten und wichtigen Direktiven

Art	Wirkung	
	allgemein	beispielsweise
Daten zum ...	– Konkretisieren der Aufgaben	Suchen von Objekten mit Ø 1) VERZAHNUNG Ø 2) M = 2,5 MM Ø 3) Z > 3Ø
	– Konkretisieren der Lösungstrasse	Menüauswahl bei Ø 1) Suche mit Vorselektion Ø 2) Suche ohne Vorselektion
Direktiven zum ...	– Planen oder Trassieren des Lösungsweges	Ausführen der Menüauswahl und Dateneingabe ohne Modulabarbeitung (Trennung von Dialog und Aufgabenbearbeitung)
	– Betrachten der Lösungstrasse	Betrachten geplanter oder ausgeführter Lösungstrassen ohne Modulabarbeitung (Trennung von Dialog, Lösungswegbeurteilung und Aufgabenbearbeitung)
	– Ausführen der Lösungstrasse	Ausführen des geplanten oder eines noch ungeplanten Lösungsweges

Die Szenen enthalten also

- Aufforderungen zur Menüauswahl oder zur Datensatzeingabe in vorgeschriebenem Format
  sowie
- Aussagen über Fehler oder Fehlerfreiheit, Laufdauer usw.

Das Rahmendialogsystem RADIOS muß zunächst zum Dialogsystem für eine Aufgabenklasse präzisiert werden, und dieses Dialogsystem wird dann genutzt.

Im Erarbeitungsprozeß für das Dialogsystem sind also die Basen zu füllen:

- der Problemanalytiker portioniert nach der Aufgabenbeschreibung den zu automatisierenden Prozeß und formuliert danach Szenen, die gleichzeitig Programmbeschreibungen sind oder enthalten (s. Tab. 7.7),

Tabelle 7.7: Aufbau der Szenen

Empfänger	Die Szene enthält Informationen ...	
	allgemein	beispielsweise
... für die Maschine (Rahmendialogsystem als zentrales Steuerprogramm)	– zur Identifikation der Szene SB_i – zur Kopplung mit der nächsten Szene SB_{i+1} – zur Interpretation der Szene	– qualifizierte Namen – Buch- und Bildnummern
... für den Menschen (Benutzer)	– Beschreibung des Inhaltes der Szene bzw. der Funktion des Programmmoduls	WAEHLEN SIE DIE ANTRIEBSBEWEGUNG AUS! 0) BELIEBIG 1) DREHUNG 2) SCHWINGUNG 3) SCHIEBUNG 4) ALLGEMEIN
... für die Maschine (Programmbasis)	– Name des Programmmoduls	.....

- der Problemprogrammierer formuliert nach den Szenenbeschreibungen die Programme, die gleichzeitig Datenbeschreibungen sind oder enthalten,
- der Problemdatenerfasser formuliert nach den Programmbeschreibungen die Daten.

Im Bearbeitungsprozeß mit dem Dialogsystem werden dann die Basen genutzt.

7.4.3. Architektur

RADIOS ist modular aufgebaut, und es verknüpft über Szenarien die Arbeitsmoduln von Programmsystemen ketten-, baum- oder netzartig.

Es enthält u. a. Programmbausteine zur

- Benutzeridentifikation,
- Verwaltung und Nutzung der Szenenbasis, Programmbasis, Datenbasis,
- Ein- und Ausgabe von Dialogmitteilungen und Aufgaben bzw. Lösungen.

7.4.4. Steuerung

RADIOS läuft unter der Steuerung des allgemeinen Betriebssystems OS/ES und steuert das Zusammenwirken der Arbeitsmoduln von Programmsystemen über Szenarien im Dialog.

Der Lösungsprozeß wird im allgemeinen WHITE-BOX- oder GRAY-BOX-gesteuert (s. Abschn. 4.3.3.). Sind jedoch Wiederholprozesse zu bearbeiten, ist auch BLACK-BOX-Steuerung im Monolog möglich, weil eine geplante, getestete, bereits mindestens einmal ausgeführte Trasse benutzt wird.

RADIOS wirkt interpretierend.

7.4.5. Implementierung

RADIOS liegt in ASSEMBLER für ESER-Rechner programmiert vor und umfaßt etwa 50 Programmoduln. Overlay-Technik führt zu sparsamer Hauptspeicherbelegung:

- 20 KBytes bei einem Nutzer,
- 70 KBytes bei mehreren Nutzern.

7.5. Programmsystem ODE

7.5.1. Einsatzgebiet

ODE ist ein Programmsystem zur automatischen Lösung von Anfangswertaufgaben für Systeme gewöhnlicher Differentialgleichungen, entwickelt am Institut für Mathematik der Akademie der Wissenschaften, Berlin.

Zahlreiche Aufgaben in Technik und Wissenschaft lassen sich als Anfangswertaufgaben für gewöhnliche Differentialgleichungen formulieren. Oft erhält man Systeme reeller expliziter gewöhnlicher Differentialgleichungen 1. Ordnung (GD1) $y'(x) = f(x, y(x))$ mit den Anfangswerten $y(a) = y_0$, $y_0 \in R^n$ und endlichem Integrationsintervall $a, b = I \subset R$. Ist $f(x, y)$ bezüglich y lipschitzstetig in D, $D \subseteq R^n$, dann ist die Anfangswertaufgabe eindeutig lösbar.

ODE wurde vorrangig für die Bearbeitung von Routine-Aufgaben aus der oben genannten Aufgabenklasse implementiert und erprobt. Enthalten sind Runge-Kutta-, Extrapolations- und Prädiktor-Verfahren für nicht- bzw. schwach-steife Anfangswertaufgaben. Tabelle 7.8 enthält die Kurzcharakteristik von ODE.

Tabelle 7.8: Charakteristik von ODE

Komponenten im Arbeitsprozeß	1 Inhalt	2 Form	3 Umfang
1 Arbeitsprozeß	1.1 Textwandlung Herstellen von Lösungstexten	1.2 monologisch trassengesteuert	1.3 Bearbeitung
2 Arbeits-gegenstand	2.1 Texte aus Mathematik; Systeme gewöhnlicher Dgl. 1. Ordnung mit Anfangs-bedingungen	2.2 schriftlich formal deskriptiv	2.3 verfahrensorientiert
3 Arbeitsmittel	3.1 Hardwarerahmen: BESM-6 Softwarerahmen: BAMOS ALGOL 60	3.2 Szenarium: linear Programmbasis: hierarchische Modulmenge	3.3 Szenarium: offen Programmbasis: offen Datenbasis: abgeschlossen
4 Arbeitskraft	4.1 Nutzer als Aufgabensteller (passiv) und Lösungswege-finder (aktiv)	4.2 direkt oder indirekt	4.3 Nutzer als Bearbeiter

7.5.2. Nutzungstechnologie

Als Aufgabenbeschreibung sind die Differentialgleichungen in Form von analytischen Ausdrücken anzugeben. Die rechte Seite, $f(x, y)$, ist als externe Funktionsprozedur in ALGOL-60 darzustellen. Die Anfangswerte und weitere für die Integration erforderliche Größen sind in einer der mathematischen Sprache angepaßten, auf Schlüsselwörter orientierten Eingabedatensprache zu notieren. An endlich vielen vom Nutzer vorgebbaren Stellen x_i, $x_i \in I$, werden Näherungen y_i *für* $y(x_i)$ berechnet und über Drucker ausgegeben.

Das Programmsystem wird durch eine Steuerkarte aktiviert. Mit Hilfe des auf der Steuerkarte angegebenen Namens sucht die Ablaufsteuerung eine codierte Strategie (Szenarium mit Lösungstrasse) und startet das Steuerprogramm. Dazu muß der Nutzer Aussagen über die gewünschte Aufgabenlösung (z. B. Durchlaufanzahl, Verfahren) machen.

Aufgabenformulierung:

Der Nutzer muß das Differentialgleichungssystem in Form einer externen ALGOL-Prozedur beschreiben. Sie hat den folgenden festgelegten Kopf:

real procedure fkt(i,x,y); **integer** i; **real** x; **array** y;

Dabei bedeuten:

- x unabhängige Variable,
- y Anfangsvektor,
- i Komponentennummer des GDl,
- fkt neuer Wert der i-ten Komponente des GDl.

Die Anfangswerte und weitere Daten müssen mit Hilfe der Eingabedatensprache dargestellt werden. Sie benutzt Schlüsselwörter zur Kennzeichnung der Daten. Diesen Schlüsselwörtern folgt nach ein oder mehreren Trennzeichen (wie z. B. :=) der Wert der anzugebenden Daten in einem Ausdruck. In diesem Ausdruck können Standardfunktionen (z. B. SIN, COS), ALGOL-Zahlen oder reservierte Werte wie TRUE (=1) oder FALSE (=0) angegeben werden. Ein spezielles Eingabeprogramm berechnet den Wert des Ausdrucks und gibt diesen Wert entsprechend dem Schlüsselwort an das Programmsystem weiter.

Es sind folgende Schlüsselwörter möglich:

- N Ordnung des GDl (muß vor YA, ARRAY EPS, ARRAY DELTA belegt sein),
- XA, XE Lösungsintervallanfang bzw. -ende,
- YA Anfangswerte des GDl in Form einer Liste von N Ausdrücken,
- HA Anfangsschrittweite der Diskretisierungsverfahren,
- HMIN, HMAX minimale bzw. maximale bei der Diskretisierung zu benutzende Schrittweite,
- EPS, DELTA obere bzw. untere Fehlerschranke für Diskretisierung,
- ARRAY EPS, ARRAY DELTA Liste von N oberen bzw. unteren Fehlerschranken für jede Komponente des GDl,
- XOUT Liste der Stützstellen, an denen Lösungen des GDl ausgegeben werden sollen. Die Stützstellen müssen durch Komma getrennt sein. Wird zwischen zwei Stützstellen ein Ausdruck in runden Klammern angegeben, so gibt dieser Ausdruck eine Schrittweite an, in deren Abstand die gewünschten Stützstellen liegen. (Vor XOUT müssen XA und XE schon belegt sein).

- CHECK, PROGRAM, CHECK CONTROL Bei Angabe von TRUE Protokoll der Namen aller aufgerufenen Arbeitsprogramme bzw. der Ablaufsteuerung.
- END Schlußzeichen der Eingabedaten.

Werden einzelne Datenelemente nicht angegeben, ersetzt sie das Programmsystem durch Standards. Mindestens müssen N, XA, XE, YA und END angegeben werden.

Aufgabenlösungsbeschreibung:

Mit Hilfe der Beschreibung der Aufgabenlösung kann der Nutzer direkt in den dynamischen Ablauf des Programmsystems eingreifen. Er muß seine Wünsche in einer speziellen Steuersprache beschreiben. Sie enthält mehrere Sektionen, die durch eine Marke gekennzeichnet sind. Eine Sektion, die Globalsteueranweisungen enthält, ist ausgezeichnet und muß am Anfang stehen. Ihre Marke kann ein beliebiger Name sein, der als Titel des Steuersprachentextes benutzt wird. Die anderen Sektionen können weggelassen oder in beliebiger Reihenfolge angegeben werden. Weggelassene Sektionen werden durch Standards ersetzt. Eine Marke hat als Trennzeichen einen Doppelpunkt. Am Ende des Steuersprachentextes muß ein Semikolon stehen.

Beispiel:

Für eine nichtlineare Anfangswertaufgabe mit zwei Gleichungen wird die Jobaufbereitung gezeigt, und es werden die Rechenergebnisse mitgeteilt. Die Aufgabe lautet:

$$y_1(x) = 2xy_1^2\,, \quad y_2'(x) = 4xy_2^{3/2}\,, \quad x_0 = -1\,, \quad y_1(x_0) = 1/2\,, \quad y_2(x_0) = 1/4;$$

zu integrieren ist bis $x_0 = 50$.

Aufgabenformulierung:

Funktionsprozedur fkt:

```
'real' 'procedure' fkt(i,x,y); 'value'i,x;
      'integer'i; 'real'x; 'array'y;
      'begin' 'switsch'f:=fl,f2; 'real'sl,s2; 'goto'f[i];
              fl: fkt:= -2*x*yl**2;      'goto'finis;
              f2: s2:=y2; sl:=sqrt(s2); fkt:= -4*x*s2**2/sl;
              finis:
      'end'   'eop'
```

Eingabedaten:

N=2;	Dimension des Differentialgleichungssystems,
XA=NEG(1); XE=50;	Integrationsintervallanfang und -ende,
YA=0.5, 0.25;	Feld der Anfangswerte,
HA=0.1;	Anfangsschrittweite,
HMIN= −4; HMAX=25;	Schrittweitenbegrenzungen,
EPS= −8;	obere Schranke für den Betrag des lokalen Diskretisierungsfehlers,
XOUT=0(15)30;	Liste der Ausgabe-Gitterpunkte (wird mit XE=50 automatisch ergänzt!),
CHECK PROGRAMM=TRUE;	Druck des Namens jedes aktivierten Programms,
END;	Schluß der Aufgabenbeschreibung.

Aufgabenlösungsbeschreibung:

Die Anfangswertaufgabe ist mit dem Gragg-Bulirsch-Stoer-Verfahren (GBS) für einen Datensatz zu lösen. Als Durchlaufart ist die gesamtintervallweise Steuerung zu wählen. Die Laufzeit für die Integration ist mitzuteilen.

Steuersprachentext:

```
BSP:  ONCE, IN FULL,    Globalsteuerung (mit Durchlaufart),
      PROC: GBS,        Integrationssteuerung,
      TIME=TRUE;        Zeitsteuerung.
```

Zusammenstellung des Jobs:

```
*NAME, ...
⁷₉R300
*XPACK, TAPE,I43,LSPEC=STALIB,LNUMB=2480. (Programmsystem-
                                           strukturen)
*XPACK, TAPE,I44,LSPEC=STALIB,LNUMB=3202. (Programmbibliothek)
*XPACK,DRUM,S30,10000.                     (Zwischenspeicher)
*PERSONAL LIBRARY,44.
*ALGOL

      'real' 'procedure' fkt(i,x,y); ... 'end' 'eop'

*MAIN PPSTEU
*NO LOAD LIST
*EXECUTE

      DGL-SYSTEM,43,30.        (Programmsystem-Steuerkarte)

 BSP:    ONCE, IN FULL, PROC: GBS, TIME=TRUE;  (Steuersprachentext)
 N=2; XA=NEG(1); XE=50; YA=0.5, 0.25;
 HA=0.1; HMIN= -4; HMAX=25; EPS= -8;
                                            (Eingabedaten)
 XOUT= 0(15)30;
 END;
*END FILE
```

Die Tabelle 7.9 zeigt die Ergebnisse.

Tabelle 7.9: Ergebnisse des Beispiels mit ODE

x	y_1	y_2	
−1	5.00000000000 − 01	2.50000000000 − 01	
00	9.99999999939 − 01	9.99999989250 − 01	
15	4.24477876112 − 03	1.95786378966 − 05	
30	1.10987791343 − 03	1.23182852088 − 06	
50	3.99840063968 − 04	1.59872055442 − 07	2.46 s

7.5.3. Architektur

Das Programmsystem besteht aus einer Ablaufsteuerung und einer Bibliothek von Arbeitsprogrammen (Eingabe-, Ausgabe-, Steuer- und Integrationsbauteinen). Die Ablaufsteuerung ruft unter Berücksichtigung einer Strategie (Szenarium) die Arbeitsprogramme auf. Bei der Abarbeitung bewerten die Arbeitsprogramme den von ihnen durchgeführten Lösungsprozeß. Auf Grund dieser Bewertung wählt die Ablaufsteuerung die Lösungstrasse innerhalb der vorgegebenen Strategie selbst aus.

Eingabe-, Ausgabe- und Steuerbausteine:

Zu den Arbeitsprogrammen gehören Steuerprogramme, die Texte einer speziellen Steuersprache analysieren und entsprechende Steuerzeichen erzeugen, die in der Ablaufsteuerung benutzt werden. Mit Hilfe dieser Steuersprache kann der Nutzer die von ihm gewünschte Aufgabenlösung beschreiben. Er kann hier u. a. angeben, welche Verfahren zur Lösung heranzuziehen sind. In der implementierten Ausbaustufe des Programmsystems sind jeweils ein Eingabe- und ein Ausgabeprogramm enthalten. Das Eingabeprogramm wertet den auf Lochkarte vorliegenden Text einer speziellen Eingabedatensprache aus und erzeugt dadurch die erforderlichen Eingabedaten.
Das Ausgabeprogramm besteht aus einem Druckprogramm für die Stützstellen mit den dazugehörigen Lösungen (Näherungen).

Integrationsbausteine:

Jeder Verfahrensbaustein muß den Algorithmus des mathematischen Verfahrens korrekt darstellen und für die automatische Steuerung des Lösungsprozesses Steuerzeichen an das Steuerprogramm geben. Zur Bewertung der Rechensituation muß der Verfahrensbaustein die Arbeitsweise des Algorithmus, den Bearbeitungszustand der aktuellen Teilaufgabe und Eigenschaften der bisher berechneten Lösungsfunktion messen.
Dementsprechend sind auf Diskretisierung der Anfangswertaufgaben beruhende Integrationsverfahren der drei wesentlichen Verfahrensklassen vorhanden: Runge-Kutta-Verfahren, Extrapolationsverfahren und Prädiktor-Korrektor-Verfahren. Der Nutzer kann nach bestimmten Vorschriften zusätzlich ein Verfahren implementieren und unmittelbar in das Programmsystem einpassen. Der Rechenaufwand hängt wesentlich von den Beträgen der Eigenwerte der Funktionalmatrix $f_y(x, y)$ (Lipschitzkonstante!) und dem Stabilitätsverhalten der Verfahrensklasse ab. Nach dem notwendigen Rechenaufwand (Anzahl der f-Auswertungen) kennzeichnet man eine Anfangswertaufgabe als steif (hoher Rechenaufwand) oder nichtsteif (geringer Rechenaufwand) bezüglich der gegebenen Verfahrensklasse. Das vorliegende Programmsystem kann während des Lösungsprozesses steife Anfangswertaufgaben erkennen und ihre weitere Bearbeitung abbrechen. Es enthält folgende Verfahren als Vertreter der oben genannten Verfahrensklassen:

— ein explizites Runge-Kutta-Verfahren der Ordnung p = 3, gekoppelt mit der Keplerschen Faßregel und automatischer Schrittweitensteuerung (RK4).
  Man berechnet in den Gitterpunkten $x + h/2$ und $x + h$ Näherungen 3. Ordnung und anschließend mit der Keplerschen Faßregel eine Näherung 4. Ordnung.

- ein A-stabiles, block-implizites Einschrittverfahren in Form eines selbststartenden Prädiktor-Korrektor-Verfahrens mit automatischer Schrittweitensteuerung und variabler Ordnung $p = 2(1)\,9$ (PCS).
  Ausgehend von $y(x)$ und h berechnet man mit dem Blockverfahren simultan Näherungen für $y(x + i \cdot h), j = 1(1)\,p - 1$.
- Das Extrapolarisationsverfahren nach GRAGG-BULIRSCH-STOER mit automatischer Schrittweitensteuerung und variabler Ordnung $p = 2(2)\,14$ (GBS).
  Grundlage des Verfahrens ist die asymptotische Entwicklung des globalen Diskretisierungsfehlers nach Prozenten von h^2 (Schrittweite h) für das auf der Graggschen Funktion (stabilisierte Mittelpunktsregel) beruhende Diskretisierungsverfahren.

Die Verfahrensbausteine bilden die Grundlage der Strategie des Programmsystems. Das Hauptglied des lokalen Diskretisierungsfehlers des Integrationsverfahrens kennzeichnet die aufgabenklassenrelevante Eigenschaft des Verfahrensbausteines. Entscheidungen während des automatischen Lösungsprozesses basieren letztlich auf der Messung des lokalen Diskretisierungsfehlers.

7.5.4. Steuerung

Grundlage der automatischen Steuerung des Programmsystems ist eine vorgegebene Strategie (Szenarium). Innerhalb dieser Strategie werden Entscheidungen an Hand der von jedem Arbeitsprogramm zu erzeugenden Steuerzeichen getroffen. Diese Steuerzeichen ermöglichen eine dynamische Steuerung während des Lösungsprozesses. Die Strategie des Programmsystems wird durch einen gerichteten bewerteten Graphen beschrieben. Grundelement dieses Graphen ist der Übergang von einem Knoten des Graphen zum nächsten unter Aufruf eines Arbeitsprogramms oder eines Teilgraphen. Bewertet ist dieser Übergang durch ein Steuerzeichen. Der Übergang wird ausgeführt, wenn das gerade aktuelle Steuerzeichen dem Steuerzeichen entspricht, das dem Übergang zugeordnet ist. Wird an einem Knoten kein Übergang gefunden, der mit einem Steuerzeichen bewertet ist, das dem aktuellen entspricht, so wird Steuerfehler gemeldet.

Der die Strategie dieses Programmsystems beschreibende Graph besteht aus den Teilgraphen

- Hauptgraph: Durchführung einer Globalsteuerung, wobei zwischen einem einmaligen oder mehrmaligen Lösungsdurchlauf unterschieden wird,
- TSH: Teilgraph, in dem die verschiedenen Lösungsdurchlaufarten aktiviert werden,
- TSVE, TSVM, TSVG: Teilgraphen, in denen Arbeitsprogramme aufgerufen werden, die der Durchlaufart entsprechen,
- TSE, TSA, TSZ: Teilgraphen mit Steuerung der Eingabe, Ausgabe und Zeitnahme.

Der gesamte Strategiegraph wird in einer codierten Form von einem Steuerprogramm zur Ablaufsteuerung benutzt. In diesem Steuerprogramm wird das von den Arbeitsprogrammen erzeugte Steuerzeichen mit dem im Graphen enthaltenen Steuerzeichen verglichen. Stimmen sie überein, so wird das dazugehörige Arbeitsprogramm durch die ALGOL-Funktion LOAD geladen. Nach Abarbeitung dieses Programms wird die Steuerung am angegebenen Folgeknoten fortgesetzt. War ein Teilgraphenaufruf angegeben, so wird der angegebene Folgezustand gekellert, und das Steuerprogramm geht zum Startknoten des Teilgraphen über. Bei Erreichen des Endknotens des Teilgraphen wird die Steuerung am zuletzt gekellerten Knoten fortgesetzt. Ist der Endknoten des Hauptsystems erreicht, so beendet die Ablaufsteuerung die Arbeit des Programmsystems.

Die Steuerung wird durch eine Reihe von Steuerungssektionen im Programmsystem realisiert:

— Zeitsteuerungssektionen:
  Die Marke dieser Sektion ist TIME. Bei Angabe von TRUE wird die Zykluszeit gedruckt, die benötigt wurde, um jeweils die Lösung des GD1 an der nächsten Stützstelle (bei IN STEPS oder IN PARTS) oder im gesamten Lösungsintervall (bei IN FULL) zu berechnen.
  Ist diese Sektion im Steuersprachentest nicht enthalten, so wird die Zykluszeit nicht gedruckt.

— Globalsteuerungssektion:
  In dieser Sektion muß die Anzahl der Durchläufe durch das Programmsystem angegeben werden:
  - ONCE — einmaliger Durchlauf
  - REPEAT (Anzahl) — mehrmaliger Durchlauf mit neuen Eingabe-Daten.

  Weiterhin kann bei Bedarf die Durchlaufart angegeben werden:
  - IN STEPS — schrittweise Steuerung
    Es werden Programme benutzt, die die Lösung nur für einen Schritt berechnen. Die Schrittweitensteuerung wird durch zentrale Programme durchgeführt. Nach jedem Schritt kann die Steuerung in Auswertung des erzeugten Steuerzeichens ein anderes Verfahren ansteuern.
  - IN PARTS — teilintervallweise Steuerung
    Teilintervalle sind durch die vom Nutzer angegebenen Stützstellen begrenzt. Es werden Programme benutzt, die eine eingebaute Schrittweitensteuerung. besitzen und die Lösung der nächsten Stützstelle berechnen. Hier besteht die Möglichkeit des Übergangs zu einem anderen Verfahren nur bei jeder Stützstelle oder bei Versagen des benutzten Verfahrens.
  - IN FULL — gesamtintervallweise Steuerung
    Die hier benutzten Programme besitzen neben einer Schrittweitensteuerung auch eine standardisierte Ausgabe für den Drucker. Alle vom Nutzer gewünschten Stützstellen werden ausgegeben. Zur Ablaufsteuerung wird nur übergegangen, wenn das Intervallende XE erreicht ist oder das Verfahren versagt.

  Fehlt die Angabe der Durchlaufart, wird standardmäßig IN STEPS benutzt.

— Integrationssteuerungssektion:
  Die Marke dieser Sektion lautet PROC, und es können Angaben über die zu verwendenden Verfahren gemacht werden:
  - RK4 Runge-Kutta-Verfahren,
  - GBS Extrapolationsverfahren,
  - PCS Prädiktor-Korrektor-Verfahren,
  - DGL vom Nutzer erstelltes Verfahren.

Der Nutzer kann eine Folge von Verfahren angeben, die bei Versagen in der von ihm angegebenen Reihenfolge angesteuert werden:
Ist kein Verfahren angegeben oder ist die vom Nutzer angegebene Reihenfolge nicht ausreichend, so werden die Verfahren in der Reihenfolge RK4, GBS, PCS angesteuert. Versagt auch PCS, so wird die Abarbeitung abgebrochen.
Hat ein Verfahren im Lösungsverlauf bessere Ergebnisse als gefordert erreicht, so wird zu dem zuerst vom Nutzer gewünschten Verfahren oder zu RK4 übergegangen.

7.5.5. Implementierung

Das Programmsystem wurde in BESM-6-ALGOL-60 implementiert:

- Einbettung in das Betriebssystem BAMOS:
  Das Programmsystem wird im Betriebssystem BAMOS der BESM-6- betrieben. Die Arbeitsprogramme sind in einer privaten Biblitohek auf einem Magnetband enthalten. Auf einem weiteren Band ist der codierte Strategiegraph in einer Bibliothek gespeichert. Außerdem wird ein Zwischenspeicher auf einem externen Gerät (z. B. Trommel) benötigt.

Beim Aufbau des Jobs müssen zuerst die externen Speicher in der Jobsprache definiert werden und die persönliche Bibliothek in die zeitweilige Bibliothek überführt werden. Als nächstes folgt die vom Nutzer programmierte Prozedur fkt, die durch den ALGOL-Compiler übersetzt werden muß. Danach wird das Steuerprogramm PPSTEU geladen und gestartet. Es fordert eine Steuerkarte, die das gewünschte Programmsystem angibt, dessen Strategie geladen werden soll. Auf dieser Steuerkarte sind auch die Geräteadressen des Strategiebandes und des Zwischenspeichers anzugeben.

Nach dieser Steuerkarte werden die Beschreibung der Problemlösung und die Eingabedaten verlangt. Wurde wiederholter Durchlauf durch das Programmsystem verlangt, so müssen auch entsprechend viele Eingabedatenblöcke enthalten sein. Der gesamte Job wird mit einer *NAME-Karte begonnen und durch eine *END FILE-Karte abgeschlossen.

Untersucht wurde die Leistungsfähigkeit der einzelnen Verfahrensbausteine und des Programmsystems. Das betraf die interne Arbeit jedes Verfahrensbausteines, seine Zuverlässigkeit (keine endlosen Zyklen), schnelles Erkennen von steifen Aufgaben, die Rechenzeit, die automatische Kooperation der Verfahrensbausteine (Schnittstellen), die korrekte Weitergabe von Ergebnissen zwischen den Verfahrensbausteinen und die korrekte Ausführung der implementierten Strategie wie auch ihre Veränderbarkeit durch den Nutzer mittels der in der Steuersprache vorschreibbaren Strategien. Damit liegt für die EDVA BESM-6 ein funktionstüchtiges Programmsystem vor. Aufgaben, die zu ihrer Lösung einen hohen Rechenaufwand (kleine Schrittweiten) erfordern, werden während des Lösungsprozesses vom Programmsystem als steif erkannt und nicht weiter bearbeitet. Die Größe des Hauptspeichers und der Zahlenbereich der Maschine markieren die Grenzen der Leistungsfähigkeit des Programmsystems. Das Programmsystem wird unter Hinzunahme weiterer Integrationsverfahren auf ESER-Maschinen übertragen.

7.6. Programmsystem RENDIS

7.6.1. Einsatzgebiet

Das System RENDIS wurde am Zentralinstitut für Kybernetik und Informationssysteme der Akademie der Wissenschaften der DDR in den Jahren 1974 bis 1976 entwickelt. Die ursprüngliche Zielstellung beim Entwurf und der Implementierung von RENDIS war der rechnergestützte Entwurf digitaler industrieller Steuerungen auf der Grundlage der Automatentheorie. Dabei wurden ein (zweistufiger) aufgabenklassenunabhängiger Steuerteil und eine Menge aufgabenklassenabhängiger Arbeitsmoduln geschaffen. Im Jahre 1978 wurde damit begonnen, den aufgabenklassenunabhängigen Steuerteil an der Technischen Universität Dresden für die rechnergestützte Konstruktion von Antriebssystemen und Maschinenelementen zu vervollkommnen und einzusetzen.

Der rechnergestützte Entwurf digitaler industrieller Steuerungen erfolgt mit RENDIS auf der Grundlage der Automatentheorie bzw. der Theorie der Schaltsysteme. Speziell für den logischen Entwurf sind im wesentlichen die folgenden Schritte auszuführen:

- Erarbeitung der Aufgabenstellung (z. B. in Form einer Automatentabelle),
- Zustandsreduktion,
- Codierung der inneren Zustände,
- Berechnung der Strukturgleichungen.

Für die Lösung dieser vier Entwurfsschritte wurde auf die Berechnung von Näherungslösungen orientiert, um so bei geringerem Rechenaufwand und Speicherplatzbedarf sowie variabler Lösungsstrategie, Lösungen der gegebenen Steuerungsaufgabe nahe dem Optimum zu ermitteln. Das heißt beispielsweise

- für die Reduktion der Zustände die Bestimmung von Verträglichkeitsklassen und die Sicherung der Abgeschlossenheit von Anfang an miteinander verzahnt durchzuführen,
- die Codierung der inneren Zustände bezüglich verschiedener Zielfunktionen (minimaler Aufwand an Logikelementen, minimale Speicheranzahl usw.) vorzunehmen,
- bei der Berechnung der Strukturgleichungen ausgehend von der allgemeinsten Form, einem System partieller Boolescher Funktionen in nichtkanonischer Normalform, eine quasi-optimale Lösung zu suchen, die ggf. bei Vergrößerung der Rechenzeit beliebig nahe an das Optimum herangebracht werden kann.

Für das genannte Einsatzgebiet wurde das Programmsystem RENDIS/Version I im Betriebssystem OS/ES auf einer EDVA ES 1040 implementiert.

Die rechnergestützte Konstruktion von Antriebssystemen und Maschinenelementen beschäftigt sich im wesentlichen mit den Problemen des Zusammenwirkens von Motor und Arbeitsmaschine sowie dem Übertragungssystem, wobei der Komplex Motor/Übertragungssystem als Antriebssystem mit den Aufgaben der Energiewandlung, -leitung, -umformung, -verzweigung (-vereinigung) und -speicherung (-entspeicherung) betrachtet wird.

Aus der Vielzahl der für die Berechnung von Antriebssystemen notwendigen Tätigkeiten wurden die Aufgabenklassen „Auswahl und Berechnung von Wälzlagern“,

„CAD/CAM Schnecke“ zur Berechnung und Fertigungsvorbereitung von Schnecken für Schneckengetriebe und „Werkstoffauswahl und Berechnung von Plastgleitlagern“ ausgewählt und für den nutzergesteuerten Dialog über den alphanumerischen Bildschirm aufbereitet.

Die Implementierung des Programmsystems RENDIS/Version II wurde für das letztere Einsatzgebiet im Betriebssystem OS/ES auf einer Anlage ES 1022/AP64 vorgenommen.

Eine Kurzcharakteristik des Systems ist in Tabelle 7.10 angegeben.

7.6.2. Nutzungstechnologie

Die Nutzungstechnologie für das Programmsystem RENDIS wurde in Hinblick auf die beiden genannten Einsatzgebiete so festgelegt, daß sowohl monologisch als auch dialogisch gearbeitet werden kann. Dabei wird von der ersten Möglichkeit vorwiegend in der RENDIS/Version I, von der zweiten Möglichkeit vorwiegend in der RENDIS/Version II Gebrauch gemacht. In beiden Versionen wird hinsichtlich der Aufeinanderfolge der notwendigen Arbeitsschritte streng unterschieden nach Vorbereitung und nach Durchführung des Lösungsprozesses.

Hinsichtlich der Vorbereitung des Lösungsprozesses wird wie folgt vorgegangen:

— Die Aufgabenbeschreibung erfolgt mittels einer Kommandosprache, wobei diese Aufgabenbeschreibung das Ziel hat, ein sogenanntes Fachprogramm, d. h. eine Verkettung von Lösungsschritten aus einem gegebenen Vorrat, zu erzeugen.
— Die Aufgabenbeschreibung kann sowohl lösungsprozeßorientiert (WHITE-BOX-Beschreibung) als auch datenorientiert (BLACK-BOX-Beschreibung) vorgenommen werden.
— Die Erzeugung eines Fachprogramms ausgehend von einer (in Form einer BLACK-BOX-Beschreibung oder WHITE-BOX-Beschreibung) gegebenen Aufgabenbeschreibung kann top-down (bei gegebenem Gesamtszenarium der Aufgabenklasse wird ein Subszenarium bestimmt) oder bottom-up (bei gegebenem Modulleistungsvorrat wird unter Ausnutzung der Datenbeziehungen zwischen den Modulleistungen eine Aufeinanderfolge von Lösungsschritten ermittelt) erfolgen. Die RENDIS-Steuerung konstruiert das jeweilige Fachprogramm durch ein bottom-up-Vorgehen.
— Die ermittelte Verkettung der Lösungsschritte wird umgesetzt in eine Verkettung von Arbeitsmodulaufrufen, d. h. einschließlich der zugehörigen Angabe der Datenverkettung, Datenplatzvorgabe u. ä.
— Ist eine solche Verkettung von Arbeitsmodulaufrufen auch ausführbar, d. h. alle notwendigen Datenverkettungen sind erfolgreich gelöst und die erforderlichen Rechnerressourcen bestimmt, dann wird das in dieser Form dargestellte Fachprogramm zur Ausführung freigegeben.
— Das zur Ausführung freigegebene Fachprogramm wird in den sog. Lösungsprozeßspeicher aufgenommen, falls sich dort noch kein äquivalentes Fachprogramm befindet.
— Gespeicherte Fachprogramme können aus dem Lösungsprozeßspeicher entnommen und zur Ausführung gebracht werden.

Tabelle 7.10: Charakteristik von RENDIS

Komponenten im Arbeitsprozeß	1 Inhalt	2 Form	3 Umfang
1 Arbeitsprozeß	1.1 Textverwaltung Textwandlung selbstorganisierend	2.1 monologisch: 1. Version dialogisch: 2. Version aufgaben- oder trassen-gesteuert	2.3 Erarbeitung Verarbeitung
2 Arbeits-gegenstand	2.1 Texte aus beliebigen Gebieten, vorwiegend aus der Technik	2.2 schriftlich formal deskriptiv	2.3 vorwiegend verfahrensorientiert
3 Arbeitsmittel	3.1 Hardwarerahmen: ESER Softwarerahmen: OS/ES PL/I	3.2 Szenarium: implizit	3.3 Szenarium für RENDIS Steuerung: abgeschlossen Anwenderprogramm: offen
4 Arbeitskraft	4.1 aktiv bei Steuerung der Aufgabenlösung	4.2 direkt oder indirekt	4.3 Erarbeiter und Bearbeiter von Anwenderprogrammpaketen

Durch diese strenge Trennung in Vorbereitung und Durchführung des gewünschten Lösungsprozesses wird bei dem für RENDIS implementierten Vorgehen gesichert, daß nur tatsächlich ausführbare Fachprogramme (das wird vorher geprüft!) zur Rechnung eingesetzt werden. Es kann also nicht passieren, daß ein Stück in den Lösungsprozeß „hineingerechnet" wird, und dann ab einer gewissen Stelle der Lösungsprozeß wegen fehlerhaften Informationsflusses unausführbar wird.

Hinsichtlich der Ausführung des Lösungsprozesses ist zwischen den beiden genannten RENDIS-Versionen zu unterscheiden. Für die RENDIS/Version I, die monologorientiert ist, wurde folgende Vorgehensweise implementiert:

- Auswahl und Bereitstellung zur Ausführung eines gespeicherten Fachprogramms aus dem Lösungsprozeßspeicher,
- Übernahme gewisser, in den Lösungsprozeß einzuführender Informationen, die zwischen der Aufgabenklasse im allgemeinen unterschiedlich sind,
- Ausführen des Lösungsprozesses, d. h. Aufrufen der jeweiligen Moduln bezüglich der berechneten (im gespeicherten Fachprogramm niedergelegten) informationellen Umgebung, Überwachen der Arbeit der Moduln, Behandlung evtl. auftretender Fehler (Systemfehler, aufgabenbedingter Fehler), Schreiben eines Ablaufprotokolls.

Soll ein zweiter Lösungsprozeß durchgeführt werden, muß der Ausführungsjob erneut gestartet werden.

Für die RENDIS/Version II, die dialogorientiert ist, wurde folgende, von der obigen abweichende Vorgehensweise implementiert:

- Die Dialogsteuerung, d. h. die Steuerwurzel, ist permanent verfügbar.
- Der Nutzer kann mit Hilfe der Dialogsteuerung auf verschiedenen Ebenen den oder die Lösungsprozesse steuern. Auf der obersten Ebene werden die verschiedenen Lösungsprozesse angewählt, gestartet und beendet. Die nächst tiefere Ebene dient der Steuerung des jeweils angewählten Lösungsprozesses auf Fachprogrammbasis. Die letzte Ebene enthält dann den Dialog auf Modulniveau.
- So wie das für Dialogarbeit typisch ist, wird ständig zwischen Vorbereitung, Durchführung und Nachbereitung des Lösungsprozesses gewechselt, wobei die Möglichkeiten der RENDIS/Version I (monologisches Ausführen ganzer Fachprogramme und dann Rückkehr in das Dialogregime) erhalten bleiben.
- Nach Ausführung eines Lösungsprozesses ist die Dialogsteuerung wieder bereit zum Starten eines neuen Lösungsprozesses (im Gegensatz zur Arbeitsweise der Version I), ohne daß ein neuer Ausführungsjob zu starten wäre.
- Die Dialogsteuerung gestattet die nutzergesteuerte Arbeitsweise. Die implementierte Steuerung sorgt für Fehlererkennung und -behandlung.
- Bei Arbeit im Dialogregime werden alle Bildschirmbilder protokolliert und können auf Wunsch abgerufen werden (z. B. Druck auf Schnelldrucker).

Die Formulierung von Aufgabenstellungen für das Programmsystem RENDIS aus den o. g. Aufgabenklassen soll anhand von zwei Beispielen illustriert werden. Die folgende Aufgabenstellung ist typisch für die Aufgabenklasse „Rechnergestützter Entwurf digitaler industrieller Steuerungen":

```
R/START
C BERECHNUNG EINER KOMBINATORISCHEN SCHALTUNG
```

```
R/DESCRIPTION=BLACK-BOX
D/GEGEBEN:PROBLEMSPEICHER
I/PROBLEMART=KOMBINATORISCH
I/PROBLEMFORM=(M0,S0;M1,S1)
D/GESUCHT:EINFACH-PK
D/GESUCHT:LOESUNG,AUSWAHLSCHRITT-2
D/GESUCHT:PROBLEMSPEICHERUNG
O/PROBLEMART=KOMBINATORISCH
O/PROBLEMFORM=(M0,S0;M1,S1;M2,S2)
R/STOP
```

Das zur obigen Aufgabenstellung vom Monitor erzeugte Fachprogramm besteht aus folgenden Lösungsschritten:

- Entnehmen einer kombinatorischen Aufgabenstellung $F = (M^0, S^0; M^1, S^1)$ aus dem Speicher kombinatorischer Aufgabenstellungen,
- Berechnung von Einfach-Primkonjunktionen,
- Druck der Menge der nach aufsteigender Länge sortierten Primkonjunktionen,
- Berechnen der Lösungen der Einzelfunktionen bezüglich der ermittelten Primkonjunktionen,
- Speichern der kombinatorischen Aufgabenstellung und der berechneten Lösung in den Speicher der kombinatorischen Aufgabenstellungen einschließlich Lösung.

Die rechnerinterne Darstellung dieses Fachprogramms wird in den Lösungsprozeßspeicher aufgenommen und kann auch zur späteren Verwendung von dort wieder abgerufen werden.

Im folgenden wird eine Aufgabenstellung zur Erzeugung eines Fachprogrammes aus der Aufgabenklasse „Vorauswahl und Berechnung von Wälzlagern" angegeben:

```
R/START
C EINE AUFGABENSTELLUNG VOM TYP BLACK-BOX
C ZUR ERZEUGUNG EINES FACHPROGRAMMS AUS DER
C AUFGABENKLASSE WAELZLAGER
C
C ANGABE DES AUFGABENTYPES:
R/DESCRIPTION=BLACK-BOX
C
C FORDERN DER ANZEIGE DER MODUL(LEISTUNGS)BEZEICHNUNG
C BEI DER AUSFUEHRUNG DES FACHPROGRAMMS:
R/DISPLAY=MODULNAMES
C
C BESCHREIBUNG DER EIN- UND AUSGANGSDATEN:
C
D/GEGEBEN:WL,ANFORDERUNGEN
 I/BILDSCHIRMDIALOGEINGABE
C
D/GEGEBEN:WL,VORAUSWAHL
 I/BILDSCHIRMDIALOGEINGABE
```

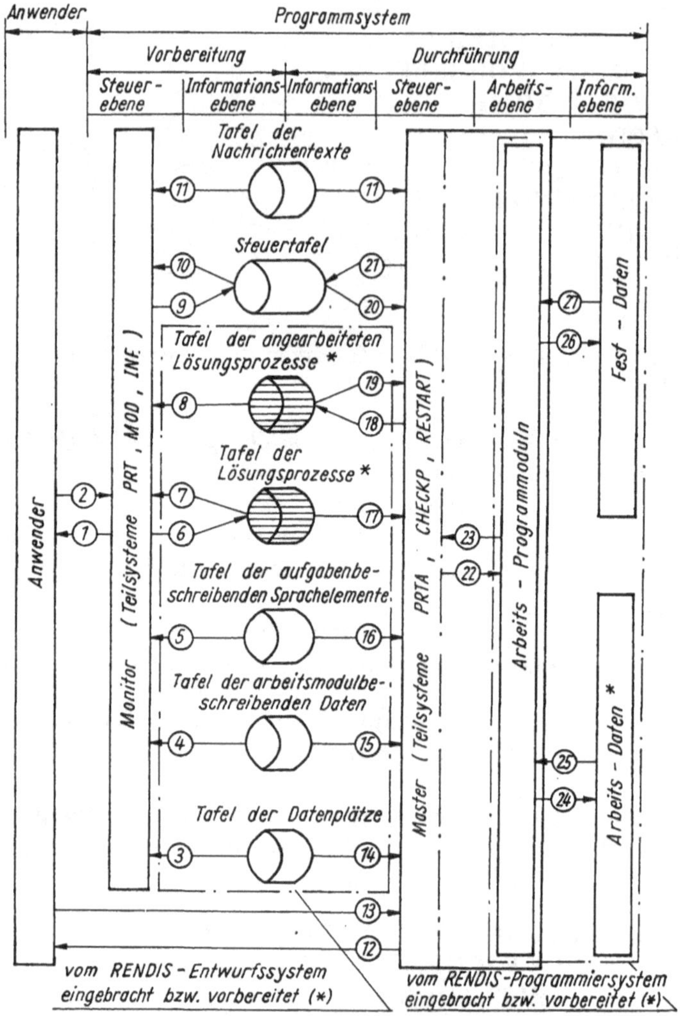

Abb. 7.8: Prinzipielle Struktur von RENDIS

1 Informationen über den bzw. die Lösungsprozesse
2 Aufgabenstellung, Anforderungen, zu aktualisierende Steuerdaten
3 Abrufen der zur Verfügung stehenden Datenplätze
4 Abrufen der arbeitsmodulbeschreibenden Daten
5 Abrufen der aufgabenbeschreibenden Sprachelemente
6 Speichern aufgebauter Fachprogramme
7 Abrufen bereits erzeugter Fachprogramme
8 Abrufen von Informationen über angearbeitete Fachprogramme
9 Eintragen von Informationen in die Steuertafel (Programmtafel) bzw. Ändern derselben
10 Abrufen von Informationen aus der Steuertafel (Zustandstafel)
11 Abrufen von Nachrichtentexten
12 Informationen über die bzw. zur Durchführung des Lösungsprozesses, d. h. Ausführen des Fachprogramms
13 Anforderungen, zu aktualisierende Steuer- und/oder Arbeitsdaten
14 Abrufen bestimmter Datenplatzeigenschaften
15 Abrufen von Informationen zur Fortführung von Lösungsprozessen
16 Abrufen von arbeitsmodulleistungsbezeichnenden Kommandos
17 Abrufen bereits erzeugter Fachprogramme

```
C
D/GESUCHT:NACHRECHNUNG,WL,DREHZAHL
C
D/GESUCHT:NACHRECHNUNG,WL,DYNAMISCH
O/BILDSCHIRMPROTOKOLL
C
R/HALT
C
D/GESUCHT:NACHRECHNUNG,WL,STATISCH
C
D/GESUCHT:BERICHT
O/NACHRECHNUNG,WL,INSGESAMT
O/BILDSCHIRMPROTOKOLL
C
R/STOP
```

Es entsteht ein modulares Fachprogramm, das

- dialogfähig ist,
- nach der Nachrechnung der dynamischen Belastung anhält, wobei dann der Nutzer die Möglichkeit hat, Arbeitsdaten zu ändern (Vorauswahl und/oder Anforderungen) und/oder weiterzumachen und/oder abzubrechen,
- nach Ausführungsende noch aktiv ist und wieder ab gewünschtem Schritt gestartet werden kann.

7.6.3. Architektur

Das RENDIS-Programmsystem, dessen prinzipielle Struktur in Abb. 7.8 dargestellt ist, besteht aus sieben dialogfähigen Teilsystemen. Es besitzt eine dreistufige, feste, aufgabenklassenunabhängige Hierarchie (Steuerwurzel — Teilsystem Steuer- bzw. Arbeitsmodul). Das RENDIS-Programmsystem ist problemunabhängig. Die An-

◄

18 Speichern des Unterbrechungszustandes angearbeiteter Lösungsprozesse
19 Abrufen des Unterbrechungszustandes angearbeiteter Lösungsprozesse
20 Abrufen von Informationen aus der Steuertafel
21 Eintragen von Informationen in die Steuertafel (Zustandstafel)
22 Informationen an die Arbeitsmoduln, Startkommandos
23 Arbeitsmodulende, Informationen über die Ausführung der Arbeitsmoduln
24 Speichern von Arbeitsdaten (temporäre Daten)
25 Abrufen von Arbeitsdaten
26 Speichern von Festdaten (permanente Daten)
27 Abrufen von Festdaten

 bei der Generierung des Programmsystems angelegte permanente Tafeln

 bei der Arbeit des Programmsystems angelegte permanente Tafeln

 bei der Arbeit des Programmsystems angelegte temporäre Tafeln

passung des Programmsystems an eine Aufgabenklasse erfolgt über

— den datenorientierten Entwurf und
— die notwendigen Arbeits-Programmoduln

der Aufgabenklasse. Der Entwurf wird mit Hilfe des RENDIS-Entwurfsystems und die Moduln werden mit dem RENDIS-Programmiersystem entwickelt und eingebracht.

Die Teilsysteme des RENDIS-Programmsystems leisten folgendes:

— Die Steuerwurzel, kurz CR, vereinigt die Hauptsteuerung (MONITOR, MASTER)' übernimmt das Starten von Teilsystemen und die Dialogsteuerung, und sie gewährleistet die zentrale Fehlerbehandlung.
— Der Aufbau von Fachprogrammen, kurz PRT, ermöglicht die Definition von Fachprogrammen (genannt Programmtafeln) aufgrund vorgegebener, mittels einfacher Kommandosprache formulierter Aufgabenstellungen und anhand der bei der rechentechnischen Aufbereitung der Aufgabenklasse vom RENDIS-Entwurfssystem eingebrachten Daten der Sprachelemente, Arbeitsmodulbeschreibungen und Rechnerressourcen (Datenplätze). Hinzu kommt das Speichern der aufgebauten Fachprogramme im Speicher der Lösungsprozesse.
— Das Modifizieren von Fachprogrammen, kurz MOD, betrifft das Aus- und Einblenden oder Spezifizieren von Lösungsschritten und das Unterbrechen oder Anhalten der Fachprogrammausführung.
— Das Abrufen von Informationen über das Programmsystem, kurz INF, gestattet das Anzeigen und/oder Drucken des implementierten Kommandovorrates zum Formulieren von Aufgabenstellungen für die Erzeugung von Fachprogrammen. Weiterhin erlaubt INF das Anzeigen und/oder Drucken von Bestandteilen der Fachprogramme, das Anzeigen des Zustandes der Fachprogrammabarbeitung sowie das Anzeigen, Drucken oder Löschen des geführten Dialogs.
— Das Ausführen von Fachprogrammen, kurz PRTA, umfaßt das Selektieren von Fachprogrammen aus dem Speicher der Lösungsprozesse, das Starten der Ausführung ab „beliebigen" Lösungsschritt, das schrittweise Ausführen, selbständige Verfolgen der Daten„dynamik", Führen der Lösungsprozeß-Zustandstafel, Anzeigen und/oder Drucken von Zwischenergebnissen sowie die Fehlererkennung und Diagnose.
— Das Retten angearbeiteter Fachprogramme, kurz CHECKP, wird ausgeführt durch Speichern der Programm- und Zustandstafel sowie aller Zwischenergebnisse in der Tafel angearbeiteter Lösungsprozesse.
— Der Wiederanlauf angearbeiteter Fachprogramme, kurz RESTART, erfolgt durch Selektieren der Programm- und Zustandstafel sowie aller Zwischenergebnisse und durch das Freiwerden des Fachprogramms zur weiteren Ausführung.

Das Programmsystem RENDIS ist streng modularisiert. Hierbei existieren genau zwei zueinander disjunkte Klassen von Moduln, die Klasse der aufgabenklassenunabhängigen Steuermoduln und die der aufgabenklassenrelevanten Arbeitsmoduln.

Über die Dialogsteuerung, die in der Steuerwurzel konzentriert ist, können, sofern zulässig,

— Steuer- und/oder Arbeitsdaten geändert,

— Steuer- und/oder Arbeitsmoduln über ihre Initialzustände spezifiziert,
— Steuer- und/oder Arbeitsmoduln gestartet

werden.

7.6.4. Steuerung

Die Steuerung des Programmsystems RENDIS besteht aus zwei Ebenen:

— Hauptsteuerung, der sogenannte MONITOR,
— Substeuerung, der sogenannte MASTER.

Die Hauptsteuerung erzeugt für jede in der Steuersprache formulierte Aufgabenstellung das entsprechende Fachprogramm der Aufgabenstellung. Der MASTER, der sämtliche Arbeitsmoduln enthält, steuert ein Sub-Programmsystem nach den Vorgaben der Hauptsteuerung.

Durch den MONITOR wird die Aufgabenstellung gelesen, interpretiert und unter Zuhilfenahme des Speichers der Steuersprachelemente auf formale Richtigkeit überprüft. Sofern die Aufgabenstellung als fehlerfrei erkannt wurde, wird sie, ebenfalls anhand der Steuersprachelemente, in das Programmtafelgerüst umgesetzt. Es enthält bezüglich des auszuführenden Lösungsprozesses

— die Symbole der für die Lösung der Aufgabe benötigten Arbeitsmoduln,
— die Symbole der Klassen der Lösungsprozeßeingabe- und -ausgabedaten,
— möglicherweise erforderliche Steuerdaten bezüglich der vorzunehmenden Datenumwandlungen innerhalb der Arbeitsmoduln (Festlegen von Initialzuständen),
— rechentechnisch-organisatorische Informationen (z. B. Anweisungen zur Wiederholung des Lösungsprozesses mit neuen Eingabedaten derselben Klasse).

Nachdem das Programmtafelgerüst aufgebaut worden ist, wird geprüft, ob im Lösungsprozeßspeicher eine Programmtafel (Fachprogramm) zum vorliegenden Gerüst vorhanden ist. Bei negativem Ergebnis wird ausgehend von dem Gerüst und unter Zuhilfenahme der Arbeitsmodulbeschreibungen versucht, durch Aufbau, Umbau und/oder Abbau von Arbeitsmodulfolgen unter Beachtung der zentrierenden Moduln (Moduln, die in jedem Fall für die Lösung der Aufgabe benötigt werden), eine Folge von Arbeitsmoduln herzustellen, die den gewünschten Lösungsprozeß realisiert. Ist der Aufbau der Arbeitsmodulfolge gelungen, so wird gegebenenfalls durch nochmaligen Umbau die notwendige rechentechnische Organisation (Datenträgerbelegung usw.) ermöglicht und die Programmtafel vollständig aufgebaut. Sie besteht aus untereinander informationell verketteten Elementen und enthält

— die optimale Folge von Arbeitsmoduln bezüglich der Realisierung des geforderten Lösungsprozesses,
— Informationen zur Umgebung des Moduls,
— Informationen zur rechentechnischen Organisation des Lösungsprozesses.

Der MASTER versucht nun, diese Programmtafel auszuführen. Dabei wird die Programmtafel elementeweise abgearbeitet. Die rechentechnisch-organisatorischen Informationen werden interpretiert, wobei entschieden wird, ob der entsprechende Arbeitsmodul zur Ausführung freizugeben ist. Bei Ausführbarkeit wird er an die im Programmtafelelement enthaltene und durch die Hauptsteuerung bestimmte Umgebung angepaßt und gestartet. Nach Beendigung der Arbeit des Arbeitsmoduls werden dessen Diagnosedaten interpretiert, und das Ergebnis wird in die Zustandstafel eingetragen. Auftretende Fehler werden diagnostiziert und dem Anwender mitgeteilt, wobei drei Fehlerklassen unterschieden werden:

— Systemfehler, hervorgerufen durch Fehlfunktion des Hardware- und äußeren Software-Rahmens der EDVA,
— Steuerfehler, hervorgerufen durch Fehlfunktion der Steuerung des Programmsystems,
— Problemfehler, hervorgerufen durch Unregelmäßigkeiten während der Bearbeitung der Problemdaten.

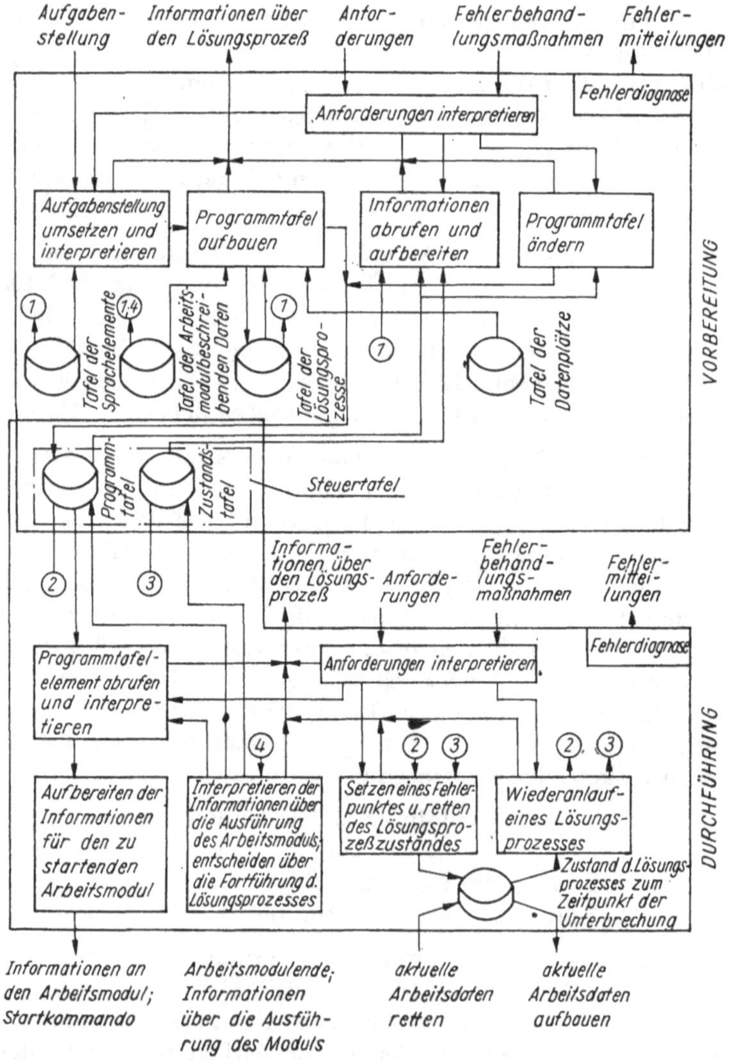

Abb. 7.9: Grobstruktur der Steuerung des RENDIS-Programmsystems

Fehler führen zur Unterbrechung des Lösungsprozesses durch die Steuerung. Der Anwender kann im Dialog mit der Steuerung Fehlerbehandlungsmaßnahmen einleiten, beispielsweise

- Setzen eines Fehlerpunktes (Checkpoint) mit Wiederanlaufmöglichkeit (Restart),
- Umgehen des Fehlers durch Änderung der Lösungstrasse,
- Wiederholen bestimmter Arbeitsmoduln oder Arbeitsmodulfolgen,
- Fortsetzen des Lösungsprozesses nach Ausblenden von Arbeitsmoduln,
- Übergehen des Fehlers.

7.6.5. Implementierung

Das Programmsystem RENDIS wurde für die Nutzung auf ESER-Anlagen entwickelt. Es benutzt das Betriebssystem OS/ES. Implementiert wurden die Steuerprogrammoduln sowie die Arbeitsprogrammoduln in der Programmiersprache PL1.

Beide vorliegenden Implementierungen des Programmsystems RENDIS wurden streng modular aufgebaut, wobei sowohl Steuermoduln als auch Arbeitsmoduln nach einem einheitlichen Moduldesign entwickelt wurden.

Das Programmsystem enthält einige Besonderheiten. Sie bestehen in

- externer Datenverwaltung, d. h., bedingt durch die Eigenheiten der Aufgabenklassen, erfolgt die Datenübergabe zwischen den Arbeitsmoduln über Dateien,
- der Möglichkeit der Durchführung eines Multiprogrammbetriebes einerseits zwischen Vorbereitung und Durchführung andererseits zwischen zwei oder mehreren Lösungsprozeßausführungen; dies wurde erreicht durch die strikte Trennung von Vorbereitung und Durchführung der Lösungsprozesse,
- einem einheitlichen Moduldesign (speziell: einheitlicher Modulkopf), das es erlaubt, das Steuersystem aufgabenklassenunabhängig zu gestalten (einheitliche Form des Modul-Aufrufes),
- der Existenz zweier Versionen der Steuerung, wobei bei der ersten Version die Kommunikation zwischen Nutzer und Programmsystem bedieneinheitenorientiert, jedoch nicht prozeßentflochten ist (Multiprogrammbetrieb!); bei der zweiten Version dagegen wird diese Kommunikation mit Hilfe eines aplhanumerischen Displays prozeßentflochten geführt.

7.7. Problemorientiertes Betriebssystem PBS

7.7.1. Einsatzgebiet

Den Ausgangspunkt der Untersuchungen zur Gestaltung des PBS bildeten die sogenannten integrierten Programmiersysteme. Derartige Systeme sind häufig im CAD-Bereich anzutreffen. Die Überlegungen zum Entwurf und der Realisierung des an der Technischen Hochschule Karl-Marx-Stadt entwickelten PBS konzentrierten sich auf den Problemkreis der Programmsysteme für wissenschaftlich-technische Berechnungen.

Tabelle 7.11: Charakteristik von MEIWEP in PBS

Komponenten im Arbeitsprozeß	1 Inhalt	2 Form	3 Umfang
1 Arbeitsprozeß	1.1 Textwandlung zur Herstellung von Texten als Lösung (errechnen)	1.2 monologisch aufgabengesteuert	1.3 Bearbeitung
2 Arbeitsgegenstand	2.1 Texte aus der numerischen Mathematik (Matrizeneigenwertproblem)	2.2 Text ist schriftlich und deskriptiv	2.3 verfahrensorientiert
3 Arbeitsmittel	3.1 Hardwarerahmen: ES 1040 Softwarerahmen: DOS/ES; PBS Programmiersprache: FORTRAN Basen: Szenen, Programme, Daten	3.2 Szenarium: Graph Programm: Subroutinen Daten: Zahlen, Matrizen, Strings	3.3 alle Basen abgeschlossen
4 Arbeitskraft	4.1 Nutzer: passiv	4.2 direkt	4.3 Bearbeiter

Steht bei den bekannten maschinenorientierten Betriebssystemen (MBS) die Verwaltung der Ressourcen des Rechnersystems im Mittelpunkt, so ist es beim PBS die automatisierte Gestaltung des Aufgabenlösungsprozesses für die Aufgaben aus einer Aufgabenklasse. Somit orientiert sich das MBS am Rechnersystem, das PBS hingegen am Aufgabenlösungsprozeß. Softwaretechnologisch ist das PBS eine Schicht oder abstrakte Maschine, die auf der Schicht des MBS aufsetzt (oder ein innerer aufgabennaher Softwarerahmen).

Das PBS schafft somit die softwaretechnischen Voraussetzungen zur Implementierung von angewandten Programmsystemen (APS). Dabei wird davon ausgegangen, daß bei der Implementierung eines APS folgende Tätigkeiten erforderlich sind:

- Realisierung der Aufgabenbeschreibungssprache, d. h. der Fachsprache für das APS,
- Realisierung der Szenen-, Programm- und Datenbasis des APS.

Durch das PBS wird eine solche Technologie gewährleistet, daß die obigen Tätigkeiten arbeitsteilig und weitestgehend unabhängig voneinander ablaufen können. Die Verwaltung der Basen sowohl bei der Erstellung als auch bei der Ausführung des APS übernimmt das PBS.

Mit Hilfe des Experimentalsystems PBS/1 wurde das APS „Matrizeneigenwertproblem" MEIWEP [DOKU78] implementiert. MEIWEP ist ein Programmsystem zur Lösung von Aufgaben aus der Aufgabenklasse der Matrizeneigenwertprobleme für das spezielle Eigenwertproblem $Ax = \lambda x$. Einige Aufgaben aus dieser Klasse seien aufgezählt: Berechnung einer Teilmenge der Eigenwerte, aus einem Intervall, aus einem Kreis usw., sowie erforderlichenfalls die dazugehörigen oder nur diese Eigenvektoren.

In den folgenden Abschnitten werden das PBS/1 und das Subsystem MEIWEP jeweils getrennt dargestellt. Dieses Nebeneinanderstellen soll das Verhältnis PBS—APS und den Charakter eines PBS verdeutlichen.

Viele Aussagen, die zum System RADIOS, das auch ein PBS ist, gemacht wurden, sind auf das PBS/1 übertragbar. Jedoch ist als Einsatzgebiet für PBS/1 das Implementieren von APS der Numerischen Mathematik vorgesehen.

Die Kurzcharakteristik ist in Tabelle 7.1 langegeben.

7.7.2. Nutzungstechnologie

Als integriertes System unterstützt das PBS sowohl das Erarbeiten von APS und das Bearbeiten von Aufgaben. Das PBS ist daher inhaltlich in drei Ebenen gegliedert:

- Ebene der Metasysteme:

  In dieser Ebene sind die Komponenten zum Füllen der einzelnen Basen („Daten", „Programm", „Modell") und zur Beschreibung der Sprachprozessoren („Sprachen") für die Fachsprachen der APS angesiedelt.

- Ebene der Programmsysteme:

  Zu dieser Ebene gehören alle APS, die auf der Basis des PBS erarbeitet wurden, z. B. MEIWEP.

— Ebene des Basissystems:

Sie beinhaltet alle Komponenten, die zur Ausführung von APS, also zum Bearbeiten von Aufgaben erforderlich sind („Sprachprozessor", „Ablaufsteuerung", „Ablaufprozessor", „Datenverwaltung", „Monitor").

Physisch ist das PBS nach dem Prinzip der Subsysteme gegliedert, d. h., es gibt das Hauptsystem und die Subsysteme, zu denen wiederum die APS und die Metasysteme gehören. Die äußere Architektur verkörpert eine einstufige Hierarchie.

Nutzungstechnologie — Erarbeiten von APS:

— Vorbereitung:

Beschreibung der Inhalte in Form alphanumerischer Texte für die Basen als Eingabeinformation für die entsprechenden Metasysteme;

— Durchführung:

Ausführung der Metasysteme und damit Füllen der Basen;

— Nachbereitung:

Einbinden der Inhalte der Basen in das Hauptsystem; damit wird das APS als Subsystem des PBS verfügbar und ist unter der Regie des Hauptsystems abarbeitbar;

— Beispiel:

Implementierung des Subsystems MEIWEP.

Nutzungstechnologie — Bearbeiten von Aufgaben mittels APS

— Vorbereitung:

Fixierung der zu lösenden Aufgabe aus der Aufgabenklasse, für die das APS vorliegt, in deskriptiver Form auf APS-Ebene; Beschreibung der Reihenfolge, in der die Aufgaben zu lösen sind, in operativer Form auf Hauptsystemebene;

— Durchführung:

automatisierte Aufgabenlösung durch das APS;

— Nachbereitung:

Ergebnisauswertung.

Beispiel der Abarbeitung des APS MEIWEP im PBS/1:

— Aufgabe:

Es sind die Eigenwerte und die dazugehörigen Eigenvektoren einer reellen symmetrischen Matrix zu berechnen, die im Intervall (a, b) liegen und betragsmäßig die fünf kleinsten Eigenwerte sind.

```
PROBLEM BEISP.;
CREATE INTEGER N, M,
          REAL ARRAY A(N,N), EW(N), EV(N,M),
          REAL C, D;
READ (N, M, A, C, D);
SET BEISPIEL: A = MAT, N = DIM, EW = EIWFEL,
              EV = EIGVEK, C = A, D = B;
```

```
EXECUTE BEISPIEL;
WRITE (N, A, EW, EV);
EOJ;
BEISPIEL:SUBSYSTEM BEIWEP;
        DATEN: DIMENSION = DIM;
               MATRIX = MAT, REELL, SYMMETRISCH;
               EIGENWERT = EIWFEL;
               EIGENVEKTOR = EIGVEK;
        AUFGABE: EIGENWERTE UND EIGENVEKTOREN
                 ABSMIN = M,
                 INTERVALL (A, B);
EOS BEISPIEL;
EOP;
```

Die Wartung und Pflege der Subsysteme erfolgt mittels entsprechender Metasysteme für die APS und mittels des MBS für die anderen Komponenten des PBS. Eine Übersicht zur Arbeit mit PBS/1 liefert Tabelle 7.12

Tabelle 7.12: Übersicht zur Arbeit mit PBS/1

	Gegenstand der Implementierung	Metasystem (Hilfsmittel)	Ergebnis (Inhalt der Basen)
Sprache	Fachsprache für das APS MEIWEP	Compilererzeugendes System, FORTRAN-Compiler	Grammatik Semantikroutinen
Szenen- und Datenbasis	Szenarium als Graph; enthält Beschreibung der Operatoren und Operanden	Modell (Sprachprozessor, Editor)	Steuergraph in Szenenbasis abgelegt **Bemerkung:** Datenbasis wird während der Abarbeitung von APS physisch aufgebaut
Programmbasis	Module	Programm (ALFOR-Preprozessor, FORTRAN-Compiler, Programmverbinder)	Module Modulverzeichnis

Das APS MEIWEP unterstützt noch zwei andere Nutzungsformen, denn es ist nutzbar als

- Unterprogramm,
- Menge von Moduln, die einzeln als Unterprogramme aufrufbar sind (Programmmenge).

7.7.3. Architektur

Das PBS/1 verkörpert in seiner inneren Architektur (Architektur des Hauptsystems) eine einstufige Hierarchie und ist modular mit definiertem Interface zwischen den Komponenten strukturiert. Die einzelnen Komponenten sind:

— Sprachprozessor:
  Übersetzung der Texte aus der Fachsprache des APS;
— Ablaufsteuerung:
  Realisierung der automatisierten Modulauswahl (automatisierte Algorithmierung) durch dynamisches Trassieren des Szenariums auf der Grundlage der Aufgabenstellung, des Szenariums und der Bewertung der Ergebnisse der abgearbeiteten Moduln;
— Ablaufprozessor:
  Realisierung der Modulausführung;
— Datenverwaltung:
  Realisierung des Datentransfers zwischen dem Hauptspeicher und der Datenbasis vor bzw. nach der Modulausführung.

Über den Ablaufprozessor und die Datenverwaltung wird eine Verwaltung der Ressource Hauptspeicher vorgenommen.

— Monitor:
  Koordinierung der Zusammenarbeit zwischen den oben aufgeführten Komponenten; Schnittstelle zum MBS.

In der Datenbasis werden Daten vom Typ INTEGER, REAL, COMPLEX, BOOLEAN und CHARACTER in einer gestreuten Organisationsform verwaltet. In Abb. 7.10 ist

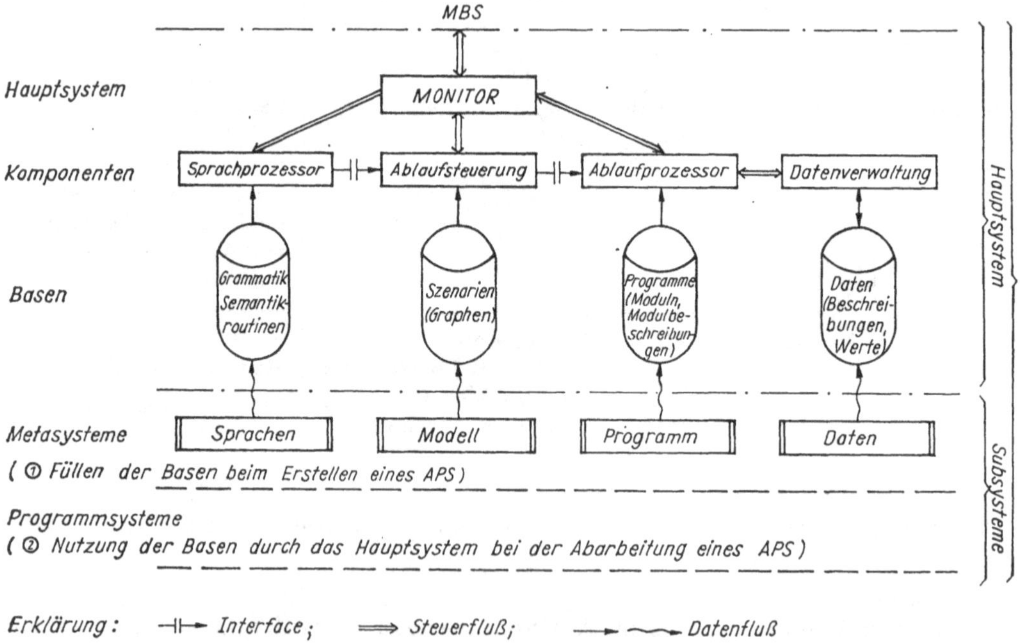

Abb. 7.10: Architektur von PBS/1

die Struktur des PBS/1 vereinfacht dargestellt. Die Struktur eines APS ist wiederum durch eine einstufige Hierarchie gekennzeichnet; die Inhalte der Basen werden durch das Hauptsystem interpretiert. Bei den Moduln eines APS wird zwischen Bewertungs- und Arbeitsmoduln unterschieden.

7.7.4. Steuerung

Das PBS/1 selbst benutzt das Rechnersystem über dessen Betriebssystem MBS. Die Kopplung mit dem MBS erfolgt über den Monitor. Die Abarbeitung eines APS wird ohne Eingriff des Nutzers des APS unter Regie des Hauptsystems ausgeführt (BLACK-BOX). Sie verläuft wie folgt: Die in deskriptiver Form in der Fachsprache des APS formulierte Aufgabenstellung wird vom Sprachprozessor, der dazu die entsprechende Grammatik und die Semantikroutinen auswählt, in eine interne Form („logische Befehle") transformiert. Die Ablaufsteuerung erstellt auf der Basis des Szenariums, das als Graph realisiert wurde, unter Einbeziehung der von den Bewertungsmoduln vorgenommenen Bewertungen (der Aufgabenstellung, der Zwischenresultate) eine Informationsstruktur („physische Befehle"), die die abzuarbeitende Modulfolge enthält (partielle Trasse). Das ist die Phase der automatisierten Algorithmierung, die aktionsorientiert angelegt ist.

Der Ablaufprozessor in Verbindung mit der Datenverwaltung bringt diese partielle Trasse, gestützt auf die Programm- und Datenbasis, zur Ausführung. Falls während der Ausführung keine Interrupts bzw. Traps auftreten, wird danach wiederum die Ablaufsteuerung zur weiteren partiellen Trassierung aktiviert.

7.7.5. Implementierung

Als MBS dient das Betriebssystem DOS/ES. Die Komponenten des Hauptsystems und die Metasysteme wurden in den Sprachen ASSEMBLER, FORTRAN und strukturiertes FORTRAN (ALFOR) niedergeschrieben. Die Implementierung eines APS, speziell des Subsystems MEIWEP, vollzieht sich mittels der durch das PBS/1 bereitgestellten Mittel nach einer Technologie, die in Tabelle 6.12 zusammengefaßt ist (wobei einige Schritte durchaus parallel zueinander ausführbar sind).

Nachdem die Basen gefüllt sind, wird durch einen abschließenden Programmverbinderaufruf das APS an das PBS/1 angepaßt. Aus der Tabelle 7.12 ist ableitbar, daß das APS leicht gewartet werden kann, sowohl bezüglich Erweiterungen als auch Korrekturen.

Die durchgeführte Implementierung auf der Grundlage des PBS/1 unterstützt die Arbeitsaufwandsverlagerung zugunsten des Entwurfes.

Literatur

[BACH75] BACHMANN, P.: Grundlagen der Compilertechnik. Leipzig, B. G. Teubner 1975

[BACH76a] BACHMANN, K.-H.: Programmpaket zur Lösung von Anfangswertproblemen bei gewöhnlichen Differentialgleichungen. Dresden, Technische Universität Dresden 1976, Schriftenreihe WBZ MKRIIV, Heft 19/76, S. 3–10

[BACH76b] BACHMANN, P.: Wechselwirkungen zwischen Spezialsprachen und deren Implementierungsformen. Berlin, Akademie der Wissenschaften der DDR, ZfR 1976 (ZfR-Informationen 76.09)

[BACH79a] —: A Data-Flow Language for Controlling Program Systems. Amsterdam, North Holland Publishing Company 1979 (EURO IFIP 79, S. 639–643)

[BACH 79b] —: Datenflußanalyse in schwach interpretierten Graphschemata. Berlin, Akademie der Wissenschaften der DDR 1979 (Dissertation zur Promotion B)

[BERG80] BERGHOLZ, G.: Verhaltensmodelle von Prozeßrechnern. Berlin, Akademie-Verlag 1980

[BLAA72] BLAAMO, G. A.: Computer Architecture. Elektronische Rechenanlagen **14** (1972) 4, S. 154–159

[BOTH78] BOTHE, K.: Spezifikation und Verifikation abstrakter Datentypen. Berlin, Akademie der Wissenschaften der DDR, ZfR 1978 (ZfR-Informationen 78.11)

[BROW69] BROWN, P. J.: A survey of macro processors. Oxford, Pergamon Press 1969, (ARAP 6)

[CHOM59] CHOMSKY, N.: On certain formal properties of grammars information and control **2** (1959), S. 137–167

[DIGR 73] Programmierhandbuch DIGRA 73. Rostock, Institut für Schiffbau 1974 (Schriftenreihe des Instituts für Schiffbau)

[DIJK72] DIJKSTA, E. W.; DAHL, O. I.; HOARE, C. A. R.: Structured programming. London, Academic Press 1972

[DOKU78] Dokumentation zum Programmsystem MEIWEP. Karl-Marx-Stadt, Technische Hochschule Karl-Marx-Stadt 1978

[FREN77] FRENZEL, F. M., HELTZIG, H. F.: Zur Steuerung selbstorganisierender Programmsysteme. Dresden, Technische Universität Dresden 1977 (Problemseminar „Rationalisierung der Projektierung automatisierter Informationssysteme“ 1977)

[FRIE77] FRIEDRICH, H.: Philosophische Fragen der Technologieproblematik. Deutsche Zeitschrift für Philosophie **25** (1977), S. 5–14

[GEWA77] GEWALD, K.; HAAKE, G.; PFADLER, W.: Software Engineering. München, Wien, R. Oldenbourg 1977

[GIPS75] Programmierhandbuch GIPS. Rostock, Institut für Schiffbau 1975

[GRJA78] GRJASNOW, B.: Zum Verhältnis von Problemen und Theorien. Gesellschaftswissenschaften, Moskau **4** (1978) 2, S. 235–243 (deutsche Ausgabe)

[GUTT75] Guttag, J. V.: The Specification and Application to Programming of Abstract Data Types. Toronto, University of Toronto 1975 (Computer Systems Research Group, Technical Report CSRG-59)

[GUTT77] —: Abstract Data Types and the Development of Data Structures. Comm. of the ACM **20** (1977) 6

[HELL78] Heller; Lindenberg; Nuske; Schriever: Stochastische Systeme. Berlin, New York, W. de Gruyter 1978

[HERR76] Herrlich, O.: Methoden der strukturierten Programmierung. Rechentechnik/Datenverarbeitung **13** (1976) Beiheft 2, S. 2—6

[HERR78] Herrig, D.: Programmiersprachen und Programmsysteme. Berlin, Akademie der Wissenschaften der DDR, ZfR 1978 (ZfR-Informationen 77.11 ,S. 59—71)

[HERR80] —: Drei Modelle und n-mal zehn Sprachen für Aufbau und Anwendung von Programmsystemen. Wiss. Zeitschrift der TU Dresden **29** (1980) 2, S. 354—358

[HKLO76] Herrig, D.; Klevenskij, A. E.; Otte, V.: Allgemeines Rahmendialogsystem und seine Anwendung im Konstruktionsbereich. die Technik **31** (1976) 6, S. 380—382

[HUPF77] Hupfer, P.: Automatisierte Systeme der Projektierung in der UdSSR. Wiss. Zeitschrift der Hochschule für Architektur und Bauwesen Weimar **24** (1977)

[KELL73] Keller, R. M.: Parallel Program Schemata and Maximal Parallelism. Journal of the ACM **20** (1973) 3, S. 514—537

[KOPE77] Kopetz, H.: Software-Zuverlässigkeit. Leipzig, B. G. Teubner 1977

[KOTO78] Kotow, W. E. (Котов, В. Е.): Введение в теорию схем программ Новосибирск: Издательство «Наука» Сибирское отделение 1978

[KRAU77] Krause, W.: Problemlösungsstrategien. Eine Darstellung der Fähigkeit des Menschen beim Lösen von Problemen und Möglichkeiten der Modellierung durch Methoden der künstlichen Intelligenz. Berlin, Humboldt-Universität zu Berlin 1977 (Dissertation zur Promotion B)

[KUPK75] Kupka, I.; Oberquelle, H.; Wilsing, N.: An Experimental Language for Conversational Use. Hamburg, Universität Hamburg 1975 (Bericht 18, Institut für Informatik)

[KUTS77] Kutschke, K.-H.: Einheitliches Konzept der Realisierung der Kommunikation Mensch—EDVA in Dialogsystemen. Rostock, Wilhelm-Pieck-Universität Rostock 1977 (Rostocker Mathematisches Kolloquium, Heft 5, S. 41—57)

[KUTS78a] —: Zu Entwurfsprinzipien von Dialogsystemen für Projektierung und Konstruktion. Rostock, Wilhelm-Pieck-Universität Rostock 1978 (Tagungsbericht Schiffstechnisches Symposium 1978 „Rechnergestützte Projektierung und Konstruktion“)

[KUTS78b] —: Kommandosprachen in Dialogsystemen. Dresden, Technische Universität Dresden 1978 (Schriftenreihe WBZ MKR/IV, Heft 34, S. 121—138)

[LEDG75] Ledgard, H. M.; Marcoth, M.: A generalogy of control structures. Comm. of the ACM **18** (1975) 11, S. 629—639

[LEHM74] Lehmann, N. J.: Aufbau und Organisation von Programmpaketen. Dresden, Technische Universität Dresden 1974, Schriftenreihe WBZ MKR/IV, Heft 8/74, S. 1—7

[LEHM79] Lehmann, N. J. (Ed.): Definition and Implementation of Specialized Languages. Dresden, Technische Universität Dresden 1979 (Report of WG 04 of the JCSC, Schriftenreihe WBZ MKR/IV, Hefte 38 — Teil 1 und 2)

[LISK77] Liskov, B.; Snyder, A.; Atkinson, R.; Schaffert, C.: Abstraction Mechanism in CLU. Comm. of the ACM **20** (1977) 8, S. 564—576

[LUCA69] Lucas, P.; Walk, K.: On the formal description of PL/1. London, Prentice Hall 1968 (Ann. Review in Automatic Programming 6)

[MAJS77] Majster, M. E.: N-th-Level Data Structures. München, Technische Universität München 1977 (TUM-INFO-7707)

[NAUR66] NAUR, P. (Ed.): Revidierter Bericht über die Algorithmische Sprache ALGOL 60. Berlin, Akademie-Verlag 1966 (in deutscher Fassung von G. Zielke)

[NAUR69] NAUR, P.; RANDELL, B. (Eds.): Software engineering. Brussels, NATO Science Committee 1969

[NOLL80] NOLLAU, V.: Semi-Markoff-Prozesse. Berlin, Akademie-Verlag 1980

[PARN72] PARNAS, D. L.: On the criteria to be used in decomposing systems into modules. Comm. of the ACM **15** (1972) 12, S. 1053–1058

[PETR73] PETRI, C. A.: Concepts of net theory. Proc. of the Symp. on MFCS, High Tatras 1973

[PRAC78] Prace naukowe instytutu cybornetyki technicznij. Wroclaw, Politechniki Wroclawskiej 1978 (53 Seria, Konferencje 18)

[PSIT81] Anwenderbeschreibung für das Programmsystem PSITAS. Dresden, Ingenieurhochschule Dresden 1981

[SCHL77] SCHLAGETER, G.; STUCKY, W.: Datenbanksysteme: Konzepte und Modelle. Stuttgart, B. G. Teubner 1977 (Teubner Studienbücher Informatik)

[SCHM75] SCHMID, H. A.: Zur Struktur von Dialogsystemen. Darmstadt, Technische Hochschule Darmstadt 1975 (Dissertation, Informatik)

[SCHM73] SCHMIDT, K.: Modularprogrammierung — eine Methode zur rationellen Programmierung großer Programmsysteme. Rechentechnik/Datenverarbeitung **10** (1973) 7, S. 32–36

[SCHM74] SCHMIDT, K.; BLENCKE, L.: Ein Programmsystem für die BESM-6 zur Bearbeitung statistischer Aufgaben. Dresden, Technische Universität Dresden 1974 (TEKMO-Seminar über Aufbau und Organisation von Programmpaketen 1973)

[SCHM79] SCHMIDT, K.: Informationstechnische Bearbeitung von kosmischen Flugexperimenten mit dem Nutzerprogrammsystem INTKOS. Berlin, Akademie der Wissenschaften der DDR 1979 (Dissertation zur Promotion A)

[SCHN76] SCHNUPP, P.; FLOYD, C. H.: Software, Programmentwicklung und Projektorganisation. Berlin, New York, W. de Gruyter 1976

[SCHU75] SCHULZE, W.: Wissenschaftliche Forschung und elektronische Rechentechnik. Berlin, Akademie-Verlag 1975

[SCHU77] SCHUBERT, D.: Stand und Perspektiven der Entwicklung von Datenbankbetriebssystemen. Rechentechnik/Datenverarbeitung **14** (1977) Beiheft 4, S. 2–10

[SOFT76] Software engineering. Proc. of the 2nd international conference on software engineering, San Francisco 1976

[STEE65] STEEL, T. B.: The development of very large programs. Spartan Books, Washington **1** (1965), S. 231–235 (Proc. IFIP Congress 1965)

[STEV69] STEVENS, W. G. R.: Modular Programming and Management. London, Pall Mall Press 1969

[STÖR70] STÖRMER, H.: Semi-Markoff-Prozesse mit endlich vielen Zuständen. Berlin, Akademie-Verlag 1970

[TEKM74] Tekmo-Seminar. Aufbau und Organisation von Programmpaketen. Dresden, Technische Universität Dresden 1974, Schriftenreihe WBZ MKR/IV, Heft 8/74

[WEDE74] WEDEKIND, H.: Datenbanksysteme 1. Mannheim, Bibliographisches Institut 1974 (Reihe Informatik)

[WIJN72] VAN WIJNGAARDEN, A.; MAILLOUX, B. J.; PECK, J. E. L.; KOSTER, C. H. A.: Bericht über die algorithmische Sprache ALGOL 68. Berlin, Akademie-Verlag 1972 (in deutscher Fassung von I. O. Kerner)

[WIRT72] WIRTH, N.: Systematisches Programmieren. Stuttgart: B. G. Teubner 1972

[WIRT77] —: Modula: a Language for Modular Multiprogramming Software — Practice and Experiences **7** (1977), S. 3–35

[ZEMA68] ZEMANEK, H.: Abstrakte Objekte. Elektronische Rechenanlagen **10** (1968) 5, S. 208—217

[GLUSCH74] GLUSCHKOW, W. M. (Глушков, В. М.): Введение в АСУ. Киев: Техника 1974

[JERSCHO78] JERSCHOW, A. N., ILJIN, W. P. (Ершов, А. Н.; Ильин, В. П.): Пакеты программ-технология решения прикладных задач. Новосибирск: ВЦ СО АН СССР — Препр. 1978, № 121

[SAIZ74] SAIZEW, N. G. (Зайцев, Н. Г.): Информационное и математическое обеспечение АСУП Киев: Техника 1974

[KARP78] KARPOW, W. JA.; KORJAGIN, D. A.; SAMARSKI, A. A. (Карпов, В. Я.; Корягин, Д. А.; Самарский, А. А.): Принципы разработки пакетов прикладных программ для задач математической физики. Ж. выч. мат. и мат. физ. **18** (1978) № 2, 458—467

[SERG78] SERGIENKO, I. W. (Сергиенко, И. В.): Структура и организация пакетов программ. Киев: 1978

[STOL76] STOLJAROW, L. N. (Столяров, Л. Н.): Краткий обзор принципов организации пакетов прикладных программ. Новосибирск: Сб. Труды IУ Всесоюзного семинара по комплексам программ математической физики 1976, 112—124

[STUK76] STUKALO A. S., (Стукало, А. С.): Некоторые требования к пакетам прикладных программ (обзор и анализ). Новосибирск: Сб. Труды IУ Всесоюзного семинара по комплексам программ математической физики 1976, 138—154

[TAMM77] TAMM, B. G.; TJUGU, E. U. (Тамм, В. Г.; Тыугу, Э. Х.): Пакеты программ. Техническая кибернетика 5 (1977), 111—124

[FUCHS79] FUCHSMAN, A. L. (Фуксман, А. Л.): Технологические аспекты создания программных систем. Москва: Статистика 1979

[JANEN77] JANENKO, N. N.; KARNATSCHUK, W. I.; KONOWALOW, A. N. (Яненко, Н. Н.; Карначук, В. И.; Коновалов, А. Н.): Проблемы математической технологии. Новосибирск: Сб. Численные методы механики сплошной среды 1977, 129—157

Sachwortverzeichnis

FSC
www.fsc.org
MIX
Papier | Fördert gute Waldnutzung
FSC® C083411

Kolibri 360 GmbH
Ferdinand-Jühlke-Straße 7
99095 Erfurt, Deutschland
produktsicherheit@kolibri360.de